교회에서 알려주지 않는
기독교 이야기

교회에서 알려주지 않는
기독교 이야기

구미정 · 김진호 · 이찬수 외 지음
제3시대그리스도교연구소 기획

자리
도서출판

교회에서 알려주지 않는
기독교 이야기

2012년 4월 12일 초판 1쇄 발행

지은이 　　 ㅣ 구미정 · 김진호 · 이찬수 외
기 획 　　 ㅣ 제3시대그리스도교연구소
펴낸곳 　　 ㅣ 내일을 여는 책
펴낸이 　　 ㅣ 정병인
출판등록 　 ㅣ 1993년 1월 6일 제2011-000007호
주 소 　　 ㅣ 서울 마포구 서교동 395-99 301호
전 화 　　 ㅣ 02-332-5767
팩 스 　　 ㅣ 03030-345-5767
이메일 　　 ㅣ book@gotomorrow.co.kr

　 자리 도서출판 자리는 내일을 여는 책의 인문·사회 브랜드입니다.

*잘못된 책은 바꾸어 드립니다.
*책값은 뒤표지에 있습니다.

ISBN 978-89-7746-924-2　03230

교회의 정명正名, 사회의 정명正名

예수는 자본주의에서 살고 있는 우리에게 두 가지 중요한 충고를 남겼다.

부자는 천국에 갈 수 없다. 그리고 마몬과 하느님을 동시에 섬길 수 없다.

물론 예수는 자본주의라는 세상은 상상하지 못했던 시대의 사람이고, 예수가 그런 말을 했던 사람들도 우리와는 전혀 다른 가치관을 가진 사람들이었다. 그럼에도 예수가 그런 단호한 충고를 남겼다는 건 예수가 마몬, 즉 돈 귀신이라는 게 인간과 인간의 사회를 얼마나 거꾸러뜨리는가에 대해 깊이 고민했음을 보여준다. 그리고 우리는 자본주의, 그것도 신자유주의적 자본주의라는 공식적인 마몬의 체제를 살고 있다.

신자유주의라는 마몬의 체제

2008년 미국발 공황을 시작으로 30년 이상 폭주하던 신자유주의 열

차가 탈선했다. 신자유주의 체제의 지배자들이 책임감을 가지기는커녕 제 기득권과 이윤을 지키는 데만 전념하면서 전세계적인 저항이 일어나고 있다. 사실 그들로선 책임감을 가지려해도 뚜렷한 방안이 없는 형편이다. 어떤 사람들은 자본주의가 신자유주의 이전으로, 케인즈주의, 복지주의로 돌아가야 한다고도 말하지만 그런 방법들은 호황과 완전고용이라는 물적 기반을 전제로 한다.

이런 혼란과 위기의 상황에서 우리가 해야 할, 혹은 할 수 있는 일은 일단 두 가지일 것이다. 하나는 그런 전지구적인 저항에 연대하는 것, 또 하나는 고장난 자본주의 이후의 사회를 상상하고 기획하는 것이다. 저항과 연대, 그리고 상상과 기획은 전지구적으로 그 어느 때보다 활발하게 일어나고 있다.

애석하게도 한국은 그런 전지구적 상황과는 무관한, 다른 행성인 듯하다. 한국의 신자유주의화는 정치적 민주화로 만들어진 두 번의 자유주의 정권에 의해 주도되었다. 신자유주의에 내몰린 한국인들은 좀더 막돼 먹은 신자유주의자인 CEO대통령을 선택했다. 그리고 CEO대통령에게 내몰린 한국인들 앞에 원조 신자유주의 세력이 나타나 말한다.

"모든 게 CEO대통령 때문이며 우리의 재집권이 '진보집권'이다."

성난 군중들에게 몰매를 맞고 쫓겨나도 시원찮을 상황이지만, 많은 진보적인 사람들이 그 들의 말에 수긍하거나 심지어 앞장서고 있다.

이런 상황이 벌어지는 이유는 여러 가지일 것이다. CEO대통령과 그

정권에 대한 누적된 반감, 십수 년 동안 신자유주의에 내몰리다보니 메말라 버린 새로운 세상에 대한 의지와 용기 등등. 그러나 그런 모든 이유를 가능하게 하는 기본 틀이 있다. 그것은 바로 '개념의 혼란'이다. 정치란 무엇인가, 계급이란 무엇인가, 보수정치와 진보정치는 무엇인가 따위 개념 말이다.

공자는 세상이 흐트러지는 일은 반드시 이름이 흐트러지는 일로 시작된다면서 정명(正名), 즉 이름을 바로 세워야 한다고 설파했다. 공자가 말한 이름은 김아무개 이아무개 하는 이름이 아니라 바로 개념을 말한다. 나라는 나라가 아니고, 왕이 왕이 아니며, 정치가 정치가 아닐 때, 세상은 흐트러지고 백성은 고통에 신음할 수밖에 없다는 것이다.

우리 사회처럼 공자의 말씀이 잘 들어맞는 경우도 없을 것이다. 극우 독재 정권이 독재를 '한국적 민주주의'라고 미화했다면 자유주의 정권은 신자유주의를 '좌파 신자유주의'(노무현 대통령의 표현)라고 미화했다.

우리가 우리 사회에 비추어 좋은 사회라고 일컫는 유럽 사회들은 그런 경우가 거의 없다. 이를테면 우리 사회에서 진보는 계급을 말하지만 보수는 계급을 인정하지 않으려 한다. 그러나 유럽사회에서 진보와 보수는 계급이라는 개념을(또한 그 실체와 내용을) 함께 인정하면서 어느 계급의 이해를 기반으로 하는가에 따라 진보와 보수로 갈리는 것이다.

'개독교'와 '먹사'가 지배하는 기독교의 정명(正名)을 위하여

　극우독재의 '하면 된다' 구호에 '믿으면 받는다'로 궁합을 맞춘 한국 개
신교 교회는 세계 기독교 역사상 유례없는 부흥을 이뤘다. 그리고 신자
유주의, 즉 자본독재를 예비하는 정신적, 물적 기반이 되었으며 이제 '교
회개혁'이라는 주제로 문제를 해결할 수 없는 범주의 것이 되었다. 교회
개혁은 교회를 대상으로 하는 노력과 싸움이지만 그 교회들은 어떤 의
미에서도 교회가 아닌 것이다. 그 교회들은 소박하게 말하면 교회를 가
장한 상점들이며, '개독교'와 '먹사'가 지배하는 신자유주의의 성전이자
회당들이다.

　결국 우리는 '교회 개혁'이 아니라 '이것이 교회인가?'라는 질문에서부
터 출발할 수밖에 없다. 그런 질문부터 시작해야 한다는 건 참으로 한
심하고 암울한 일이지만, 그게 우리의 현실이며 우리는 그것에서부터 출
발할 수밖에 없다.

　'이것이 교회인가?'라는 질문은 '교회란 무엇인가?' '기독교란 무엇인가?'
라는 질문을 기반으로 한다. 그 질문은 일부 진보적인 신학자들이나 지
식인들끼리가 아니라 평신도들과 노동자 시민들에게서 광범위하게 이루
어져야 한다. 그것만이 변화의 씨앗이다.

　〈교회가 알려주지 않는 기독교 이야기〉는 그 씨앗을 뿌리기 위한 책
이다. 13명의 저자들이 유일신, 이단, 내세, 구원, 창조, 종말, 성직, 성찬,

안식일, 교회 등 16가지 주제를 맡았다. 그들은 기독교와 사회의 부적절한 관계에 대해 말하는 흔한 방법을 사용하지 않고 기독교 자체에 대해 말함으로써 독자로 하여금 기독교와 사회의 부적절한 관계에 대해 생각할 수 있도록 돕는다. 요컨대 이 책은 '평신도를 위한 신학개론'이자 기독교라는 이름을 바로 세우려는, 정명(正名)적 시도다.

열심히 교회 다니면 자본주의적 성공을 얻는다는 이야기를 담은 책들이 평신도들의 베스트셀러인 현실에서 이 책이 과연 얼마나 많은 평신도들에게 읽힐까? 그러나 그 역시 우리의 현실이며 우리는 그곳에서부터 출발할 수밖에 없다. 예수는 우리에게 그런 작고 헛되어 보이는 노력들이 쌓여 어느새 세상을 바꾼다고 거듭해서 가르치지 않았던가. 이 책이 한국 교회를 '정명'하길, 그래서 한국 사회가 '정명'하길 기도한다.

김규항(칼럼니스트)

교회가 알려주지 않는 기독교의 여러 이야기들, 그것으로 이웃과 대화하기

교회적 욕망으로 변질한 '성전'과 '법궤'

기독교도들은 교회당을 흔히 '성전(聖殿)'이라고 부른다. 어느 목사는 한 설교에서 "구약성경은 성전 이야기이고, 신약성경는 교회 이야기"라고 하면서 "구약시대의 성전은 오늘날의 교회의 모형"이라고 말했다. 이스라엘인의 신앙에서 성전은 하느님이 계신 곳이고, 기독교인의 신앙에서 교회 역시 그러하니, 기독교인이 교회를 성전과 연결시켜 이해하는 것은 있을 법한 일이다. 해서 많은 목회자들이나 교회에 충성하는 신자들은 성서의 성전에 관한 이야기에서 곧잘 교회에 관한 상상력을 발동한다.

그런데 성서에 따르면 그 성전을 다윗 왕은 간절히 열망했음에도 짓지 못했다. 그것을 지은 이는 그의 아들인 솔로몬 왕이다. 그는 성전 건설에 7년 반의 기간(《열왕기상》 6,37~38) 동안 연인원이 무려 20만 명이나 되는 노동자를 동원했고(《열왕기상》 5,13~18), 준공식 때에는 소와 양 14만

마리 이상을 도축했다(《열왕기상》 8,63). 이것은 역사적으로 너무나 과장된 묘사이다. 하지만 역사학자가 아닌 많은 목회자와 신자들이 그것 자체를 사실로 받아들이고 신앙적 물음들을 이것과 연결시켜 생각하는 것은 충분히 있을 수 있는 것이다. 또 바람직하다고 할 수는 없어도 잘못된 성서 독서법이라고 폄하할 일도 아니다.

한데 문제는, 흔히 예상할 수 있는 대로 이런 성서 구절이 교회 건축에 관한 영감을 주곤 한다는 데 있다. 이때 많은 이들의 머릿속을 찾아온 불온한 영감은 '초대형 건축'에 관한 것이다.

여기서 하나 더 언급하면, 성전이 진정한 것이 되려면 그 안, 가장 깊숙한 곳에 '법궤'가 있어야 한다는 점이다. 그것이 없으면 성전이 아니다. 교회도 마찬가지로 법궤에 해당하는 것이 있어야 한다. 추측컨대 교회에서 법궤와 유사한 것이라면 '십자가'겠다.

이때 성전을 성전 되게 하고 교회를 교회 되게 한다는 법궤와 십자가는 무엇일까? 스티븐 스필버그(Steven Spielberg)가 만든 영화 〈레이더스〉(Raiders of the Lost Ark, 1981)나 브램 스토커(Bram Stoker)의 소설 《드라큘라》(Dracula)에서 법궤와 십자가는 마술적 힘을 가진 신령한 물체로 이해되고 있다. 대중의 상상 속에서 그것 자체가 의미를 갖는 것이 아니라 그것이 갖는 능력이 의미를 발휘한다. 그렇다면 그 의미의 핵심은 그 마술적 힘을 사용할 수 있는 이가 누구인가에 좌우된다.

기독교도의 신앙에서도 이런 생각은 별반 차이가 없어 보인다. 다만 영화 〈레이더스〉에서는 누구든 법궤(성궤)를 차지하는 자가 능력의 소유자이고, 《드라큘라》에서는 서양 근대를 상징하는 영국의 문명적 능력이 십자가의 힘을 전유하고 있다면, 기독교는 교회, 특히 교권을 장악하는 성직자가 그 힘을 독점 혹은 조절하는 주체다.

아무튼 한국 교회에서 법궤나 십자가의 능력이 가장 불꽃을 일으킨 부분의 하나는 '교회 건축'이다. 솔로몬이 지은 성전만큼이나 교회의 대형 건조물은 그곳을 가득 채울 신자들에 관한 목사들의 상상, 그리고 육체와 금고를 가득 채울 축복에 관한 신자들의 꿈이 맞물려 있다. 또한 솔로몬 성전에 안치된 법궤는 그러한 교회적 욕망을 마술적으로 채워줄 십자가에 관한 하나의 은유다.

그렇다면 성서에서 법궤는 과연 그러했는가. 제1성서(구약성서)에 나오는 '법궤'를 둘러싼 설화들은 굉장히 복잡하다. 그러나 그 과정을 추적해 보면 다음과 같은 네 단계로 전개되었음을 알 수 있다.

우선 법궤가 예루살렘 성전에 안치되었고, 다윗 왕조의 왕권을 정당화하는 야훼의 징표로서 받아들여졌다는 데서 얘기를 시작해보자. "주님의 권능 깃들인 법궤와 함께 그곳으로 드십시오."(《시편》 132,8) "여기에서 나는, 다윗의 자손 가운데서 한 사람을 뽑아서 큰 왕이 되게 하고, 내가 기름 부어 세운 왕의 통치가 지속되게 하겠다."(《시편》 132,17) 결국 유다국의 중앙 성소인 예루살렘 성전과 그 성소의 주인인 다윗 왕조, 그 집안의 사적 이익을 위해 존재하는 신에 관한 이야기가 바로 법궤 설화의 한 축을 이룬다.

지배자들의 사유화와 민중적 공공성의 대립

한데 법궤 설화를 보면 시종일관 나타나는 또 다른, 의심할 수 없는 요소가 나온다. 법궤는 한 곳에 머물 수 없는 신에 관한 신학을 담고 있다는 점이다. 법궤는 어떤 항구적인 곳에 안치되기 위한 것이 아니라 옮겨 다니기 위한 야훼의 자리였다.

더구나 법궤는 수레에 실어 옮겨서도 안 된다. 수레로 옮긴다는 것은 옮기는 자가 소와 수레를 보유해야 한 사람이라는 점을 전제한다. 여기에는 왕의 행렬이나 부유층의 행렬에 대한 상상이 포개져 있다. 그런데 제1성서는 그렇게 옮겨 다닐 수 있는 게 아니라, 오직 '메고' 다녀야 한다고 말한다.

금고리 네 개를 만들어서 그 밑의 네 모퉁이에 … 달아라.
그리고 아카시아 나무로 채를 만들어서 …
궤의 양쪽 고리에 끼워서 궤를 멜 수 있게 하고, … 거기에서 **빼내지 말아**
라.
ㅡ〈신명기〉 10,12~15

위의 〈신명기〉 구절에 따르면, 법궤의 네 모서리에 고리를 달고, 그것을 메기 위한 채를 '항시' 끼워두라고 한다. 언제나 옮겨 다닐 준비가 되어야 한다는 얘기겠다. 여기서 우리는 이리저리 유랑하는 자, 여기서 쫓겨나고 저기서 쫓겨나는 자들의 신을 상징하는 궤에 관한 추정에 이른다.

고리가 금으로 되었다는 것은 이런 전통을 문서텍스트로 확정하던 요시아 왕 때의 왕실 신학의 영향이다. 그럼에도 왕실은 야훼 신앙의 과거 전통을 되살리며 그것의 원초적 유랑성을 신학 속에 담아냈다. 다만 한 왕조를 영구히 축복하는 신이 아니라 신실한 왕에게만 다가와서 정박하는 신이라는 방식으로 그 유랑성을 재해석했다. 즉 '난민들의 야훼'라는 애초의 함의를 담은 신의 유랑성이 요시아 왕에게는 '신실한 왕'을 찾아 유랑하는 신이라는 의미로 수용된 것이다. 선대왕인 므낫세의 잔존 세력과 권력투쟁을 벌여야 했던 요시아 정부는 다윗 가문의 모든 이가 아니라 '신실한 왕'을 택하고 그와 함께 하는 야훼에 관한 신학이 필요했다. 그것이 바로 유랑하는 신, 그리고 신실한 왕과 함께 하는 신이라는 것이다.

그 유랑성의 원초적 형식을 담아냈던 법궤 설화의 출발지는 '실로' 성소였다. 아마도 이때 법궤에 얽힌 실로 예언자들의 신학은 난민의 신학, 떠돌이 신과 떠돌이 백성들의 신학이었던 것으로 보인다. 한데 실로 계열의 한 분파 예언자들과 제사장들이 사울과 결연을 맺고 지파동맹을 결속시켜 일종의 원시적 국가를 만들었을 때, 실로의 야훼 전통은 이스라엘을 대표하게 되었다. 즉 실로의 난민의 신학, 저 아웃사이더 신학이 일종의 지배담론으로 부상하게 된 계기가 바로 일단의 실로 예언자들이 사울을 지지하게 됨으로써 시작되었다는 것이다.

아마도 늘 이동하는 신, 그이가 블레셋의 침공으로 인한 절체절명의 위기에 놓인 이스라엘을 위해 카리스마적 지도자인 사울을 선택하여 왕으로 삼았다는 주장이 이들 실로계 예언자들의 생각이었겠다. 여기에는 그 신은 언제나 다시 사울을 떠나 다른 적절한 통치자를 선택할 수 있다는 가능성이 전제되어 있었다. 왜냐면 그 신은 이동하는 신이기 때문이다. 신의 이동성은 이렇게 재해석되었다.

그런데 실로계의 다른 계보 예언자의 수장인 아비아달이 다윗을 지지하면서, 법궤는 다윗의 나라를 선택하는 것으로 재해석되었다. 아마도 아비아달은 사울을 택했던 신이 이제 그를 떠나서 다윗을 택했다고 주장했을 것이다. 한데 아비아달이 숙청되고 유다국의 제사장들과 예언자들은 그 궤는 이제 이동을 멈추었다고 선언한다. 야훼는 이제 항구적으로 다윗의 집안을 선택하였다는 것이다. 그것은 솔로몬의 성전 속에 궤가 영구히 안치되었다는 얘기와 얽힌다. 그리고 후대에 요시아 왕의 신학에 따르면 다윗의 집안을 선택하되 '신실한 왕'을 선별해서 선택했다는 논리로 발전했다.

요약하면 실로의 아웃사이더적인 법궤 신앙(제1단계: 원초적 법궤 신앙)이

카리스마적 지도자를 일시적으로 택했다는 신탁과 함께 주류의 신학으로 전환되고(제2단계: 사울과 법궤), 그것이 한 왕조의 집에 항구적으로 안착하게 되었다는 왕조 이데올로기의 도구로 전환되며(제3단계: 다윗과 법궤), 그 왕조의 왕들 가운데 신실한 왕을 선별하여 함께 하는 야훼의 신학으로(제4단계: 요이사와 법궤) 이어지는 네 단계 과정으로 전개된 것이다. 이런 과정을 거쳐서 유랑하는 신, 곧 아무도 독점할 수 없는 신에 관한 공공적 신앙이 한 개인, 한 가문의 사적 점유물로 전환되어 간 것이다.

하여 원초적 법궤 신앙에서는 본래 난민들이었던 히브리들, 그들의 신을 가장 잘 담아내고 있었다. 즉 그것은 일종의 고대 가나안 일대의 난민을 위한 '궤의 공공성'을 담은 신학이었다고 할 수 있다. 그런데 사울을 거쳐 다윗 왕조에 이르게 되면서 점차 난민의 공공성을 상실하고 통치자에 의해 사유화되는 과정을 겪게 되었다. 그런 점에서 이것은 이동하는 존재인 '궤 안의 야훼', 그 난민적 신의 죽음이자, 난민적 정체성을 가진 히브리의 실종을 의미한다. 동시에 이것은 모든 것을 사유화하려는 권력의 욕구가 야훼의 역사 속에서 자리잡게 되었음을 의미한다. 그 이후 야훼 신앙사는 '지배자들의 사유화 욕구를 반영하는 신'과 '민중적 공공성의 신' 사이의 권력의 역사와 해방의 역사가 서로 얽히는 파노라마를 이루며 펼쳐졌다고 해도 과언이 아니다.

권력화된 기독교를 넘어선 전통의 재구성

법궤 얘기가 너무 길었다. 아무튼 여기서 문제제기하고 싶은 것은 교회가 가르치는 기독교 이야기 가운데 많은 것은 성서의 얘기들을 균형 있게 종합한 결과가 아니라, 어떤 부분을 과장하고 다른 어떤 부분을 축소해서 다룬 결과라는 것이다. 그리고 그러한 편향되고 과장된 해석의 이면에는 교회를 권력화하는 이들의 욕구가 반영되곤 한다는 것이다.

한데 이러한 권력화된 기독교와 권력화된 해석이 판치는 교회에 대해 오늘의 사람들은 실증 내고 있다. 해서 이미 많은 이들이 교회를 떠났고, 또 많은 이들은 교회에 여전히 남아 있음에도 거기에서 자신의 신앙적 동기를 발견하지 못한 채 주변을 서성거린다. 또한 적지 않은 이들은 극단적인 반(反)교회적 논지를 펼친다. 이런 기조는 1990년대 이후 급속하게 한국 사회에서 폭넓게 퍼져나가는 추세다. 심지어는 교회에 신실했던 많은 이들조차 자신이 개신교도라는 것을 부끄러워할 정도가 되었다.

이런 사정에 이르게 된 것에는 여러 이유가 있겠지만, 그 중에는 오늘 우리 시대의 다수의 사람들이 생각하는 '사회적 공공성'에 관한 가치들을 기독교 신앙이 담아내고 있지 못하다는 문제의식도 담겨 있다. 많은 사람들, 심지어는 적지 않은 기독교도들 자신조차도 기독교가 집단 이기주의를 반영하는 패거리 종교라고 여기는 인식이 널리 퍼져 있다는 것이다.

그런데 위의 법궤에 관한 성서 이야기에서 보았듯이 성서 속에는 교회가 말하고 있거나 말하고 싶어 하는 것과는 다른 측면의 이야기들이 담겨 있다. 성서 시대 이후의 기독교 전통 내에서도 사정은 다르지 않다. 교회가 보존하고 강조했던 것과는 다른 수많은 전통들이 널려 있다. 또한 그런 다른 측면의 이야기들 속에는 우리 시대의 사회적 정의나 인권의 가치와 더 잘 부합하는 요소들도 많이 포함되어 있다. 그러므로 이런 숨겨진 기억들을 다시 발굴해내고, 오늘의 교회가 주장하는 이야기들과 갈등하든 보완하든 함께 논의함으로써 신앙의 사회적 공공성의 측면을 더욱 확장하는 계기로 삼는 일은 매우 중요하다. 이 책은 바로 이런 가려진 신앙적 전거들을 통해 오늘 우리의 교회적 신앙을 비판하고 성찰하는 기회가 되기를 바라는 마음으로 기획되었고 집필되었다.

이 책을 만드는 구체적인 과정과 형식, 내용에 관하여 좀더 얘기해 보겠다. 먼저 자리출판사 정병인 대표가 나를 찾아와서 '교회가 알려주지 않는 기독교 이야기'에 관한 책을 제작하고 싶다는 제안을 했다. 나는 이렇게 훌륭한 콘셉트를 제시해 준 것에 대해 그에게 경의를 표한다.

여기서 우리는 주로 개신교에 초점을 두었다. 가톨릭에도 정통한 성공회 신부 한 분을 제외한 모든 필자들이 개신교 연구자들이다. 그러므로 이 책은 가톨릭과 성공회 같은 기독교의 다른 종단에 속한 교회들의 가르침에 대해 충분한 문제제기를 하고 있지는 못하다. 그것은 이 책의 한

계이기도 하지만, 한국 기독교의 문제를 가장 집약적으로 나타내고 있는 것이 개신교라는 인식이 널리 회자되고 있는 사정이니, 개신교 교회가 알려주지 않는 기독교 이야기는 독자에게 충분한 의의로 다가갈 것으로 생각한다.

이 책의 기획에서 제일 먼저 한 것은 주제를 정하는 것이다. 교회의 편견적 생각들이 담겨 있다고 판단되는 항목 수십 개를 열거해 놓고, 그중에서 16개를 임의대로 선별했다. 한국 교회의 신앙적 관행으로 널리 알려져 있는 것, 혹은 문제로서 잘 알려져 있지는 않지만 문제들의 근저라고 판단되는 것을 기준으로 꼽았다. 그것이 16개인 것은 책의 분량에 대한 고려와 필자에 대한 고려의 결과일 뿐이다. 선택되지 않은 것 중에도 다뤄야 할 중요한 것들이 많이 있다. 기회가 되면 여기서 못 다룬 다른 항목들을 논하는 후속작업을 더 할 계획이다.

여기서 언급할 것은 이 항목들의 선정은 전적으로 나와 제3시대그리스도교연구소 연구원들에 의한 것임을 밝힌다. 즉 필자들과 상의한 것이 아니라는 얘기다. 이 말을 굳이 하는 것은, 어떤 주제는 너무 급진적인 기독교 비판적 요소라고 생각할 이들이 있을지 모른다는 생각 때문이다. 기획자들인 우리에게 중요한 항목들이 이 책의 집필에 참여한 필자 중에서는 중요하지 않거나 좀 지나친 관점을 반영하는 것으로 이해될 수도 있다는 것이다.

나와 12명의 필자들이 섭외되었다. 이들 필자들은 다양한 신학적 관점과 배경을 가진 연구자들이다. 그것은 책의 통일성을 위해서는 중대한 결함이 될 수 있다. 그렇지만 편협한 이야기에 대한 '다른' 해석들을 내놓는 게 이 책의 목표이니, 한 사람 혹은 몇 사람이 한두 가지 신학적 관점으로만 묶어내기보다는 다양한 연구자들이 다양하게 이야기함으로써 이 책을 더 빛나게 할 수 있다고 본다. '오직 하나'라는 아집에 도전하는 '다양성'을 강조하고자 함이다. 그것은 기독교 내의 다른 신앙과 신학들에 대해 열린 태도를 추구하고, 나아가 타종교인과 비종교인에 대해서도 열린 태도를 가진 기독교 신앙의 모습에 관해 이야기하기를 바라기 때문이다.

필자들을 묶어내는 유일한 공통점은 위에서 말한 이 책의 기획 취지, 곧 오늘의 교회가 일반적으로 주장하는 것들은 성서나 기독교 전통에 대한 편협한 수용의 결과이며, 그러한 편협성이 오늘 우리 사회에서 기독교가 보여줄 수 있는 더 좋은 모습을 방해하고 있다는 것이다. 해서 각 글들은 그 편협성에 대해 다양한 관점에서 반론을 펴고 있다. 또한 글의 형식과 구성도 다양하다. 다만 기획자들은 필자들에게 큰 틀에서 세 가지 물음에 답해주기를 부탁했다. 첫째는 각 항목에 관한 통상적인 기독교 이야기들이 어떤 내용을 담고 있는가, 둘째는 그것이 교회와 사회 속에서 어떤 폐해를 남기고 있는가, 그리고 마지막으로 성서에서 그리고 기독교 전통에서 근거한 대안적 해석을 논할 수 있는가이다.

이 책을 통해서 우리는 교회의 일반적 가르침 중에도 경청해야 할 것이 있지만 그것의 문제적 측면을 주목하려 했고, 그 문제적 측면이 성서와 기독교 전통을 대해 편협하게 수용하고 해석한 것임을 부각시키려했다. 하여 우리는 독자들이 이 책에서 '다름'을 보기를 기대한다. 확고했던 신념을 대체하는 '확고한 대안'이 아니라, 다르게 볼 수 있는 가능성에 관한 것이다. 그것은 이 책이 또 하나의 대답을 주는 교과서 같은 것이 아니라 '참고서'(레퍼런스) 같은 것임을 의미한다. 그런 점에서 이 책은독자들에게 교회에 대해서, 그리고 사회와 신앙에 대해서 생각하고 이야기할 수 있는 하나의 대화 자료이기를 기대한다.

저자들을 대표해서

김진호

차례

1장 유일신

'신상神像 없는 신앙' 혹은 '반권력의 파토스'

유승태 제3시대그리스도교연구소 상임연구원이며, 한신대학교 신학대학원 재학 중이다. 주요 저작으로 〈결혼이주자를 어떻게 볼 것인가〉〈단기선교와 자발적 섬김〉〈그 많던 '부랑아'는 다 어디로 갔을까〉 등이 있다. stream96@naver.com

유일신 신앙의 전거가 된 십계명의 제1, 2계명

1990년대 초 개신교의 성장이 정체되고 교세가 감소하고 있다는 지표가 발표된 이후 현재에 이르기까지 '위기론'은 교계에 점차 고조돼 왔다. 위기가 사실임을 증명이라도 하듯 신도 수가 줄고 있고, 문을 닫는 교회도 많다. 기독교[1]를 '개독교'로, 목사를 '먹사'로, 평신도를 '병신도'로 비아냥거리는 말이 인터넷에서 유행할 정도로 개신교의 사회적 평판은 매우 부정적이다. 심지어 기독교는 사라져야 한다며 기독교 타도를 외치는 '안티 기독교' 사이트가 무수히 생겨나고 있다.

기독교에 대한 이러한 비판의 근본에는 '유일신 신앙'에 대한 거부감이 놓여 있다. 하느님 한 분만이 참 신이며, 예수 그리스도 외에는 구원이 없다고 믿는 기독교 유일신 신앙이 한국에서는 '배타성'의 상징이요, '폭력'의 일종으로 받아들여지고 있는 것이다.

그런데 많은 기독교인들은 십계명 중 제1, 2계명(《출애굽기》 20,2~6)을 유일신 신앙의 성서적 전거로 받아들이고 있다. 그동안 이 성서 본문은 현대적 신학 교리를 정당화하기 위한 수단으로 사용되는 경향이 강했던 것이 사실이다. 과연 이 성서 구절은 자신을 반성하지 않는 배타적 기독교를 옹호하는 성서 구절일까? 또한 기독교를 공격하는 이들의 주장과 같이 유일신 신앙은 배타성 그 자체로 규정될 수 있는 것일까?

이 글에서는 유일신 신앙의 전거로 여겨지는 위의 성서 본문을 분석하고 거기에 담긴 신앙적 배경은 무엇인지 탐구해보고자 했다. 이는 보수적 한국 기독교와 안티 기독교의 사이에서 유일신 신앙의 의미를 새롭게 발견해보고자 하는 하나의 시도이다.

흔히 유일신 신앙의 전거로 많은 이들이 십계명의 제1, 2계명을 이야기한다. 하느님이 직접 당신 외에는 다른 신을 섬기지 말라고 명했다는 것이다. 그런데 보통 기독교인들은 〈출애굽기〉의 십계명을 기억할 때 출애굽기 전반부에 나오는 모세와 파라오의 대결을 연결짓는다. 모세로 대변되는 하느님과 파라오로 대표되는 '거짓 신'의 싸움에서 '참 신'인 하느님이 승리하고, 그 '참 신'이 당신만을 섬기라고 명했다는 믿음이 이러한 기억 방식의 기본 구조를 이루고 있다. 이러다 보니 기독교인들은 자연히 모세를 예수의 상징으로까지 받아들일 만큼 중요한 인물로 여기고 있다.

기독교의 신앙적 전통뿐만 아니라 〈출애굽기〉의 묘사와 구성도 모세의 위상을 부각시키고 있는 듯하다. 기독교가 믿는 하느님의 이름이 모세에게 처음 계시됐다고 성서는 이야기하고 있다. 〈출애굽기〉는 유대교와 기독교에서 하느님의 이름으로 받아들이는 네 글자 '야훼'(יהוה)가 모세에게 계시됐으며(3,15), 이전의 조상들에게는 이 이름이 아니라 '전능한 하느님'(엘 샤다이)으로 나타났다고 전하고 있다(6,3). 이 기록에 따른다면 유대교와 기독교의 유일신을 지칭하는 이름이 〈출애굽기〉의 모세를 통해 처음 계시된 것이다.

그런데 모세라는 인물에게만 집중할 것이 아니라 〈출애굽기〉의 전체 맥락 속에서 출애굽 사건과 시내산 계약에 대한 서술을 살펴보면, 우리는 여기에서 이스라엘 종교의 변화를 감지할 수 있다. 모세와 이스라엘의 하느님으로 야훼(여호와)라는 이름이 언급된 이후에는 '조상의 하느님'이라는 형용사구가 〈출애굽기〉에서 사라지는 것을 볼 수 있다. 학자들은 이 현상에 대해 모세 이후 이스라엘 종교사의 새로운 단계가 시작되는 것이며, 하느님과 족장 사이의 개인적 관계에서 하느님과 국가(또는 백성)의 집합적 관계로 전환되는 것을 가리킨다고 보기도 한다.

이러한 이스라엘 종교의 전환은 시내산 계약 단락(《출애굽기》 19~24장)²⁾을 통해 더 극대화되고 있다. 19장의 '계약 장면'은 이스라엘이 하느님과 '계약'을 맺음으로써 '거룩한 민족', '제사장 나라'가 될 것이라고 묘사한다. 시내산 계약을 통해 이스라엘이 섬기는 하느님은 족장들의 하느님에서 이스라엘 민족의 하느님 또는 국가의 하느님으로 전환되고 있으며, 이스라엘에게는 더 강한 신앙적 정체성과 책임이 부여되고 있다. 이때 시내산에서 이스라엘 공동체 전체를 대신해 하느님과 만날 수 있는 유일한 인물은 모세였다. 그는 하느님과 이스라엘을 연결하는 유일한 매개자의 역할을 하고 있다.

이처럼 모세는 야훼 신앙이 이스라엘 민족의 공식적 종교로 선포되는 시점, 즉 이스라엘 종교사의 전·후 시기를 나누는 중요한 전환점에 위치해 그 사이를 매개하는 다리 역할을 하고 있다. 그렇다면 모세의 등장은 이스라엘 종교사의 전환에서 어떤 의미를 가지며, 모세를 통해 이뤄진 이스라엘 종교의 전환은 우리에게 어떤 의미를 줄 수 있을까?

'다신교 대 유일신교'의 이분법

이 질문에 대한 가장 손쉬운 대답은, 모세의 등장을 유일신교(monotheism)의 시작점으로 보고, 야훼를 '자존적 존재'로 정의하는 유일신 개념이 모세를 통해 도입됐다고 말하는 것이다.

그러나 이러한 답변은 심각한 반론에 부딪칠 수밖에 없다. '자존적 존

'신상(神像) 없는 신앙' 혹은 '반권력의 파토스'   27

재'라는 형이상학적 개념은 후대의 철학자들에 의해 만들어진 것이지 출애굽 시기(기원전 13세기 경) 히브리인의 사상이라고 보기는 어렵다. 그럼에도 이 '자존적 존재'로서의 하느님은 오히려 역으로 성서 해석의 준거틀처럼 작용하고 있다. 우리말 성서 번역 중 절대 다수의 개신교 교회가 사용하는 것은 '개역 한글' 또는 '개역 개정판'이다. 이 두 성서 번역본에는 〈출애굽기〉 3장 14절의 하느님에 대한 서술이 "나는 스스로 있는 자"로 번역돼 있는데, 이것이 가장 대표적인 예라 할 수 있다.[3]

이러한 시각은 현대의 유일신 개념을 과거 기록에 덮어씌움으로써 야훼 신앙이 갖는 독특성을 은폐한다. 또한 마치 야훼 신앙은 출애굽 시기, 더 나아가서는 아브라함 때부터 일관되게 유일신 신앙이었다고 생각하게 만든다. 그러나 〈출애굽기〉의 서술은 다양한 신들이 존재하는 가운데 참 신 또는 가장 큰 신이 야훼라고 주장하는 신학을 전제하고 있다. 다른 신들과 우상의 숭배를 금지하는 십계명의 제1, 2계명은 유일신 신앙보다는 단일신교(henotheism)나 일신숭배(monolatry)의 흔적에 더 가까운 것이다. 그렇다면 십계명 제1, 2계명을 현대 유일신 신앙의 근거로 쉽게 단정 짓는 태도는 재고될 필요가 있다.

한편, 야훼 신앙의 배타성에 대한 반성적 성찰이 기독교 밖에서 유의미한 목소리를 내기도 했다. 지그문트 프로이트(Sigmund Freud)는 1934년부터 1938년 사이에 〈그 사람 모세와 유일신교〉라는 제목의 논문집을 작성했다. 프로이트는 유일신교 교리의 필수적 측면인 '배타성'이 고대 이집트 제18왕조의 아멘호텝 4세(아켄아텐)로부터 기원하며, 이 신앙을 계승한 이집트인 모세가 히브리인들을 선동해 이집트를 탈출했다고 주장했다. 그의 주장은 1901~1907년 이집트 '텔 엘-아마르나' 지역 발굴을 통해 아텐 신 숭배에 대한 상징물들이 발견된 것에 근거하고 있다. 이 발굴을 통해 최초의 유일신교로서 고대 이집트의 아텐 신앙이 주목받게 됐다. 아켄아텐은 기성종교였던 아문교를 말살하기 위해 아문 신전을 폐쇄하고 제사장 계층을 해산했으며, 아문과 다른 신들(뭇트, 오시리스 등)의 형상을 훼손했다. 프로이트가 주목한 유일신교의 배타성이 관측되는 대목이다.

그런데 이상의 논의에서 우리가 발견할 수 있는 것은 기독교의 전통적 유일신관이든, 유일신교를 '배타성' 자체로 정의하는 입장이든, 유일신교에 대한 주요한 두 접근방식에서는 유일신교와 다신교를 상반되는 종교 유형으로 가정하고 있다는 사실이다. 그러나 현대의 종교학과 고고학 연구에 따르면 유일신교와 다신교는 개념상으로는 배타적일 수 있으나 역사상 나타났던 신앙 양식의 측면에서는 어느 한쪽으로의 필연적 발전과정을 보인다거나 서로 배타적이지 않았다. 유일신 신앙에서도 한 신의 추상적 측면이 구체화되고 인격화돼 형상을 갖게 되고 그 형상이 예배의 대상으로 숭배되기도 했다. 야훼 신앙도 예외가 아니다. 때문에 우리는 이스라엘 신앙의 전환을 올바로 이해하기 위해서는 '야훼 신앙=유일신교'라는 교리화된 전제를 포기하고 성서를 대하는 것이 더 유익할 것이다.

신상숭배 금지는 차별화 전략

앞서 논의한 바와 같이, 〈출애굽기〉 3장과 6장의 신명 계시와 〈출애굽기〉 19~24장의 시내산 계약 본문은 이스라엘 종교사에서 야훼 신앙이

민족의 공식적 종교로 전면에 등장함을 보여준다. 그리고 시내산 계약 단락을 구성하는 요소 중 특히 십계명의 제1, 2계명을 담고 있는 〈출애굽기〉 20장 2~6절은 신상 제작 및 숭배 금지를 명령하고 있으며, 이는 유일신 사상의 전거로 받아들여진다. 그런데 왜 하느님은 다른 신뿐만 아니라 당신의 상을 제작하는 것도 금지했을까?

이에 대한 전통적 해석들은 신상이 다신숭배를 허용하게 만들며 결국 하느님이 아닌 자연을 숭배하게 만들기 때문이라고 답한다. 다신숭배 신앙에서 자연 현상을 인격화한 것이 형상들(icon 또는 image)인데, 이 형상들을 섬기는 것은 자연을 신성화하게 되며 이는 하느님의 절대적 주권을 침해하게 된다는 것이다. 또한 하느님의 형상을 만드는 것은 보이지 않는 하느님의 실체를 왜곡하는 것이라고 주장한다.

이러한 전통적 입장이 토대를 두고 있는 사상적 전통은 무엇인지 생각해볼 필요가 있다. 이 입장에서는 형상이 하느님의 절대성을 제약하는 것에 불과하다. 즉, 구체적 대상은 추상적 신을 담아낼 수 없다는 생각을 그 바탕에 두고 있다. 그렇다면 야훼 신앙은 이처럼 구체와 추상의 대립과 분리를 전제했던 것일까? 이러한 사상적 전통은 고대 이스라엘의 야훼 신앙에서도 발견할 수 있는 것일까?

쿤틸렛 아즈루드(Kuntillet Ajrud) 유적의 발굴은 야훼 신앙에 대한 전통적 견해에 타격을 주었다. 기원전 8세기경의 것으로 알려진 이 유적지는 시나이 사막 동편 끝 한 언덕에 있는 임시 체류지였다. 이곳에는 신당이 있었던 것으로 추정되는데, 발굴된 저장용 항아리의 그림과 벽화에서 야훼의 배우자로 묘사된 아세라 형상이 발견됐다. 그림에는 '사마리아의 야훼와 그의 아세라'라는 문구가 새겨져 있었는데, 이로부터 북

왕국 이스라엘의 수도 사마리아에 아세라 숭배가 있었으며, 또한 쿤틸 렛 아즈루드가 위치한 유다국도 이러한 신앙의 영향 하에 있었던 것을 짐작할 수 있다.

이는 이스라엘 공동체 안에 야훼와 그의 아내 아세라에 대한 민간신 앙, 즉 '우상숭배'가 출애굽 계약 법전이 선포된 광야시절에 사라진 것이 아니라 두 왕국의 시기까지 오랜 기간 존재했음을 보여준다. 이때 아세 라는 하느님의 '흔적, 자취, 표적' 등을 표상하는 신상의 예로 이해할 수 있다. 즉, 이스라엘의 민간신앙에서는 야훼에 대한 표상이 적어도 기원 전 8세기까지 폭넓게 사용되고 있었다.

또한 야훼를 형상화하려는 노력은 민간신앙에서뿐만 아니라 성서에 기록된 흔적들, 즉 공식 종교 안에서도 존재했던 것으로 보인다. 우상숭 배 금지 명령에는 제의적 상징물로서의 돌기둥들(마체바)을 금지하고 있 지 않다. 〈창세기〉에서는 하느님의 현현과 마체바를 세우는 것이 항상 연결돼 나타난다(예, 28,18). 마체바의 사용 자체가 정죄된 것은 아니며, 마 체바의 기능이 이방신을 상징하는 경우에만 신장 제조를 금지하는 야 훼 신앙의 시각에서 부정적 평가가 이뤄졌다. 바꿔 말하면, 그것이 야훼 의 현현을 상징하는 제의에 사용될 때는 마체바 숭배가 정죄되지 않았 다는 것이다.

이처럼 야훼는 왕정 시대에 이르기까지 제의 상징물들과 신상들을 가 진 채 숭배됐을 것으로 보인다. 당시 이스라엘의 민간신앙에서 예배 대 상으로 받아들여지고 있던 신상은 다른 국가나 지방의 신들과 공유하 는 신이었다. 이런 측면에서 야훼 신앙의 신상숭배 금지를 평가한다면, 그것은 다른 신들, 다른 신앙들과의 일종의 '차별화 전략'이라고 볼 수 있다. 이를 통해 이스라엘의 야훼 신앙에서 신상의 제조 및 숭배를 금지하는 명령은 특정한 시기에 어떤 목적을 갖고 도입된 것임을 유추할 수 있다.

거부의 감성, 저항의 파토스

따라서 야훼 신앙에서 신상숭배를 우상으로 규정하고 배격하기 시작한 것은 어떤 사회사적 배경과 관련이 있는지 점검할 필요가 있다. 문제는 어느 시기의 사회사와 연관지어 신상숭배 금지를 이해할 것이냐다. 〈출애굽기〉 서술상의 시간만 염두에 둔다면 모세가 십계명을 받은 것은 출애굽 공동체가 시내산에 머물렀던 때이다.

그런데 학자들은 시내산 계약 단락에 후대의 편집 흔적이 매우 많기 때문에 시내산 계약 단락의 기원이 언제인지를 판단하기는 어렵다고 보고 있다. 다만, 농경 사회의 정황을 전제하고 있는 것으로 보아 계약법전은 가나안 정착 이후에 형성됐을 것으로 추정한다.

한편, 계약법전의 구조를 분석한 학자들은 계약법전에 십계명의 구조가 반영돼 있음을 밝혔다. 후대의 편집을 통해 시내산 계약 단락의 내용들은 야훼 신앙의 체계를 갖는 모습으로 묶여질 수 있었다는 것이다. 이 사실로부터 시내산 계약 단락에 담긴 종교적, 사회경제적, 윤리적 법령들은 최종형태의 시내산 계약 단락에서 특정한 신학과 '선택적 친화성'을 띠며 편집되었을 것이라 추정할 수 있다.

이 단락의 편집 목적은 십계명의 신상숭배 금지 신학과 계약법전의 개혁적 법령이라는 두 이질적 요소를 편집을 통해 상호연관성을 갖는 하나의 체계로 묶어내는 데 있었다는 것이다. 그렇다면 이 두 이질적 요소가 동시에 사회적 목표로서 필요했던 시기에 이러한 편집이 이뤄졌을 가능성이 높다.

그런데 〈출애굽기〉의 신상숭배 금지 명령뿐만 아니라 〈출애굽기〉 전체에서 이집트를 비롯한 여러 다른 신들에 대한 '거부의 감성' 또는 '저항의 파토스'가 흐르고 있는 것을 볼 수 있다. 후대의 편집층은 그 거부의 감성 위에 자신들의 신학적 체계를 세우고 있다. 〈출애굽기〉를 읽는 현대의 독자들도 이 거부의 감성에 대한 공감 때문에 〈출애굽기〉의 이야기를 기억하고 반복해서 읽게 된다. 일제강점기에 〈출애굽기〉가 읽거나 설교할 수 없는 책이었다는 사실도 이를 증명한다고 볼 수 있다. 압제자들만큼 저항의 파토스($\pi\alpha\theta\circ\varsigma$)에 예민한 이들은 없다. 왜냐하면 그것이 자신들에 대한 저항 행동의 에너지로 쉽게 전환될 수 있기 때문이다.

이런 측면에서 볼 때, 〈출애굽기〉의 신상숭배 금지 명령에는 그 이면에 이러한 종교적 명령으로 표출될 수밖에 없는 삶의 고통, 그리고 그에 대한 저항과 거부의 감성이 놓여 있음을 짐작할 수 있다. 때문에 이러한 저항의 파토스가 팽배해질 수밖에 없는 사회적 상황이 있었는지 여부는 신상숭배 금지가 추진된 시기를 판단하는 데 중요한 요소이다.

여러 학자들은 이스라엘에 본격적 유일신 신앙의 맹아가 기원전 8, 7세기 유다국의 히스기야, 요시야 개혁기에 등장하는 것으로 보고 있다. 이 시기를 거치며 지역 산당이 파괴되는 등 신상숭배를 금지하는 종교적 개혁이 수행됐다. 그리고 히스기야와 요시야 왕의 이러한 유일신교적 종교개혁은 사회적 개혁을 수반하는 것이었다.

체감되는 위기가 중대할수록 개혁의 필요성은 강하게 제기되기 마련이다. 그런데 위기는 주변 강대국과의 전쟁이나 강대국들 간의 전쟁으로 인해 초래된 외부적이고도 구조적인 것이었다. 동시에 사회경제적 갈등으로 초래된 이스라엘 민족 내부의 위기이기도 했다.

8세기의 유다국은 아시리아와의 교역으로 국가 전체의 부는 증가했으나 사회 내부의 모순으로 소작농이 몰락하고 귀족에게 부가 집중되는 현상이 발생했던 것이다. 이런 사회경제적 위기 속에서 종교 지도자들이 부자들을 정당화하는 예배 제의가 성행했고, 이에 대한 심판을 예고하는 예언자들이 등장했다.

이때 이뤄진 히스기야의 개혁은 민중친화적 정책이었으며, 친 아시리아 귀족과 종교 지도자들을 공공의 적으로 삼는 것이었다. 이를 통해 민간종교의 다신교적 상황을 국가의 제의에 통합하며 동시에 왕권을 강화하는 것이 가능했을 것이다. 때문에 이때 나타났던 유일신교적 요소에는 과거 부패한 통치자들과 이를 옹호했던 종교 지도자들에 대한 거부의 정서, 즉 '반권력의 파토스'가 깊이 스며들게 됐다. 이와 유사한 양상으로 7세기 중반 요시야의 개혁도 추진된다.

그러나 이들 두 왕의 개혁은 결국 강대국의 역학관계 속에서 실패로 돌아갈 수밖에 없었다. 그리고 아시리아에 멸망당한 북쪽의 이스라엘국에 이어 유다국도 바벨로니아의 식민지가 됐다. 이후 긴 역사 속에서 이스라엘인들은 줄곧 약자요, 강대국들 사이에서 자신의 독자적 자리를 힘겹게 발견해야 했다.

국가 간 전쟁 상황에서 전쟁의 패배는 곧 신의 패배를 의미했으며, 패배한 신의 형상은 훼손되거나 그 승전국 신의 하위신으로 만신전에 편입되리라는 것을 예측할 수 있다. 이들에게 고정적 자리를 갖는 신상을 만들기에는 자원도 없었을 뿐 아니라 전쟁에 패했을 경우 자신들의 신상이 훼손되는 불명예를 겪어야 함을 의미했을 것이다.

이때 이들에게 신학적 돌파구를 마련해준 것은 초기 야훼 신앙으로부터 전승돼온 '신상(神像) 없는 신앙'의 신학이었다. 자신들의 계속되는 패배에도 불구하고 자신들이 섬기는 신이 모욕당하거나 훼손되지 않는다는 것은 이들이 자신의 신앙적, 민족적 정체성을 훼손당할 일도 없다는 것이나 마찬가지이다. 이처럼 이스라엘인들의 신상숭배 금지를 통해 발현된 유일신 사상은 일종의 약자의 자기 보호 또는 약자의 정체성을 유지하기 위한 불가피한 선택이었다.

이러한 사정들이 〈출애굽기〉 기원 설화와 거기에 담긴 '신상 없는 신앙'의 독특성을 이해하게 해준다. 〈출애굽기〉의 기원 설화는 위대한 왕의 자질을 가진 사람에게서 자신들의 출발점을 찾고 있지 않다. 억압과 압제의 상징인 파라오와 대결하는 모세도 왕의 이미지는 아니다. 그들은 자신들의 집단적 해방의 경험을 기원 설화로 기억하며 자신들을 인도해낸 것은 위대한 왕이 아니라 바로 전능한 하느님이라고 주장하는 것이다.

승리주의로 변질한 유일신 신앙을 넘어서

"내 조상은 떠돌아다니면서 사는 아람 사람으로서 몇 안 되는 사람을 거느리고 이집트로 내려가서, 거기에서 몸 붙여 살면서, 거기에서 번성하여, 크고 강대한 민족이 되었습니다."(《신명기》 26,4)

이것은 요시아 대왕 시대에 만들어진 조상에 관한 공식기억의 문구다. 한데 이 속에 스며 있는 거부와 저항의 파토스는 그 기록을 읽는 현대의 독자들에게도 고스란히 전해지고 있다. 다만, 그것이 어느 경로를 따라 표출되느냐에 따라 그 양상이 달라지고 있다.

오늘날 '개독교'로 지탄받는 보수적 기독교 행태 안에도 성서의 유일신 신앙에 담긴 거부의 감성이 공유되고 있다. 그리고 '개독교'라는 비난을 받을 만큼 폭력적으로 행동하지는 않더라도, 많은 기독교인들이 유일한 하느님을 섬기기 위해 자신은 우상숭배의 유혹과 싸우고 있다고 생각한다. 이때 하느님 경배와 우상숭배를 구분하는 것은 단순히 '나와 너는 다르다'의 의미가 아니다. 이 구분은 참과 거짓의 구분이며, 참은 항상 거짓의 위협 앞에 놓여 있다고 가정된다. 때문에 참된 신앙인은 거짓된 신앙과 대결해 이겨야만 하며, 참된 신앙인이 거짓된 신앙에 대해 갖는 강한 혐오의 감정은 정당화된다.

그런데 이러한 사고방식 이면에 놓인 '타자에 대한 거부의 감성'은 앞서 살펴본 것처럼 성서에서 볼 수 있는 그것과는 거리가 멀다. 한국 사회 다수의 개신교인들의 유일신 신앙은 고대 야훼 신앙이 유일신교로 전환할 때 자원이 됐던 '반권력의 파토스'를 상실했다는 것, 그로 인해 승리주의와 하나가 된 자신을 성찰할 수 있도록 하는 핵심 장치를 상실했다는 것이 가장 중요한 차이일 것이다. 오늘 우리가 유일신 신앙을 갖는다는 것의 의미는 어쩌면 이러한 '반권력의 파토스'를 반추하고 있다는 것과 동일한 뜻은 아닐까?

◉ 더 읽을거리

· 도널드 레드포드 외, 강승일 옮김, 《유일신 신앙의 여러 모습들 – 하나님은
  어떻게 한 분이신가》 (한국신학연구소, 2008)
· 라이너 알베르츠, 강성열 옮김, 《이스라엘 종교사》 (크리스챤 다이제스트, 2003)
· 얀 아스만, 변학수 옮김, 《이집트인 모세: 서구 유일신교에 새겨진 이집트의 기억》
  (그린비, 2010)

1) 이 글에서 사용하는 '기독교'라는 용어는 주로 사회적 비판 대상이 되고 있는 개신교를
   지칭한다. 그러나 개신교에 대한 비판이 '배타성'에 집중되고 있고, 그 배타성이 '유일신
   사상'에서 기원한다는 의혹을 받는 상황임을 염두에 둔다면 기독교 유일신 신앙의 전통
   안에 있는 모든 이들은 자신의 신앙이 정당함을 변호하도록 요구받고 있다고 볼 수 있
   다. 이 글에서는 이러한 전제 하에 개신교와 천주교를 구분하지 않고 기독교라는 용어를
   사용했다.
2) '시내산 계약 단락'은 '시내산 전승 단락'(〈출애굽기〉 19,1 ~ 〈민수기〉 10,10)이라는 성
   서학적 용어와 구분하기 위해 필자가 임의로 붙인 명칭이다. 시내산 계약 단락을 구성하
   고 있는 계약 장면(19장), 십계명(20,1 ~ 17), 계약법전(20,22 ~ 23,33)은 야훼 신앙의 유
   일신교적 성격을 조명할 수 있는 자료들이다.
3) 참고로, '공동번역'이나 '새번역' 성서는 같은 히브리어 구문을 "나는 나다"로 번역하고
   있다.
4) 〈출애굽기〉 23,24와 34,13에서도 이스라엘이 들어갈 땅에서 승리를 선포하는 행위도
   이방신의 상징들을 훼손하라는 야훼의 명령으로 나타난다.

2장 정통과 이단

이단, 역사적 싸움에서 패배한 정통

정용택 제3시대그리스도교연구소 상임연구원이며, 한신대학교 신학과 대학원에서 신약학을 전공했다. 주요 저작으로 〈'종교'가 되어버린 광장의 애도에 대하여〉〈정치적인 것과 사회적인 것〉〈δικαιοσυνη와 민중신학적 비평〉 등이 있다. dawid99@nate.com

교리사는 이단사이다

"교리사(教理史)는 이단사(異端史)이다."

19세기에서 20세기로의 전환기 독일 개신교 신학을 대표하는 저명한 역사가 하르낙(Adolof v. Harnack)의 말이다. 이는 기독교 정통 교리의 형성과 발전 과정은 이른바 이단적인 가르침과의 대결과 갈등이 없었다면 애초부터 불가능했음을 뜻한다. 제2성서(신약성서)만 봐도 각 문서마다 그릇된 교훈 혹은 '다른 복음'과 대결하며 '거짓' 교사들을 배격하고 있는 것을 확인할 수 있다. 또 한국 교회, 특히 장로교의 역사는 정통-이단의 분열사와 궤를 같이 해왔음을 누구도 부정할 수 없다. 그렇다. 정통은 이단을 통해 존재한다. 정통이 스스로를 정통이라 규정할 수 있었던 것도 결국 이단이라는 타자가 있었기에 가능했다.

그런데 우리는 흔히 이단이라고 하는 정통의 타자가 기독교의 역사 초기부터 정통 교회나 정통 신학 외부에서 출현했고, 정통은 이들의 오류를 감지하고 신속하게 이단으로 판정하여 배격한 것이라 생각한다. 말하자면 이단은 처음부터 이단으로 태어났고, 그 본성대로 자연스럽게 이단으로 분류될 수밖에 없었다고 보는 것이다.

물론 이런 논리 속에는 이단들이 가르치는 왜곡된 교리가 출현하기 전에 이미 바른 교리가 존재하고 있었으며, 진리를 왜곡한 이단이 발생하기 전에 왜곡되지 않은 진리를 가르치던 정통이 먼저 존재했다는 전제가 은연중에 깔려 있다. 그러므로 정통은 이단이 나오기 전부터 존재했으며, 참된 교회는 거짓 교회가 출현하기 전부터 확고하게 현실에 뿌리내리고 있었다는 논리가 성립한다.

기독교의 초기 시대를 배경으로 한 정통과 이단의 관계에 대한 이러한 견해는 수세기 동안 기독교 신학의 지배적인 경향이 되어 왔다. 흥미롭게도 역사적, 지리적 간극을 넘어 한국 개신교의 초기 시대에 전개된 정통-이단 논쟁에서도 거의 유사한 형태의 견해가 정통을 자처하는 보수파들에 의해 천명되었고, 현재까지도 신자 대중들에게 지속적인 영향력을 행사하고 있다.

예컨대, 자타가 공인하는 한국 근본주의의 수호자였던 박형룡은 칼뱅주의적 개혁파신학이 한국 교회에서 정통과 이단을 가늠하는 객관적이고 절대적인 기준이라고 확신했다. 그는 어느 신문에 기고한 글에서 "한국에 온 초기 미국 선교사들이 한국에 보수주의적 신앙과 신학을 심어 주었다. 미국 장로교회의 선교사들이 초기 한국 교회에 심어 놓은 신학 사상이나 교리 사상은 기독교의 본질이 된다고 볼 수 있는 전통"이라고 주장했다. 따라서 이러한 미국 장로교 선교사들의 신학과 입장을 달리하는 기독교는 그에게 있어 이단적인 것으로 파악될 수밖에 없었다.

그런데 역사적으로 엄밀히 따져 본다면 한국 교회에 온 초기의 서구 선교사들 가운데 미국 장로교 선교사들과 같이 근본주의적 보수주의자들만 존재했던 것이 아니다. 하기에 한국 교회의 신앙적 뿌리가 처음부터 근본주의적 성향의 보수주의였다는 주장은 성립하기 어렵다. 나아가 세계에 존재하는 다양한 신학 전통들 가운데 하나의 특정한 전통을 대변할 뿐인 미국 장로교 선교사들에 의해 전해진 보수신학이 기독교의 본질이 되는 전통이라는 주장 역시 신학적으로나 역사적으로 전혀 근거가 없다.

여기서 박형룡의 신학 사상이나 그가 교육받은 칼뱅주의적 개혁파신학, 또는 한국교회의 뿌리라고 주장하는 초기 미국 장로교 선교사들의 신학적 배경에 대한 구체적인 분석과 평가는 일단 유보하더라도, 박형룡이 정통과 이단을 구별 짓는 기본적인 논리가 초기 기독교의 정통과 이단의 관계에 대한 일반적인 통념과 크게 다르지 않음은 주목할 필요가 있다. 예컨대 초기 기독교에 있어서나 한국교회에 있어서나 정통은 언제나 이단보다 그 세계에 먼저 뿌리내리고 있었으며, 정통과 이단이 구별 가능한 것은 실제로 정통이라 할 수 있는 기독교의 표준적이고 통일된 진리 및 그것을 표방하는 집단과 그렇지 못한 집단이 뚜렷한 경계를 이루었기 때문이라는 인식이 항상 전제로 깔려 있다.

이 글에선 이와 같은 식의 초기 기독교 세계의 정통과 이단의 관계, 그리고 그것과 놀라울 정도로 유사한 평행을 이루는 초기 한국 기독교의 신학적 지형에 대한 기존의 해석들을 비판적으로 검토하면서, 정통과 이단이라는 관념 속에 깃들어 있는 오늘날의 통념적인 전제들이 지니고 있는 문제점들을 살펴보려 한다.

정통과 이단의 관계에 대한 고전적 이해

정통과 이단 간의 교리적, 신학적 충돌에 관한 기존의 익숙한 설명에 따르자면, 정통은 예수와 사도들이 가르쳤으며 지금까지 신자들 대다수가 지지하는 올바른 신앙의 견해인 반면, 이단은 진리를 왜곡함으로써 일부 소수의 비윤리적이고 몰지각한 사람들에게만 인정받는 그릇된 믿음이다. 그리고 이러한 이단들이 생겨나서 정통적인 신앙의 진리를 왜곡하는 이유는 결국 그들도 다른 사상이나 철학, 종교 등에 유혹을 받아서라고 한다. 제대로 정통 교회의 신앙을 배우고 익혔다면 그렇게 되었을 리 없다는 것이다.

이러한 견해의 고전적인 표현 양식은 기독교 최초의 역사가라 할 수 있는 유세비우스(Eusebius, 260~340)가 남긴 《교회사》(Historia Ecclesiastica)에서 발견된다. 이 책은 그리스도에 의한 교회의 설립으로부터 콘스탄티누스 시대까지의 교회의 역사를 기록하고 있다. 유세비우스가 이 책을 저술할 때 어떤 의도를 갖고 있었는가는 서문에 이미 잘 나타나 있다. 간단히 요약하면 정통 교회의 역사, 이단의 역사, 유대-로마 전쟁사, 기독교 박해사, 최후의 대박해와 로마의 기독교 공인 등을 정리하기 위함이라고 한다.

그런데 이 책은 엄밀히 말해 역사서라기보다는 역사화된 신학서로 보는 것이 더 적절하다. 왜냐하면 이 책은 역사적 연대기에 따라서 주요한 사건들을 기록해나가는 일반적인 역사 서술 방식이 아닌, 논의하려는 주제나 대상들의 신학적 토대를 밝히고 경우에 따라 비판하거나 변증하는 데 주력하고 있기 때문이다.

더욱이 그는 기독교의 연대를 가지고 로마제국의 사건들을 병행시켜서 단일 연대기를 만들었다. 로마제국은 자체의 연대기가 있었으나 유세비우스는 그것을 무시했다. 이와 같은 획기적인 연대기 통합은 유세비우스의 독특한 사관(史觀)에 기초한 것이다. 로마제국의 기독교 박해는 종식되었고, 콘스탄티누스의 기독교 옹호정책으로 로마제국은 이제 기독교세계가 되었기 때문에, 세계사와 기독교사는 분리될 수 없다는 유세비우스의 역사인식에서 비롯된 것이다.

서술 상의 이러한 문제점에도 불구하고, 이 책 외에는 2~3세기 기독교세계에 대한 역사를 구성할 수 있는 사료가 마땅치 않았기 때문에, 유세비우스의 관점이 그 시대의 정통과 이단을 연구하는 학자들에겐 거의 정전(正典)의 위치를 점하게 되었다. 교리 싸움에서 승리를 거둔 종파에 속한 유세비우스는 자신과 비슷한 신학적 입장을 공유하던 지도자들이 항상 옳다고 주장했을 뿐만 아니라, 바로 그런 입장이 예수와 사도들이 가르쳤던 원래의 기독교 복음이라고 자신했다.

유세비우스가 보기에 자신과 다른 의견을 내세우는 사람들은 교회가 물려받은 예수의 고유한 가르침을 왜곡한 이들에 불과했다. 이단은 사탄의 조종을 받고 있었던 바, 사탄은 항상 동일한 방식으로 동일한 교리를 갖고 있는 보편적이고 유일한 참교회의 광채를 어둡게 하기 위하여 이단을 사용했다고 한다. 그러므로 혁신적이며 과격하고 다양한 방식으로 표현된 가르침들(에비온파, 마르시온파, 영지주의 등)은 명백히 거짓이라는 것이다.

유세비우스는 "하느님은 오직 하나이고, 만물의 창조자이다. 물질세계는 선하게 창조됐다. 하느님의 아들 예수는 인간인 동시에 신이다"라는 믿음이 기독교의 정통이라고 생각했다. 정통은 최초의 원래 견해와 다수의 보편적 견해를 모두 함의하고 있으며, 이단은 그러한 정통적 믿음을 고의적으로 저버리는 타락을 뜻한다고 보았다. 여기서 중요한 것은 유세비우스가 이단을 정통에 비해 이차적이고 왜곡된 극히 일부의 소수적인 견해라고 본 점이다. 더욱이 콘스탄티누스 시대에 와서 비로소 정통 견해가 승리한 것은 결국 하나님의 뜻에 따라 이루어진 것 당연한 결과라고 보았다. 물론 그의 견해는 현대 학계에선 거의 받아들여지지 않고 있다.

정통과 이단의 관계에 대한 현대적 이해

20세기 초까지 교회사를 연구하는 거의 모든 학자들은 유세비우스의 관점을 비판 없이 받아들였다. 그러나 20세기 들어 나그함마디 문서[1]를 비롯한 여러 곳에서 초기 기독교의 다양성을 보여주는 일차 자료들이 발굴되면서, 유세비우스의 관점에 대한 비판적인 인식이 널리 확산되었다. 물론 결정적인 전환은 이미 1934년에 독일의 발터 바우어(Walter Bauer, 1877~1960)가 《최초의 기독교에서의 정통과 이단》(Orthodoxy and Heresy in Earliest Christianity)을 출간하면서부터 시작되었다. 정통과 이단의 관계에 대한 현대적 관점을 본격화한 바우어는 많은 부분에서 유세비우스의 관점과 정면으로 대립하며, 초기 기독교의 신학적 지배권을 쟁취하기 위한 투쟁에서 발생한 사건들을 전면적으로 새롭게 정리해냈다. 바우어는 2세기의 정통과 이단 간의 관계를 재규정하는 두 가지 주요 논지를 다음과 같이 제시한다.

첫째, 기독교는 처음부터 나사렛 예수의 중요성과 기독교의 기원에 관해 상당히 다른 생각을 지닌 여러 집단들의 느슨한 네트워크였다. 거의 최초의 시기부터 기독교 내에는 다양한 형태의 종파들이 존재했으며, 그 어떤 종파도 압도적으로 우위에 있을 만큼 다수의 신자를 확보하고 있지 않았다는 것이다.

이는 초기 기독교가 강한 결속력을 지닌 단일 교회로 구성되었으며, 그 중심에서 벗어난 소집단의 이단파들이 갈려 나왔다는 유세비우스의 견해를 완전히 뒤집은 것이다. 따라서 나중에 교권 투쟁에서 승리한 이들, 즉 스스로를 정통이라 자처하는 승자들에 의해 이단으로 낙인찍힌

집단은 본래 하나로 통합되어 있던 정통파 주류로부터 비합법적으로 이탈한 이들이 아니었고, 2세기의 소위 정통파의 전신이 되는 이들과는 애초부터 다른 최초의 기독교 유형들의 직계 후손으로 봐야 한다.

달리 말하면, 훗날에 이단과 정통이란 이름이 붙여질 이들은 교회가 시작된 가장 초창기부터 공존하고 있었다. 이중에 어느 누가 장차 이단이 되고 정통이 될지는 아직 알 수 없었다. 2세기에만 해도 많은 기독교인들은 이단과 정통의 경계를 지금처럼 명확히 설정하고 있지 않았기 때문이다. 유세비우스는 이단이 유대 사상이나 이교도들의 철학이나 종교, 미신, 신화 등과 혼합되어 정통으로부터 갈라져 나간 파생물쯤으로 간주한 반면에, 바우어는 나중에 정통을 자처한 이들이나 그들에 의해 이단으로 분류된 이들이나 기실 당시에는 모두 경쟁 관계에서 각기 다른 기독교를 대변하던 다양한 종파들의 일원일 뿐임을 다양한 자료를 통해 입증했다.

그런데 바우어의 혁명에 가까운 새로운 역사 쓰기는 겨우 이 정도에서 그치지 않았다. 두 번째 요지가 더욱 충격적인데, 2세기 말까지 대다수의 장소에 있던 주류 기독교는 정통파가 아니라 이단들이었다는 사실이다. 이단은 역사적 싸움에서 패배한 정통이었다. 그러니까 초기 기독교는 훗날 신학적 교권 투쟁에서 패배하여 정통파로부터 이단으로 낙인찍혔으나 그들이 실제로 활약하던 당시에만 해도 이단으로 간주되지 않았던 집단들이 오히려 기독교와 관계 깊은 지역들, 특히 시리아의 동부에 자리 잡은 에데사(Edessa), 이집트, 안디옥(안티오키아), 소아시아, 마케도니아 등에서 더 강한 영향력을 행사했다는 것이다.

예컨대, 나중에 정통파의 중심지가 된 에데사는 원래 마르시온파 기독교인들이 터를 잡은 지역이었고, 이집트에 살았던 초기 기독교인들은 다양한 영지주의 계통의 기독교인들이었다. 물론 이들은 자신들의 시대에만 해도 자타가 공인하는 정통적 신앙인들이었지만, 후대에 교권을 장악한 어떤 특정 집단들에 의해 이단으로 분류된 것에 불과했다.

바우어의 분석대로라면, 2~3세기의 교회는 다수의 지배적인 정통파가 중심에 있고 그 주변부에 소수의 이단 종파들이 존재했었다는 유세비우스의 설명은 완벽한 역사 왜곡이었다. 온갖 의견을 지닌 여러 무리가 곳곳에 흩어져 있었고, 그들 각자는 자신들의 의견이 옳고, 자신들의 믿음이 예수나 사도들의 그것에 가장 가까운, 즉 정통적인 신앙이라 제각기 생각했을 따름이다.

그렇다면 이단과 정통을 가르는 경계선은 대체 어떻게 그어진 것인가? 초기 기독교회의 공동체 의식은 애초부터 교리적 차원에서 비롯되지 않았다고 바우어는 주장한다. 교회의 공동체 의식은 공식 교리의 진술(이른바 정통은 교회에 의해 규정된다)이 아니라 동일한 주님을 예배한다는 사실에 기반을 두고 있었다. 바우어에 따르면, 정통과 이단이라고 하는 분류체계는 각각의 사상이나 내적인 교리에 의해 도출된 것이 아니라 권력집단의 정치적 판도에 따라 자의적으로 결정된 것에 불과한 것이다.

잘 알다시피 교회의 권력 투쟁에서 결국 승리를 거둔 것은 오직 한 종파뿐이었다. 바로 로마에 터전을 확고히 잡았던 종파였다. 훗날 정통을 자처한 그 지역의 종파는 1세기 말부터 서서히 자신들의 영향력을 동쪽으로 확장시킨 결과 3세기 말에 이르러 로마제국 내의 기독교세계 전역에서 우월한 위치를 점하게 되었다.

제국의 수도에 위치한 덕분에 교인의 규모도 가장 컸고, 정치력이나 경제력도 막강할 수밖에 없었던 로마 기독교인들은 다른 도시의 교회들에 대해 지배력을 행사할 수 있었고, 점차 배타적으로 자신들만을 정통이라 주장해나간 것이다. 자신들의 관점은 다양한 기독교의 전통 가운데 일부가 아니라 예수와 사도들의 관점을 가장 직접적으로 정확히 계승한 것이며, 이것이 바로 로마제국 전체에 걸쳐 있는 기독교 세계의 절대 다수의 관점이라고 주장했다.

그러면서 초기 기독교 세계에서는 관용되었던 여러 견해들을 후대의 로마교회는 의심의 눈초리로 바라보았다. 교회 역사의 가장 초창기 수십 년간 잘 받아들여졌던 가르침이 이른바 정통적인 공식 교리가 출현하면서 2세기 말부터 비로소 이단적인 가르침으로 정죄 받게 된 것이다.

따라서 로마 교회가 정통이 되어간 과정은 다른 종파들이 이단이 되는 과정과 동시적이었다. 이단 만들기 없이는 정통이 되기도 불가능했기 때문이다. 예수의 인간성을 부인했던 영지주의나 신성을 부인했던 아리우스주의가 없었다면, 예수가 신이자 동시에 인간이라는 삼위일체 교리도 생기지 않았을 것이다. 이렇듯 정통은 이단을 만들어 자신과 차별화함으로써 비로소 스스로 정통이 된다.

바우어는 정통의 개념은 로마 교회의 정치권력이 증대되면서 자신들이 배척하거나 자신들에게 위협이 된다고 느낀 견해들을 이단으로 지명하고 비난함으로써 자기네 견해를 남에게 강요한 결과라고 주장한다. 로마 교회의 수사학은 교회가 위협적으로 혹은 비우호적으로 느낀 초기의 정통파 중 일부를 적대시하고 의심하는 분위기를 조성했다는 것이다. 그리고 마침내 유세비우스의 경우처럼 자신들의 관점에서 기독교의 역사를 다시 썼는데, 그런 과정을 통해 탄생한 것이 로마 교회를 중심으로 한 로마 기독교, 즉 오늘날도 스스로를 '보편적'(catholic)이라 지칭하는 기독교였다.

초기 한국교회가 보여준 관용성

흥미롭게도 이러한 초기 기독교 역사학의 패러다임 전환은 한국 교회의 초기 역사에 대한 최근의 동향과도 묘하게 공명한다. 앞서 박형룡의 주장을 인용한 바 있는데, 오늘날 그런 주장은 한국 교회사학계에서 더 이상 통용되기 어렵다.

박형룡의 주장과 달리 한국에 기독교가 들어온 초기, 즉 1885년부터 1910년대에 이르는 시기까지만 해도 아직은 근본주의적 보수주의가 구체적으로 형성되기 이전의 시대였다. 기독교 역사학자인 류대영의 주장에 따르면, 이 시기는 '복음적' 시대였지, 현대 영미권 복음주의운동에서 통용되는 신학적 보수주의와 동일시될 수 있는 그런 복음주의(evangelicalism) 시대가 아니었던 것이다. 비록 장로교 소속이냐 감리교 소속이냐에 관계없이 초기 미국 선교사들이 신학적, 교회 정치적, 선교 방법적인 면에서 일관되게 '보수적'인 면이 있었음은 부정할 수 없겠지만, 그렇다고 그들을 오늘날과 같은 의미의 복음주의, 더 나아가 근본주의적 신학을 견지한 이들로 단정하는 것은 위험하다.

가령 선교사들이 선교의 효율성을 위해 한국의 전통과 문화를 신학적으로 이해하고 상호 간의 신학적 차이를 극복하면서 협력한 것을 보면 오늘날 한국에서 일반적으로 이해하고 있는 이른바 정통적인 복음주의의 편협한 태도를 극복하고 있음을 확인할 수 있다. 초기 선교사들은 조선의 단군설화가 한국인의 가치관과 역사적, 문화적 정체성에 가지는 가치를 높게 평가하고, 그것을 신학적으로 해석하여 환인(성부), 환웅(성령), 단군(성자)의 삼위일체적 신화로 이해하였다.

이는 초기 개신교 선교사들이 미국 선교사들을 중심으로 초교파적인 '복음적 선교부 공의회'(an Evangelical Council of Missions)를 결성하고 다양한 연합 및 교회일치 운동, 즉 오늘날 한국 교회에선 복음주의 운동과 대립되는 의미로 흔히 사용되는 에큐메니칼 운동을 일찌감치 펼쳤던 것만 봐도 알 수 있는 대목이다. 즉, 한국 교회의 초기에 과연 현대적인 의미의 그러한 정통파, 또는 복음주의적 보수주의 교회가 주류의 위치를 점하고 있었는가를 심각하게 의심하지 않을 수 없는 것이다. 더욱이 복음적 선교부 공의회의 목표가 단일한 '개신교회'를 만드는 것이었다는 사실은 초기 선교사들이 얼마나 포괄적인 의미에서 기독교를 이해하고 있었는가를 보여주기에 충분하다.

좁은 의미에서 배타적 복음주의나 근본주의적 보수주의, 혹은 칼뱅주의적 보수주의를 기독교의 정통으로 인정하고 싶어 하는 이들은 초기 기독교 세계의 종교적 지형을 상상할 때와 마찬가지로, 초기 한국 교회의 내한 선교사들 역시 매우 보수적이었고, 또 대부분 현대적인 의미의 복음주의자들이었기 때문에 초기 한국 교회는 당연히 처음부터 정통적인 보수주의에 의해 기초가 놓였다고 주장한다. 물론 이는 유세비우스의 견해를 따르는 이들처럼, 스스로의 역사적, 신학적 권위와 정당성을 주장하면서 동시에 다른 신학적 입장을 가진 이들을 이단이나 이단적 성향을 띠는 이들로 규정지어 자신들과 구별 짓기 위해서일 것이다.

이처럼 초기 기독교 세계에서나 초기 한국 교회에서나 항상 경계가 뚜렷한 정통파의 존재를 가정하고, 그 정통파의 신학을 바로 자신들이 계승한 것이라고 주장하는 이들이 존재하지만, 실제로 역사는 이들의 주장을 전혀 뒷받침해주지 않는다. 최근의 한국 교회사 연구자들이 공통적으로 지적하는 것처럼 19세기 후반에 한국에 들어온 선교사들은 전통적인 기독교의 주류 신앙에 대해서도 충실한 만큼 자기와 다른 신앙에 대해서도 관용할 줄 알았다. 특히 그들 가운데 일부는 서구의 종교 관념이 한국의 상황에 들어맞지 않는다는 자성을 바탕으로 자신들의 종교 관념 자체를 근본적으로 재고하면서 한국에는 결코 종교가 결여되어 있지 않다는 결론을 내리기까지 했다. 한국의 민간신앙이나 유교, 불교와의 만남을 통해 한국의 종교들을 기독교를 넘어선 보편적 종교현상의 일부 사례로 인정했던 것이다.

이처럼 본격적인 정통-이단 논쟁이 벌어지기 시작한 1920년대 이전만 해도 한국 교회는 자유주의와 보수주의가 비교적 원만하게 공존하던 그런 시대였다. 바우어가 밝혀낸 2~3세기의 초기 기독교세계나 최근 한국 교회사 연구자들에 밝혀진 19세기 후반~20세기 초반의 한국 교회나 오늘날 우리가 막연히 생각하는 그런 정통-이단의 관계를 대입할 수 있는 상황이 아니었던 것이다.

'정통 되기'에서 '이단 되기'로

정통과 이단의 경계가 정통파에 의해 '공식적으로' 성립된 이후, 이단적인 사상들이 다시 출현할 때마다 그들은 정통파에 의해 박해와 억압을 당할 수밖에 없었다. 그러나 아무리 정통적인 교리를 통해 교회의 신앙을 순수하게 보존하려 해도 정통적 관점과는 다른 관점이 출현하는 것을 막을 수는 없는 노릇이다.

이단들이 다시 돌아오는 이유야 상황과 여건에 따라 여러 가지가 있겠지만, 크게 두 가지로 볼 수 있을 것이다. 첫째는 정통파들이 자신들의 관점을 옹호해주는 근거라고 주장하는 제2성서 자체가 이미 정통파의 교리에 갇히지 않는 다양한 해석의 여지를 담고 있기 때문이다. 둘째는 신자들이 살아가는 세계에서 제기되는 다양한 성서해석학적, 신학적 의문과 현실의 문제적 상황들에 대해 정통을 자처하는 기성교회가 제대로 답변을 내놓지 못하기 때문이다.

사실 제2성서의 각 저자들이나 그들이 속한 공동체가 자신들의 책을 기록하던 시기에만 해도 오늘날과 같이 정통과 이단을 구별 지을 수 있는 공인된 기준이나 순수한 신학적 교설 따위는 존재하지 않았다. 오늘날 이단으로 번역되는 영어 Heresy의 어원인 헬라어 하이레시스(αἵρεσις)가 제2성서에서는 헬라사상과 유대교의 용법에 따라 선택, 선호하는 행동 경로, 사상 학파, 철학적 혹은 종교적 분파 등을 중립적으로 의미했을(《사도행전》 5,17; 15,5; 24,5) 뿐 교리적 관점에서 비(非)정통파라는 의미로 사용된 것은 아니었다.

제2성서에서는 하이레시스가 해당 서신의 저자나 그 교회가 가르치는 교훈과 다른 교훈을 지칭하는 기술적인 용어로 사용되고 있는 것이다. 그들은 보편적인 교회에서 일반적으로 공인된 신앙의 기준이나 정형화된 교리에 따라 그릇된 교훈이나 이단적 가르침을 분별해낸 것이 아니었다. 그저 각자의 신념과 입장에 따라서 공동체의 화합이나 신앙적 진리의 보전에 방해가 된다고 생각하는 가르침들을 분별하고 배격할 수밖에 없었던 것이다. 그러므로 우리는 이들의 판단이 철저하게 상대적인 것일 수밖에 없었음을 인정해야만 한다.

케리그마를 예로 들어 좀 더 살펴보자. 제2성서와 그리스도교 전통에서는 복음의 선포행위를 가리켜 '케리그마'(kerygma)라고 명명한다. 제2성서학에서는 케리그마가 선포의 내용이냐 아니면 선포의 행위 그 자체이냐를 두고 팽팽하게 의견이 갈려져 왔고, 대체로는 양자를 모두 의미한다는 절충적인 의견으로 수렴되어 왔다.

그런데 둘 간의 균형 관계를 깨고 처음으로 케리그마의 본질을 선포의 행위로 파악한 인물이 루돌프 불트만(Rudolf K. Bultmann)이었다. 불트만은 선포행위 자체로서의 케리그마, 즉 과거에 선포된 내용에 대한 기록보다는 오히려 현재의 긴박성 속에서 선포행위가 갖는 의미에 집중했다. 그가 탁월한 것은 제2성서에서 케리그마란 단어가 정확히 7회 출현하는데, 그 7개의 본문 어디에서도 선포의 내용을 가리키고 있지 않는다는 점을 발견했고, 이에 착안하여 케리그마란 특정한 시간과 공간에서의 선포행위를 뜻한다는 것을 강력하게 공론화했다는 점이다. 이를 더 밀고 나가 최근 제임스 던(James D.G. Dunn)이라는 영국 성서연구자는 제2성서 안에(심지어 바울서신 안에서도) 얼마나 다양한, 즉 차이와 불일치를 드러내는 다수의 케리그마들이 존재하는지를 치밀하게 논증해낸 바 있다.

요점은 이렇다. 제2성서에는 상이한 케리그마의 내용들이 존재한다는 것이다. 무엇보다도 예수의 케리그마와 부활절 이후의 그리스도교의 케리그마는 질적으로 아주 상반된다. 예수는 하느님의 나라를 선포했지만, 그리스도교는 예수를 선포했다. 선포하던 자가 선포된 자가 된 것이다. 예수의 삶은 시종일관 하느님 나라의 현재적 도래를 향해 달려가는 삶이었고, 그렇게 가다가 십자가형이라는 커다란 시련을 경험함으로써 끝나는 삶이었다. 반면에 예수의 지지자들의 삶은 보다 복잡했다. 그들은 예수의 무력한 죽음과 부활과 성령의 강림과 유대교와의 갈등과 유대-로마 전쟁과 로마의 박해에 이르는 다양한 사건들을 경험했고, 그 사건들에 응답하여 자신들의 삶의 자리에서 지속적으로 케리그마를 다르게 실행해나갔다.

그 내용은 물론 예수 자신의 케리그마와 다를 수밖에 없었다. 그들은 자신들이 기존에 들었던 케리그마가 아닌 자신들이 경험한 사건에 대한 새로운 응답의 케리그마를 발명해나간 것이다. 그리고 그들은 그 케리그마에 스스로 충실했다. 물론 그들 가운데는 훗날 정통파에 의해 이단으로 분류될 수밖에 없는 이들도 많았다. 각자의 이유와 사정들이 있었겠지만 실존적, 사회적, 공동체적 위기 상황 속에서 가장 적절한 해답과 해결책을 찾아내려는 열정과 동기가 그들을 이단으로 만든 것이다.

물론 이는 현대의 이단들에 대해서도 마찬가지로 적용될 수 있다. 비록 논리적 설득력이나 현실적 정당성은 많이 떨어진다 해도 소위 이단이나 사이비, 기독교계 신흥종교들 역시 다양한 해석의 가능성을 내장하고 있는 성서로부터 근거를 도출해내고 있다. 그게 얼마나 잘못된 해석인지 아닌지를 따지는 일은 차치하더라도 성서가 그만큼 다양하게 해석될 수 있는 텍스트라는 사실은 부정할 수 없다. 이것이 이단이 출현할 수밖에 없는 첫 번째 이유이다.

한편, 정통파 기독교의 교리가 공식적으로 확정되어 정통적인 것과 이단적인 것의 경계가 얼핏 뚜렷해진 것 같은 오늘날의 상황에서, 게다가 이단적인 교회를 선택할 경우 감수해야할 사회적 손실이 여전히 만만치 않은 것이 현실인데도 불구하고 사람들이 정통 교회를 떠나 그곳으로 가게 되는 이유는 무엇일까?

연구자들이 내놓은 일반적인 답변은 '기성교회의 문제점', '사회적 아노미'―그 말의 어원 그대로 '한계들이 깨어져 버린'(broken limits) 극도의 공포와 불안의 사회적 혼란, 이단종파 지도자의 카리스마, 신도 개개인의 성격적, 환경적 요인 등이다. 물론 이단종파에 입문하는 대부분의 경우에서 이러한 요소들은 함께 결합하여 작용한다.

한국 교회의 이단 발생사를 고찰해보았을 때도 현재까지 번창하고 있는 종파들이 대부분 일제식민지나 한국전쟁을 배경으로 하여 출현하였음을 확인할 수 있다. 한국의 주류 개신교로부터 거의 공통되게 이단으로 정죄 받은 문선명(통일교)이나 박태선(전도관), 나운몽(용문산기도원), 이재록(만민교회), 그리고 초창기의 조용기(순복음교회) 등이 출현하고 또 주류 교회를 위협할 정도로 급성장할 수 있었던 배경에는 이들이 전후 한국 사회의 혼란기에 정신적으로나 육체적으로 극심한 고통에 시달리고 있던 대중의 욕망을 충족시켜 주는 데 성공했기 때문이다.

당시의 기성교회가 제시하던 메마른 교리와 답답한 의례 등은 대중의 불행과 고통에 아무런 해답이 되지 못했다. 오히려 문자주의와 신비주의, 은사주의와 열광적 종말론 등으로 무장한 이들 이단종파들에서 대중의 억압된 욕망이 분출되고 해소될 수 있는 다양한 장들이 마련되었다. 물론 나중에 가선 그들도 그렇게 흡수한 대중을 데리고 자신들이 그토록 비판했던 기성교회의 구태를 답습하고 말았지만, 초기만 해도 정통적 주류교회가 외면했던 사회적 부적응자를 위무하고 치유하는 데 있어 분명 대안적 종교의 기능을 수행했음을 부정할 수 없다.

불완전함에 대한 두려움, 완전함에 대한 강박

결국 정통과 이단이라는 말은 신학적 진리에 대한 권력적 가치 판단 기준일 뿐, 역사적으론 성립할 수 없는 것이다. 그럼에도 불구하고 이른바 이단이라고 불리는 집단이나 종파들이 출현하는 현상에 대해 우리가 지속적으로 관심을 가져야 한다면, 그 이유는 그들이 교리적으로나 신학적으로 잘못되었기 때문이 아니라—사실 잘못된 것을 따진다면 소위 정통 교회 역시 만만치 않다—그들의 주장이나 이론, 사회적 행태 등에서 우리 사회의 위기 징후들과 기성교회의 문제점을 동시에 읽어낼 수 있기 때문일 것이다.

이단은 오늘날 우리 사회와 교회의 일그러진 자아를 비추어주는 거울이다. 초기 기독교 역사에서 이단이 이단으로 남게 된 것이 정통이 정통이 되고자 했기 때문이었다면, 오늘날 이단이 스스로 이단이 되려 하는 것은 정통이 정통으로서 사실상 아무런 정당성과 능력을 지니고 있지 못하기 때문이다.

더욱이 바우어의 테제 이후 더 이상 정통과 이단에 관한 고전적인 이분법은 성립하기 어렵게 되었다. 초기 기독교의 역사에서 이단은 교리 싸움에서 패배한 또 다른 정통에 다름 아니었다. 초기 기독교가 그토록 많은 '정통들'의 복잡한 네트워크였던 것처럼, 그리고 제2성서의 케리그마와 전승주체가 우리가 아는 것 이상으로 다양했던 것처럼 오늘날 기독교 세계가 다원적인 교파와 전통과 집단의 경쟁적인 체제로 가고 있는 것이 전혀 이상할 것이 없다.

인도 출신의 문화인류학자 아파두라이(Arjun Appadurai)는 《소수에 대한 두려움》에서 다수와 소수 사이의 내적 상호 관계를 '불완전함(소수, 이단)에 대한 두려움'이라고 표현한다. 아파두라이는 다수와 소수의 관계에서 작동하는 심리적 동학을 주로 국민국가 내의 인종적, 종족적 갈등의 차원에서 탐구하고 있다. 하지만 이는 수적으로 다수인 집단, 즉 정통을 자처하는 주류 교파가 기독교라고 하는 종교를 자신들과 같이 흠잡을 데 없이 순수한 정체성을 지닌(것이라 착각한) 이들로만 구성된 것으로 상상하는 데(혹은 희망하는 데) 방해되는, 주변의 이질적이고 낯선 종파나 집단들, 곧 이단들에 대해 갖는 불완전한 느낌, 섬뜩함, 제거의 욕망, 폭력적 억압 등을 이해하는 데도 적절하다.

사실 이 '불완전함에 대한 두려움'은 '완전함(다수, 정통)에 대한 강박'의 전단계라 할 수 있다. 하여 이런 '불완전함에 대한 두려움' 또는 '완전함에 대한 강박'을 근본적으로 떨쳐 버리지 못하는 한 정통과 이단의 경계 짓기는 대상과 범위를 가리지 않고 끊임없이 반복될 수밖에 없다. 만일 해결책이 있다면, 어쩌면 그것은 역사를 통해 정통파 스스로의 불완전함을 두려움 없이 인정하는 것, 나아가 기독교의 순수성과 자신들의 완전성에 대한 강박관념을 버리는 것, 더 나아가 이단이라는 이름으로 타자화시킨 그 대상들이 알고 보면 정통파라 자처하는 그들 자신임을 깨달을 때 비로소 가능할 것이다.

물론 지금 잠시 정통을 자처하는 이들이나, 역시 지금 잠시 이단으로 정죄 당하고 있는 이들이나 그들 모두가 '불완전함에 대한 두려움'과 '완전함에 대한 강박'을 공유하고 있기는 마찬가지일 것이다. 그렇기에 그 누구도 비판으로부터 자유로울 수 없는 것이다. 그래도 우선적으로 변화되어야 할 것은 아무래도 정통파 쪽일 것이다. 혹시나 정통 교회가 자신들의 영토 안에 이단적인 질문과 의심들을 적극적으로 수용하고, 허구적인 정통의 신화로부터 벗어나 예수가 그랬던 것처럼 지배체제를 끊임없이 비판하는 이단자의 모습으로 돌아간다면 정통-이단 만들기에서 비롯되는 이 폭력의 악순환이 조금이라도 빨리 깨질 수 있을 것이다.

⊙ 더 읽을거리

· 류대영, 《초기 미국 선교사 연구》 (한국기독교역사연구소, 2001)
· 그레고리 라일리, 박원일 옮김, 《하느님의 강》 (한국기독교연구소, 2005)
· 바트 D. 어만, 박철현 옮김, 《잃어버린 기독교의 비밀》 (이제, 2008)

---

1) 1945년 나일강 상류부근의 산기슭에서 발견된 초기 기독교문서로, 곱틱어로 된 영주지의 문서들이 대부분이다.

3장 내세

영혼의 구원에 대한 강렬한 열망

이찬수 서강대에서 불교와 기독교를 비교하는 연구로 박사학위를 받았으며, 현재 강남대 교수 및 종교문화연구원장, 대화문화아카데미 연구 위원으로 일하고 있다. 주요 저작으로 《믿는다는 것 – 이찬수 선생님의 종교 이야기》 《불교와 그리스도교, 깊이에서 만나다》 《생각나야 생각하지》 《인간은 신의 암호》 등이 있다. chansuyi@hanmail.net

역사적 예수는 내세를 인정하기는 했으되, 세속적 행복의 연장이 아닌, 살아있는 하느님을 직접 만나는 사건 정도로 보았다. 그러면서도 내세 자체에 대한 관심은 그다지 크게 갖고 있지 않았다. 살아서 경험하는 하느님의 직접적 다스림에 관심을 집중했다.

하지만 후대 기독교인들은 예수를 본래부터 하늘에 있던 분으로 높이기 시작했고, 역사적 예수에게는 별 관심 없었던 바울의 신학 및 〈요한계시록〉의 난세문학에 영향을 받으며 내세적 천국을 신앙의 핵심으로 삼아가기 시작했다. 내세의 주인공은 초월적 존재로 받들어진 그리스도 예수였다.

특히 서기 70년 예루살렘 도성이 로마군에 의해 초토화된 뒤 예루살렘을 역사 안에서 더는 경험할 수 없게 되자, 그것을 '새 예루살렘'이라는 초역사적 세계로 승화시키기 시작했다. 늘 예루살렘 도성을 회복하고 확립하고자 했던 고대 유대인들의 오랜 정서를 반영하면서 예루살렘 도성이 '새 예루살렘'이라는 초역사적 세계로 고양된 것이다. 새 예루살렘은 이상적 세계의 상징이 되어갔다.

"사실, 우리에게는 이 땅 위에 영원한 도시가 없고, 우리는 장차 올 도시를 찾고 있습니다."(〈히브리서〉 13,14)

"나는 새 하늘과 새 땅을 보았습니다. 이전의 하늘과 이전의 땅이 사라지고, 바다도 없어졌습니다. 나는 또 거룩한 도성 새 예루살렘이, 남편을 위하여 단장한 신부와 같이 차리고, 하나님께로부터 하늘에서 내려오는 것을 보았습니다."(〈요한계시록〉 21,1~2)

게다가 여기에 그리스 철학이 덧붙여지면서 내세의 '영원성'까지 상상하게 되었다.

이와 같은 초기 기독교인들의 내세관에 반영되어 있는 것은 내세관의 '역사성'이다. 내세 자체는 역사 너머의 세계로 간주되지만 내세에 대한 관점 혹은 내세에 대한 상상은, 그것이 어떻게 묘사되든 당대 역사를 반영하고 있으며, 개인적 신앙과 사회적 유통의 산물이다. 내세에도 내세를 받아들이는 이의 해석이 들어있는 것이다.

하지만 한국 기독교의 경우 이러한 문제의식을 가질 겨를도 없이, 영원한 천국과 지옥이라는 이분법적 내세관을 기독교적 특징으로 대번에 받아들였다. 초기 한국 기독교인들 중 상당수는 죽어서 누리게 될 천국에 대한 열망 속에서 죽음까지도 불사하는 경우가 허다했다. 여기에는 가톨릭이나 개신교간 차이가 크지 않았다.

특히 초기 가톨릭 신자들 중 상당수가 순교를 각오하고, 실제로 죽임을 당하면서까지 유일신 신앙, 조상숭배 금지 등과 관련한 서구의 전통 기독교적 가르침에 순종했던 결정적인 이유도 결국은 영원한 천국에 대한 강렬한 희망 때문이었다.[1] 현세가 무상하고 괴로운 세상이라면, 천주를 믿은 뒤 죽어서 누리게 될 천국은 영원하다는 다소 이분법적인 확신과 그에 대한 열망이 이들로 하여금 기꺼이 죽음을 맞이하도록 이끈 원천이었던 것이다.

한국 기독교 속의 내세관

가령 한국 가톨릭 성립에 주도적 역할을 했던 이벽(1754~1786)이 홀로 신앙의 단계로 들어간 뒤 지었다는 〈천주공경가〉(1777)에서부터 내세에 대한 한국 최초기 신자의 확신이 잘 드러난다. 전문을 인용해본다.

어와세상 벗님네야 이내말씀 들어보소. 집안에는 어른있고 나라에는 임금 있네 네몸에는 영혼있고 하늘에는 천주있네. 부모에게 효도하고 임금에게 충성하네. 삼강오륜 지켜가자 천주공경 으뜸일세. 이내몸은 죽어져도 영혼 남아 무궁하리. 인륜도덕 천주공경 영혼불멸 모르면은 살아서는 목석이요 죽어서는 지옥이라. 천주있다 알고서도 불사공경 하지마소. 알고서도 아니 하면 죄만점점 쌓인다네. 죄짓고서 두려운자 천주없다 시비마소. 아비없는 자식봤나 양지없는 음지봤나. 임금용안 못뵈었다 나라백성 아니런가. 천당 지옥 가보았나 세상사람 시비마소. 있는천당 모른선비 천당없다 어이아노 시비마소. 천주공경 믿어보고 깨달으면 영원무궁 영광일세.
— 이벽, 하성래 옮김, 《성교요지(聖敎要旨)》, 144쪽에 부록으로 나오는 〈천주공경가 (天主恭敬歌)〉

이 〈천주공경가〉의 '키워드'는 단연 천주 공경, 영혼 불멸, 천당 지옥 등이다. 천주 공경이야말로 최고의 효도이며, 그렇게 하면 사후에 영혼이 '천당'에서 영생하게 되리라는 초기 가톨릭 신자의 확신을 잘 보여주고 있다. 불멸하는 영혼 및 천당에 대한 믿음은 한국인의 전통적인 정서와 다소 거리감이 있음에도 불구하고, 역설적으로 그만큼 새로운 것으로 소화되었고 도리어 강력하게 자리 잡았다. 그러면서 기독교 신앙의 기저이자 특징으로 자리매김 되어 갔다. 한국 최초의 신학자라 할 수 있을 정하상(1795~1839)도 비슷한 내세관을 보여준다.

사람이 세상에 살아있을 때까지 정욕과 싸워 이기면 천당에 가고 이기지 못하면 지옥에 이릅니다. 착한 사람의 영혼은 하늘로 올라가 상을 받고 악한 사람의 영혼은 지옥에 떨어져 벌을 받으니, 이 받는 바 복과 고통은 영원히 사라지지 않는 것이오이다.

— 정하상, 〈상재상서(上宰相書)〉, 《순교자와 증거자들》, 117~136쪽

위험을 감수하고 교리서들을 편찬하면서 천주교 신앙의 전교를 위해 몸 바쳤던 두 번째 한국인 신부 최양업(1821~1861)은 〈사향가〉(思鄕歌)에서 천당과 지옥을 이보다 더 상세히 묘사한다.

아마도 우리낙토 천당밖에 다시없네. 복락이 순전하고 질검이 충만하니 무궁세월 지나도록 영원상생(永遠常生) 무종(無終)이라. …… 천하만복 다받은들 천당복에 비길소냐. 천하만고 다당한들 지옥영고 비길소냐. …… 대부모(大父母)를 영결(永訣)하고 흉마중에 떨어지니 천당진복 영실(永失)하고 지옥불의 섶이되어 삼사오관(三司五官) 죄악대로 실고각고(失苦覺苦) 다받으니 억만년이 지나도록 원한통곡 무궁이라.

— 하성래, 《천주가사연구》, 201~207쪽

여기에도 영원한 복락과 만복의 낙토가 바로 천당이며, 흉악한 고통이 끝없이 이어지는 세상도 있으니 그곳이 지옥이라는 이원론적 세계관이 근저에 깔려 있다. 이미 마테오 리치(Matteo Ricci)의 《천주실의》에서도 '천당'과 '지옥'이라는 상벌관이 제시되고 있었지만,[2] 초기 한국 가톨릭 신자들 대다수에게서 드러나는 이런 식의 이원론적 내세관은 죽음

도 불사하게 만드는 강력한 신앙적 힘의 원천으로 작용했다.

이러한 현상은 100여 년 후 생겨난 개신교인에게서도 별반 다르지 않게 나타났다. 비록 도입 초기부터 가톨릭과 차별적인 가르침으로 소개되면서, 가톨릭은 마리아를 믿는 비성서적 종교라는 식의 비판적 견해가 개신교 안에 일찌감치 자리 잡았지만, 내세관에 있어서만큼 두 종파는 별 차이가 없었다.

한국 최초의 개신교 교리 변증서라 할 수 있을 노병선의 《파혹진선론(破惑進善論)》(1897)에서는 사후 영혼이 가게 되는 천당과 지옥을 당연히 전제하며 이렇게 말한다.

> 삼가 홀지여라 이말이여 만일 텬당과 디옥이 업다ᄒᆞ고 이 세상에서 허랑방탕이 흠부로 넘어가다가 ᄉᆞ후에 텬당과 디옥이 과연 잇어 그 령혼이 텬당으로 못가고 디옥으로 갈 디경이면 그 형벌이 더욱 심ᄒᆞ리니 ……
>
> ─ 노병선, 《파혹진선론》 (서울: 대한성교서회, 1897), 15~16쪽

한국 개신교 신앙이 일정 부분 말세론적으로 기울어지는 데 적지 않은 영향을 끼쳤던 길선주 목사(1869~1936)는 《해타론》(1904)에서 현세에 대한 비유적 표현인 '소원성'(所願城)에서 '예수 인기(印記)'를 받으면 '성취국'(成就國)으로 가게 되고, 최종적으로는 '새 하늘과 새 땅'을 의미하는 '영생국'(永生國)으로 들어가게 된다는 계몽적 서술을 하고 있는데, 물론 그 종점에는 천당이 있다. 그에 의하면, 주를 믿는 사람은 '마음의 천당'과 '하늘의 천당'이라는 두 가지를 얻게 된다.

이와 함께 최봉석(1869~1944)은 "예수 천당 마귀 지옥"을 외치며 선교

했던 것으로 유명한데, 그런 전도는 요즘도 한국에서 흔히 접할 수 있는 "예수 천당, 불신 지옥"이라는 전도 문구로 이어지고 있다.

20세기 후반까지 활동한 신학자이면서 한국 개신교회의 보수 성향을 잘 반영해주는 박형룡(1897~1978)의 죽음, 부활, 내세관에도 이러한 천당관이 반영되어 있다. 그는 말한다.

> 참된 그리스도인은 사망의 바로 저 편에 주께서 예비하신 영주할 처소가 있음을 본다. 그는 자기 구원이 확실함과 주께서 예비하신 처소에 인도하실 것을 알고 깨어 준비한다. 그의 죽는 날은 그의 영화(榮化)되는 날이다. 부활이란 부활체가 우리의 현재 신체와 동일한 것을 의미한다. 하나님은 각 사람을 위하여 새 신체를 창조하실 것이 아니라, 땅에 묻힌 그 신체를 다시 살리실 것이다.
>
> 의인들의 영생을 위한 처소는 통상적으로 천당이라 칭한다. 천당은 의심 없는 하나의 처소요 상태만이 아니다. 천당의 위치를 확실히 어떤 곳이라고 지시하기는 어렵다. 그러나 그 어렵다는 것은 천당의 존재를 의심한다는 말이 아니요, 전 우주를 통하여 천당의 위치가 될 만한 경역이 너무 많이 있다는 것이다. 천만 성신 중 그 어느 곳에 천당이 있든지 그것은 우리 지구로부터 극히 먼 거리에 있을 것이다.[3]

성서무오설, 문자영감설에 입각해있는 박형룡의 내세관은 한국 기독교인의 절반 이상이 신봉하는 입장이다. 하지만 자세히 보면 철저한 문자영감설에 근거해 있기만 한 것도 아니다. 도리어 대중적 신앙을 성서의 특정 낱말이나 문장으로 뒷받침하고 옹호하는 경향이 더 두드러진다.

한국 기독교인들의 내세관은 성서적 내세관의 주류에 해당하는 바울의 '영적인 몸'과도 거리가 있고,[4] 육체의 죽음 이후 한참의 시간이 흐른 종말의 때에 영혼이 신령하게 변모한다고 보았던 성서적 시각은 별로 반영되어 있지 않다. "땅에 묻힌 신체를 다시 살리실 것"이라는 박형룡의 주장은 육체 그대로의 부활에 관심을 기울이지 않았던 예수의 내세관과도 상충된다. 〈요한계시록〉에서 드러나는 예루살렘 도성 이미지 같은 '은유적' 이미지도 그다지 들어있지 않다. 조상들과 함께 산다는 고대 이스라엘의 내세관과는 물론 전혀 다르다.

이렇게 성서에 충실하다면서도 정작 성서의 내세관과 달리 이해하거나 성서 내세관의 특정 부분만 부각해서 믿고 있는 모습에서 우리는 한국 기독교인들이 성서 전반보다는 초자연적 문자주의에 입각해 있다는 사실을 알 수 있다. 한국 기독교인의 내세관에는 과학주의, 역사주의 등 18세기 유럽 근대주의에 대한 반발로 19세기 미국 개신교 선교사들에 의해 생겨나고 한국으로 수출된 근본주의적 시각이 반영되어 있는 것이다.

이 점만 보면 한국 기독교인의 내세관은 서구 기독교적 내세관의 연장인 것 같기도 하다. 하지만 엄밀하게 보면 그 안에는 한국인의 전통적 내세관 내지 세계관도 반영되어 있다. 가령 기독교인들의 천당(天堂)은 불교적 내세인 '극락'(極樂)의 다른 이름을 차용한 것이기도 하지만, 극락과 심리적 차원에서도 크게 다르지 않다.

정토(淨土)의 다른 이름인 '극락'이 말 그대로 '지극한 즐거움'의 세계라는 심리적 상태와 공간적 이미지가 합쳐진 개념이듯이, 천당 역시 기쁨이 가득한 하늘의 집이라는 심리적 상태와 공간적 이미지가 중복된 개념이다. 불교적 극락이 기독교인에게 천당 신앙을 자리 잡게 해준 결정적인 선이해로 작용한 것이다. 그밖에 '혼백'과 '조상신' 개념 및 전통적 저승관과 하늘신앙 등도 선이해로 작용하면서 오늘날 한국 기독교인의 내세관의 기초가 형성되어 온 것이다.

이러한 저간의 사실에 영향을 받으며 한국 기독교인의 70% 이상은 '구원'을 개인의 영혼이 사후에 천당으로 들어가는 것 정도로 생각하게 되었다.[5] 길선주 같은 이가 《말세학》에서 '육체'의 부활을 문자 그대로 신봉했고, 박형룡도 비슷한 시각을 가지고 있었으나, 한국의 일반적 기독교인들에게는 대체로 '영혼'이 천국에 간다는 정도의 구원론이 강하게 드러난다. 여전히 한국 개신교회에서 천당, 천국, 천성에 관한 찬송이 자주 불리고 있다는 사실도, 죽고 나면 영혼이 공간적이고 미래적인 천당에 들어간다는 식의 내세관을 잘 반영해준다. 가톨릭과 개신교를 막론하고 초기 한국 기독교인들이 죽음도 불사하는 용기를 발휘할 수 있었던 것도 사후에 영혼이 천당으로 들어가리라는 강한 열망 때문이었던 것이다. 그 열망의 정도는 약해졌지만, 이러한 내세관은 여전히 유지되고 있다.

부활, 시간에서 영원으로

내세관에 대해 이렇게 정리하고 나면 내세 자체가 인간적 조작의 산물 같은 느낌도 들고, 극복의 대상이 되어야 할 것 같기도 하다. 하지만 그런 견해도 일종의 오해가 아닐 수 없다. 내세관에 역사성이 있다고 해서 내세의 중요성이 사라지거나 내세 자체가 부정되는 것은 아니다.

이 글에서 부정하고 싶은 것은 내세에 대한 독단적 판단과 그에 근거한 일방적 적용이다. 내세를 하나의 개념으로 고정시키고 사실적으로 묘사하는 행위 자체가 하느님의 궁극적 세계에 대한 모독에 가깝다. 일종의 우상숭배인 것이다. 내세가 어찌 한 가지 시각 안에 고정되겠는가.

중요한 것은 건강한 신앙과 진지한 이성에 근거한 내세관을 확립해야 한다는 것이다. 내세 자체가 이성적 판단의 대상에 갇히거나 거기에 머무는 것은 아니지만, 진지한 이성적 판단을 무시한 내세관은 그야말로 맹목이 되고 만다. 진지하게 성찰하는 가운데 건강한 내세관을 확립해 가야 한다.

그렇다면 건강한 내세관이란 과연 어떤 것일까? 이어지는 글에서는 내가 믿고 생각하는 내세의 기초를 성찰하듯 편안하게 정리해 보도록 하겠다. '나의 내세관'이라는 점에서 그것은 하나의 참고 사항에 지나지 않는다. 그러면서도 대안적 내세관이란 어떤 것이어야 할지에 대한 나름의 우회적인 답변이기도 하다.

나는 죽어서 어떻게 될까? 죽고 나서 화장을 하면, 한 시간도 못돼서 나는 한줌 흙이 되고 만다. 매장을 한다고 해도 몇 년, 몇 십 년 안에 그 흙 속으로 스며들어간다. 나의 세포를 이루고 있던 것들이 무덤가의 풀 한 포기로 흡수되어 풀잎이 되기도 하고, 어떤 것은 한 송이 민들레꽃으로 피어나기도 할 것이다. 들풀을 뜯는 소의 몸 속으로 들어갈 수도 있을 것이다. 바람에 따라 떠도는 민들레 홀씨 속에 그 어떤 사람의 세포가 있을지도, 우리의 할아버지, 할머니의 세포가 소나무 잎의 모습으로 피어나고 있는 것인지도 모른다.

소 한 마리가 무덤가의 풀을 뜯고 통통하게 살이 오르면, 잔인한 노릇

인지 모르겠지만, 사람은 또 그 소를 잡아먹고 살아간다. 그리고는 몸속에서 새로운 생식세포들이 만들어진다. 이렇게 내 몸의 일부가 또 다른 몸의 일부가 될 수 있고, 다른 몸의 일부가 내 몸의 일부가 될 수도 있는 것이다.

그러니 '나'라는 존재가 어머니 뱃속에서부터 시작되었다는 말도 불완전하다. 그 이전부터 이미 나는 다른 모습으로도 있었다고 할 수 있다. 죽고 나서 무(無)로 돌아간다고 하는 말도 불완전하다. 이 세상에 사라지는 것은 없다. 어렸을 때 놀던 초등학교 운동장의 정글짐에 내 손때가 묻은 채 남아 있을 수도 있고, 운동장에서 흘렸던 땀이 대기와 섞였다가 다시 빗물이 되어 떨어졌을 수도 있다. 사라지는 것은 전혀 없다. 자연 법칙에 따라 그저 형태가 바뀌었을 뿐이다. 이렇게 사람이든 동물이든 자연의 순환 법칙을 한 치도 벗어나지 못한다. 악인이든 의인이든 이러한 법칙에는 예외가 있을 수 없다.

이런 자연 법칙을 염두에 두고 보면, 죽음도 그저 심장이나 뇌 기능의 정지 수준에 머물지 않는다. 굳이 신학 언어를 내세우지 않더라도 죽음을 심장이나 뇌의 멈춤 등 의료적 정의만으로 설명하기에는 죽음과 내세에 관한 인간의 질문이 더 깊고 넓다.

신학적으로 보자면 죽는다는 것은 '나'라는 것을 앞세우며 살아온 지난날의 모든 삶을 전적으로 대자연 앞에 내어맡기는 행위라고 할 수 있다. 인간 하나하나의 삶과 관계된 모든 것들을 생명의 근원이 되는 존재에게로 온전히 되돌려드리는 행위이다. 내 이름으로 행한 모든 생생한 실재들, 초등학교 시절에 놀던 학교 운동장 철봉에 묻은 내 손 때마저 나의 것이 아니라 온전히 하느님의 것이라며 돌려드리는 행위가 죽음인 것이다. 삼라만상이 하느님의 창조물 아닌 것이 없고 하느님과 무관한 것이 없는 마당에, 죽음은 잠시나마 내가 내 인생의 주인인 냥 착각하며 살아온 나의 무지와 실상이 적나라하게 드러나는 사건이다.

이때 염두에 두어야 할 것은 시간 관념이다. 죽고 나면 분명히 우리의 몸은 사라진다. 몸이 없다는 것은 감각기관이 없다는 것이다. 감각기관이 없으면 우리의 온갖 체험이 사라진다. 체험이 사라지면 결정적으로 시간이 사라진다. 시간이란 어떤 사실이 지속되고 있음을 감각 기관을 통해 체험하는 한 양식이기 때문이다. 살아 생전 우리의 몸은 어떤 사실들에 대해 순간순간 반응하는데 그것이 연속적으로 이루어지는 것을 보고 흔히 '시간이 흐른다'는 식으로 말한다. 하지만 몸을 벗어버리고 나면 당연히 흐를 시간도 사라진다. 보고 듣고 만지는 온갖 감각기관들이 정지하기 때문이다. 이때 비로소 시간을 넘어서게 된다.

이렇게 보면 죽음은 시간을 넘어 영원에 참여하게 되는 순간이라고 할 수 있다. 인간이 숨을 거두는 순간 결정적으로 하느님의 세계로 가는 것이다.[6] 물론 우리가 행한 모든 것이 이미 하느님 안에 충분히 참여하고 있지만, 감각기관이 정지하는 순간, 내 이름으로 행한 흔적과 자취는 사라진 채 모든 것이 영원의 세계에 결정적으로 합류하게 된다. 그때는 더 이상 시간 안에서가 아니라, 시간의 저편에 실존하게 된다. 하느님 안에 머물게 되는 것이다.

우리는 하느님과 이미 만나고 있지만, 감각의 세계를 넘어선 영원에서의 결정적인 만남이 가능하도록 하기 위한 장치가 바로 부활이다. 부활은 우리가 흔히 영혼이라고 말하는, 즉 우리의 내밀한 삶의 총체에 신이 어떤 식으로든 형상을 입혀주는 사건이다.

그렇게 입혀진 형상이 바울이 말하는 '영적인 몸'이다. 하느님께서 우리에게 영적인 몸을 입혀줄 것이라고 기대하게 되는 것은 예수가 "다시 일으켜졌다"는 믿음에 근거한다. 바울은 예수가 다시 일으켜져서 "부활의 첫 열매가 되셨다"고 전한다. 모든 인간도 죽음으로 끝나지 않고 "다시 일으켜질 것"이라는 것이다. 그것은 예수의 죽음이 허무한 파멸로 끝나지 않고 그 안에서 모든 역사의 궁극적 의미가 드러났음을 믿는 이들의 신앙적 표현이다. 예수의 죽음이 도리어 생명의 하느님을 결정적으로 드러내 보여준 사건이 되며, 그런 생명의 원리대로 살아감으로써 하느님 안에 온전히 들어가게 된다고 믿는 이들이 그리스도인인 것이다.

게다가 성서에서는 예수가 부활 후에 승천(昇天)했다고까지 말한다. 예수가 하느님이 있는 곳으로 갔다는 뜻이다. 그것 역시 공간적인 의미가 강조되었을 뿐, 예수가 하느님의 생명 안으로 들어갔다는 강력한 신앙의 표현이다. 그러고 보면, 부활이나 승천이나 결국은 같은 말을 하려는 것이다. 예수 사건이 제한적 시공간 안에 머물지 않고 시공간을 초월하며, 죽음 역시 역설적이게도 영원한 하느님의 섭리 속에서 이루어진 생명의 사건이 된다는 뜻이다. 더욱이 종국적으로는 부활이 모든 인생의 궁극 목적이기도 하다는 것이 기독교의 신앙이다. 제2성서 학자 로핑크 (Gerhart Lohfink)의 말을 인용해보자.

부활이란 전 인간, 한 사람이 자신의 모든 체험과 자기 과거 전체, 자기의 첫 입맞춤과 자신의 첫 눈(初雪), 그가 이야기한 모든 말, 그가 행한 모든 업적과 함께 하느님께로 가는 것을 뜻한다. 이 모두는 어떤 추상적 영혼 그 이상의 어떤 무한한 것이기에, 죽음을 통하여 사람의 영혼만이 하느님 앞에 나아간다는 것은 상상도 할 수 없는 일이다.

— G. 로핑크, 앞의 책, 45쪽

부활이란 영혼만이 아니라 몸을 가지고 행한 모든 행위가 하느님과 직접 대면하게 되는 어떤 사건을 의미한다는 것이다. 이러한 부활 관념은 원칙적으로 예수에 대한 신앙적 조명 속에서 생겨난 것이다. 예수야말로 인생을 하느님의 뜻에 전적으로 의존해 그 뜻대로 사신 분이며, 하느님의 존재방식인 완전한 생명 안으로 온전하게 흡수되신 분이라는 점에서, 부활은 비록 처참하고 억울했지만 역설적이게도 그렇기에 제대로 된 죽음(well dying)에 대한 신앙적 해석인 것이다.

생명의 하느님 속으로 온전히 합류되기 위한 결정적 사건

제1성서(구약성서)에 따르면, 인간은 먼지로부터 와서 먼지로 돌아갈 존재이며,(〈창세기〉 2,7; 3,19; 〈시편〉 90,3) 태어났으면 언젠가 죽게 되어 있다.(〈전도서〉 9,4) 이것이 땅 위에 태어난 모든 존재가 가야 할 길, 한 마디로 인간의 운명이다.(〈여호수아기〉 23,14; 〈열왕기상〉 2,2; 〈욥기〉 7,9) 죽은 자는 다시는 땅 위로 돌아오지 못한다.(〈욥기〉 7,9; 7,11~12) 그러니 죽음은 살아 있는 모든 것을 집어삼키는 큰 파도와도 같고 어두움이 지배하는 무덤과도 같다. 생명을 위협하고 파괴하는 힘이기도 하다. 하지만 역설적으로 죽음은 인간의 영원한 안식처이기도 하다.(〈전도서〉 12,5) 고통의 근원인 육을 벗어버리는 사건이기도 하기 때문이다.

제2성서에서는 유대교적 죽음관 및 종말관을 반영하면서 죽음을 '죄의 대가로 설명한다.(《로마서》 6,23) 죽을 수밖에 없는 인간 운명의 보편성에 대해 말한다. 하지만 그것을 넘어 최후로 말하려는 것은 그리스도를 통한 하느님의 구원 계획이다. 인간의 범죄로 인해 생겨난 죽음의 세력보다 그리스도로 인해 주어질 구원의 우주적 지평, 궁극적인 생명의 사건이 더 크다는 것이다.(《로마서》 5,15) 그 기초에는 한 마디로 생명이신 하느님이 있다. 하느님의 생명이 죽음보다 훨씬 크며, 그 하느님은 죽은 자의 하느님이 아니라 산 자의 하느님이라고 믿는다.(《마태복음》 22,32) 몸은 죽었지만 사실상 생명이신 하느님 앞에서 죽은 자는 없다는 뜻이다.

결국 그리스도인에게 죽음이란 생명의 하느님 속으로 온전히 합류되기 위한 결정적인 사건이 된다. 앞서 말한 대로 내 이름으로 행한 모든 것을 하느님께로 온전히 돌려드리는 행위인 것이다. 그렇게 몸의 죽음은 더 큰 생명 속에서 그 생명의 일부가 되는 결정적 통로인 것이다.

기독교인은 이러한 희망을 지니고 사는 존재들이다. 희망은 희망이기에 특정한 묘사 속에 갇히지 않는다. 하느님을 구체적 언술 속에 가둘 수 없듯이, 내세 역시 특정한 형상으로 단정지을 수 없고, 구체적으로 묘사할 수 없다. 육체의 죽음, 몸의 해체가 끝이 아니며, 하느님이라 불리는 우주적 실재가 새로운 차원 안에 우리를 받아들여주시리라는 희망을 가지고 살 뿐이다. 그런 삶에 내세의 기초가 놓여 있다. 일단 그것이면 충분하다.

⊙ 더 읽을거리

· 김균진,《죽음의 신학》(대한기독교서회, 2002)
· 한국문화신학회,《죽음, 삶의 현장에서 이해하기: 그리스도교의 죽음관》
  (한들, 2004)
· 마이클 부쉬, 김요한 옮김,《내 아버지 집에 거할 곳이 많도다》(새물결플
  러스, 2010)

---

1) 조광,《한국 천주교 200년》(서울: 햇빛출판사, 1989), 44쪽; 전주대학교역사문화연구소
   엮음,《한국인의 사후세계관》(전주대학교출판부, 2001), 212쪽 참조.
2) 마태오 리치, 이수웅 옮김,《천주실의》(왜관 : 분도출판사, 1988), 제6편 참조.
3) 김경재,〈한국 그리스도인의 죽음 이해〉,《죽음, 삶의 현장에서 이해하기: 그리스도교의
   죽음관》(서울: 한들출판사, 2004), 186쪽에서 재인용.
4) 바울은 육체를 영혼이 살고 있는 장막이나 옷에 비유하면서 신이 죽은 자들의 영혼을
   위해 새로운 장막, 새로운 육체를 준비하고 있다고 믿었다. 이 새로운 육체를 입으려면
   이전의 육체는 무덤에 남겨두는 죽음이라는 과정이 있어야 하는 것이다.(〈고린도후서
   〉5,1~5) 죽고 난 뒤 시간이 지나 세상의 종말 때가 되면 신이 영혼에 새로운 육체를 입
   혀주시기 위해 부활시켜 준다는 것이다. 이것이 바울의 부활관이며, 그렇게 입은 몸이
   그가 독특하게 쓰는 표현인 '신령한 육체' 혹은 '영적인 몸'이다. '몸'이라는 표현을 쓰고
   있어서 죽음 후에도 인간의 육체적 형상 같은 것이 지속되고 있는 것처럼 보이기는 하지
   만, 실상 그 때의 몸은 공기처럼 무형적인 것이며, 몸이 있다고 한다면 다분히 초월적 혹
   은 초형상적인 몸이다. 적어도 현세적인 몸과 같은 것은 아니다. 신에 의해 영혼에 입혀
   진 이 몸은 영원한 신과 함께 살아가는 영원불멸의 존재가 되는 것이다. 바울에게 내세
   는 육체의 죽음 이후 일정 시간이 지난 후, 즉 종말 때에 신령한 몸으로 변화해 신과 더불

어 살게 되는 세상인 것이다. 그 세상 자체를 상세하게 묘사하고 있지는 않지만, 바울은 이런 식으로 내세를 확신했고 또 내세는 영원하리라는 희망을 초기 기독교인들에게 가르쳐주었다. 물론 이것은 예수에게서는 발견되지 않던 내용이다. 하지만 그리스적 사유 체계에 익숙한 바울로에 의해 변용되면서 그리스 문화에 젖어 살던 초기 기독교인들에게 적용되기 시작한 내세관이라고 할 수 있다.

5) 한국기독교사회문제연구원, 《한국교회 100년 종합조사연구》(1982), 63~64쪽; 이원규, 《한국 교회 무엇이 문제인가》(서울: 감리교신학대학교출판부, 2002), 159~160쪽 참조.

6) 엄밀하게는 살아있다는 것이 죽어가고 있다는 것이며, 따라서 살아있을 때에도 이미 하느님의 세계에 참여하고 있는 것이지만, 이에 대해서는 나중에 적절한 기회가 오면 구체적으로 서술해보고자 한다.

4장 구원

죽음의 대속론을 넘어 부활의 속죄론으로

정용택 제3시대그리스도교연구소 연구원

'대속', 그 참을 수 없는 가벼움

　대부분의 평범한 한국 개신교인들은 예수가 하느님에 대한 인간의 죗값을 대신 치룬 속죄제물, 또는 인간을 대체하여 하느님께 처벌당한 희생제물이라고 믿고 있다. 이러한 예수 이해를 신학에서는 흔히 대속론(대리적 속죄론, substitutionary atonement)이라 부른다.

　이 논리에 따르면, 예수의 죽음은 하느님이 미리 계획한 것으로 예수 삶의 목적 그 자체이다. 예수는 이 땅에서 인간을 대신하여 십자가에 달려 죽기 위해 태어난 존재이므로, 그의 생애에서 구원사적으로 가치 있는 것은 단지 '죽음'뿐이며, 죽음 이전의 그의 행적과 메시지들은 모두 부차적이라고 보는 것이다. 그래서 한국 교회의 통념적인 그리스도론(또는 구원론)은 이 예수의 십자가 죽음에 거의 절대적인 신학적 의미를 부여한다.

　그러나 지성사적으로 볼 때, 근대를 거치면서 기독교 안팎으로 대속론에 대한 비판적 인식이 대두되기 시작하면서 이러한 생각에 동요가 일어난다. 근대 계몽주의의 영향과 더불어 인간의 주체성과 도덕성의 문제가 중요하게 부각되면서 기독교의 구원론은 인간의 참된 인간성, 그 본래적 실존에 관한 문제와의 관련 속에서 논쟁에 붙여졌다. 특히 개신교 정통주의신학의 핵심이 되는 대속론이 일차적인 의심의 대상이 되었다.

　임마누엘 칸트(Immanuel Kant, 1724~1804)는 죄란 주체적 인격의 문제와 결부되기에 타인에게 양도될 수 없다는 것을 천명한다. 칸트의 관점에서 도덕의 본질은 자신의 오류를 타인에게 전가하고, 또 그로부터 변상 받는 것을 허락하지 않기 때문이다. 도덕의 현안 속에 대속이란 있을 수 없다는 것이다. 다시 말해 속죄는 당연한 것이지만, 대리적 속죄는 불가능하다는 것이다.

비단 세속적 윤리관에서만 대속론이 문제가 된 것이 아니다. 대속론을 구성하는 핵심적인 논리들, 이를테면 예수는 우리 죄를 위해, 우리를 대신하여, 우리의 죗값을 하느님께 변상하기 위해 죽었기 때문에, 결국 그는 우리를 대리하여 죽은 희생제물 또는 속죄제물이라는 논리 속에서 수많은 그리스도인들이 신학적으로 심각한 고민을 해왔다. 사랑의 하느님이 인간에게 그 죗값을 변상해주는 대가로 '피의 제물'을 요구했고, 그것이 다름 아닌 하느님의 아들 예수였다는 논리를 도무지 받아들일 수 없었던 것이다.

물론 이러한 비판은 오늘날 대중문화의 텍스트를 통해 가장 신랄하게 그려지고 있다. 예컨대, 박찬욱의 영화 〈친절한 금자씨〉나 이창동의 〈밀양〉이 그러한 대리적 속죄에 근거한 개신교의 구원론이 현실에서 사람들을 정말 구원할 수 있는가를 지극히 세속적이고 상식적인 관점에서 문제 제기하는 것이라 볼 수 있겠다. 두 영화의 서사를 차례로 살펴보면서 대속론의 문제점을 좀 더 쉽게 짚어보자.

〈친절한 금자씨〉와 〈밀양〉을 통해 본 대속론의 모순

박찬욱 감독의 복수 연작 세 번째 작품인 〈친절한 금자씨〉(2005)에서 주인공 금자의 궁극적인 목표는 복수가 아니라 속죄였다. 그녀가 감옥에서 열심히 인맥을 쌓고, 또 그 인맥을 통해 출소 후에 직장과 살 곳을 구하고, 마침내 인맥을 총동원해 자신을 감옥에 보낸 유괴사건의 진범인 '백 선생'을 향한 복수를 기획했던 것은 사실 복수 그 자체에 목적이 있었던 게 아니다. 오히려 자신으로 인해 죽어간 어린이에 대한 죄의식을 떨쳐버리고 한 사람으로서 온전히 설 수 있는 길, 즉 속죄와 구원의 가능성을 모색하던 중에 복수야말로 속죄를 위한 최선의 수단임을 깨닫게 된 것이다.

출소 직후 전도사가 더 이상 죄 짓지 말고 착하게 살라며 건네주던 두부를 엎어버리며 싸늘한 무표정으로 "너나 잘 하세요"라고 일갈할 때, 우리는 이 영화가 처음부터 대리적 속죄는 불가능하다는 전제 위에서 출발하고 있음을 알 수 있다. 나아가 금자가 딸 제니를 안고 마치 고해성사하듯 읊조리던 대사, "사람은 누구나 실수를 해. 하지만 죄를 지었으면 속죄를 해야 되는 거야. 큰 죄를 지었으면 크게, 작은 죄를 지었으면 작게, 알았지?"를 통해서도 속죄의 주체는 제3자가 될 수 없다는 이 영화의 문제의식을 다시 한 번 확인하게 된다.

적어도 그녀에게 있어 자신의 죄는 자신만이 씻을 수 있는 것이기 때문에, 다른 누군가의 도움을 바랄 수도 없는 것이었다. 즉, 그 속죄는 철저하게 피해자를 향해 이루어져야 하는 것이었는데, 문제는 그 피해자가 이미 죽어버렸기 때문에 속죄는 이제 그 모든 비극의 원인을 제공한 '백 선생'에 대한 단죄와 처벌로 귀결되는 것이다.

그런데 신학적으로 더욱 문제적인 지점은 '백 선생'에 대한 최후의 단죄가 이루어지는 장면부터 비로소 시작된다. 금자는 '백 선생'에 의해 죽임당한 다른 아이들의 가족을 모두 불러 모으는데, 최후의 처형을 앞두고 정작 자신은 그 가족들에게서 뒤로 물러나 복수를 양보하는 모습을 보여준다.

박찬욱 감독은 이 장면에 대해 설명하기를, 금자가 여자였기에 가족들에게 복수를 양보할 수 있었고, 동시에 복수하는 가족들의 모습 속에 투영된 자신의 모습을 보면서 돌연 '복수의 무익함'을 깨닫게 된 것이라고 말한다. 가족들에겐 '백 선생'을 집단적으로 처형하는 의식이 오랫동안 겪어 왔던 죄의식, 즉 부모로서 아이를 제대로 보호하지 못해 유괴를 당했고, '백 선생'의 요구에 제대로 대처하지 못해 아이를 죽음으로 내몰았다는 죄책감을 해소하는 과정이었을지 모르지만, 금자에겐 그마저도 속죄를 성공시켜주지 못했다는 설명이다.

덧붙여 금자가 자신이 유괴했던 원모의 영혼과 만나던 환상 중에 원모에게 입이 틀어 막히고 마는 장면은 원모의 모습으로 외화된 자신의 분열된 자아에게조차 스스로 '속죄'의 기회를 허용하지 않았다는 것으로 이해할 수 있다. 그리하여 복수는 성공했지만 끝내 속죄하지 못한, 혹은 구원받지 못한 금자는 두부 케이크에 얼굴을 처박을 수밖에 없었다.

책임 있는 속죄를 위해 복수를 선택했는데, 정작 복수만 성공했을 뿐 속죄도 구원도 성공하지 못했다는 이 영화의 결론은 인간에 대한 속죄와 구원의 가능성을 주장해온 기독교 신학에 대한 가장 세속적인 방식의 인간학적 문제제기라 할 수 있다. 물론 그래서 기독교 신학은 신의 아들인 예수가 인간을 대신하여 그 불가능한 속죄를 보편적 차원에서, 즉 신 앞에서 가능한 것으로 만들었다고 대답하겠지만.

한편, 이청준의 단편소설 《벌레이야기》(1988)를 원작으로 한 이창동의 영화 〈밀양〉(2007)에선 그보다 직접적이고 심도 있게 죄와 고통, 그리고 용서를 다루는 기독교적 구원의 논리체계에 대한 비판적 성찰이 제기된다. 흔히들 이 영화는 인간과 종교의 문제, 인간과 구원의 문제를 다룬 것이 아니라, 밀양(密陽)으로 상징되는 일상적 공간과 그 속에서 상처받고 살아가는 인간의 모습, 그리고 그 상처의 치유 방식으로서의 사랑에 대해 그린 멜로영화일 뿐이라고 강변할지 모른다.

하지만 "내가 그를 용서하지 않았는데, 어느 누가 나보다 먼저 그를 용서하느냐 말이에요. 그럴 권한은 주님에게도 없어요."라고 주인공 신애가 외칠 때, 신학자의 눈에 비친 이 영화는 결코 단순한 멜로영화가 아니다. 용서와 화해, 고통과 치유, 속죄와 구원이 반드시 기독교 신학만의 주제일 수는 없겠지만, 적어도 이 영화의 중심서사가 자리 잡고 있는 공간이 다름 아닌 지역의 평범한 개신교회의 구원론 및 구원사건이 전개되는 현장이라면 이야기는 달라질 수밖에 없다.

남편을 잃고 남편의 고향인 밀양으로 내려온 신애는 그곳에서 다시 유괴범으로부터 아들을 잃게 되고 삶의 의미를 완전히 상실하는 지경에 이른다. 아들의 죽음이라는 극한적 고통과 슬픔 속에서 이제 그녀는 가슴을 짓누르는 듯한 고통과 슬픔을 느낀다. 보이지도 않고 만질 수도 없지만, 이제 그녀의 육체는 온몸으로 그 고통에 반응하며 떨거나 헛구역질을 하고 있다. 아들의 장례식장 앞에서 그녀는 우연히 교회의 부흥회에 참석하게 되고, 이 자리에서 인간 앞에서는 차마 드러낼 수 없었던 자신의 고통을 울부짖음으로 내지른다. 헛구역질이 멈추고 묘한 마음의 평안함을 얻은 신애는 이후 열렬한 신자가 되고, 아들을 죽인 유괴범 박도섭을 만나 직접 용서를 베풀려 한다.

그런데 영화는 아들을 죽인 원수를 용서하겠다고, 가해자를 몸소 찾아온 피해자 앞에서 평안한 미소를 띤 채 이미 자신은 하느님께 '용서받

왔다'며 도리어 피해자를 위로하고 축복까지 해주는 박도섭의 모습을 잔인할 정도로 사실감 있게 그려낸다. 바로 여기서부터 이 영화의 신학적 특성이 드러난다.

〈밀양〉은 이 박도섭이란 인물을 통해 자신이 죄를 지은 사람에게 용서를 비는 과정, 어쩌면 용서받는 것이 영원히 불가능할지도 모르는 가운데서도 끝까지 감내해야 할 그 처절한 속죄의 과정을 생략한다. 대신 보다 '근원적인' 죄를 저질렀다고 하는 신 앞에서 용서를 구하고 신의 아들의 대리적 속죄를 통해 인간이 아닌 신으로부터 아주 간단하게 사면받는 과정을, 제도화한 기독교의 그 독특한 죄와 고통의 망각 구조에 대한 성찰을 자극한다. 이런 방식으로 이루어지는 속죄가 정말 속죄일 수 있냐고, 피해자의 고통에 대한 일말의 진지한 접근조차 생략하고 있는 속죄가 과연 누구를 위한 것이냐고, 이런 식으로 속죄와 구원을 제도화한 신을 우리가 과연 신뢰할 수 있겠냐고 말이다.

이처럼 〈친절한 금자씨〉의 금자씨가 속죄와 구원을 위한 수단으로 철저한 복수를 선택한 것도, 〈밀양〉의 신애가 자신보다 먼저 신에 의해 이루어진 박도섭의 속죄와 구원 앞에 절망하며 신에게 항거하게 된 것도, 결국엔 대속론이 지니고 있는 논리적 모순 내지는 현실에서 빚어내는 아이러니와 대면하면서부터였다. 따라서 오늘날 신학은 이러한 문제제기에 대해 성실히 답변할 의무가 있다.

죽음 직전 터져 나온 예수의 마지막 탄식의 의미

논의를 이어가기 전에 반드시 짚고 넘어가야 할 부분이 있다. 그것은 속죄론이 곧 대속론은 아니라는 것이다. 제2성서는 우리의 구원의 결과와 예수의 죽음의 의미를 논하는 데 있어 속죄론을 매우 중요하게 취급하고 있지만, 그 속죄론이 앞서 살펴본 것과 같은 대속론을 자동적으로 의미하는 것은 아니라는 얘기다. 속죄는 분열이나 불화, 소외된 상황을 전제로 하여 그것을 해결하는 것, 즉 화해와 평화를 위한 수단이나 중간 경로를 지시할 뿐이다.

예수의 죽음과 부활이 하느님과 인간의 관계에 있어 속죄의 근거로 이야기될 때, 속죄론의 참뜻은 달라질 수밖에 없다. 예수가 자신을 포함한 모든 이들을 살리기 위해 자신의 길을 끝까지 가다가 결국 적대자들에게 죽임을 당했지만, 하느님이 그를 다시 살리셨고, 이제 예수의 그러한 고귀한 희생과 헌신에 동참할 때, 즉 그리스도의 죽음과 부활에 몸과 마음으로 동참할 때, 우리에게 하느님과의 화해, 즉 구원이 이루어진다는 데 그 의미가 있다.

예수는 우리를 위해서, 즉 우리를 살리기 위해서 애쓰다가 뜻하지 않게 죽은 것이지, 처음부터 우리를 대신한 처벌과 죗값의 대체물이 되어 죽을 작정을 하고 죽은 것이 아니다. 따라서 예수는 우리를 대신하여 죗값을 치루는 처벌의 대리자가 되려고 죽은 것이라거나, 그 죽음 때문에 하느님이 우리의 죄를 변상하고 우리를 사죄한 것이라고 하는 대속론은 속죄론의 진의를 심각하게 왜곡한 잘못된 해석이라 할 수 있다.

현대의 성서학자들 가운데 일부는 성서를 통해서 기독교의 대속론에 내장된 문제점을 논리적으로 극복하려고 시도해왔다. 대체로 두 가지 흐름이 성서학자들 내에서 나타난다.

먼저 성서해석학적 문제를 제기하는 부류이다. "하느님은 예수의 죽음을 원했는가?" "예수의 죽음은 그 자신의 목적이었는가?" "제자들은 예수의 죽음을 처음부터 구원 사건으로 이해했는가?" 이러한 문제들에 명료한 주석학적 연구가 선행될 때 대중적 이미지로 채색된 대속론의 굴레에서 벗어나 본래의 성서적 문맥에서 예수의 죽음이 이해될 수 있다고 본 것이다.

그런데 위의 질문들에 대해 성서학자들의 답변은 대부분 'No'로 수렴된다. 성서의 기록들이 이러한 질문에 일견 'Yes'로 대답하고 있는 듯 보이지만 문자적인 의미 그대로 해석해선 안 되고, 그러한 해석을 취하고 있는 성서 기록의 행간의 의미를 읽어야 하기 때문이다.

복음서는 예수가 그의 생애 마지막 주간에 갈릴리에서부터 예루살렘으로 가는 여정 가운데서 이미 여러 차례에 걸쳐 자신이 고난을 당하고 죽게 될 것임을 제자들에게 명시적으로 예언하고 있다고 보도함으로써(〈마가복음〉 8,31; 9,31; 10,32~34), 예수의 죽음이 하느님의 섭리에 따른 것이며 예수 자신도 이를 분명히 인식했던 것처럼 보도한다. 그러나 역사적예수 연구의 가장 중요한 사료(史料)로 인정받고 있는 〈마가복음〉조차도 "확대된 서론이 추가된 수난설화"라는 마틴 캘러(Martin Kähler)의 테제를 유념한다면, 예수가 자신의 죽음을 미리 인지하고 또 그것을 운명처럼 받아들이고 있었다는 묘사는 초기 기독교 공동체에 의해 형성된 사후 예언, 혹은 회고적 해석임을 간과해선 안 된다. 만약 예수가 자신의 죽음과 부활에 관해 명확히 예고했다면 이후 제자들의 도주와 실망, 예수의 부활에 대한 불신 등은 설명하기 어렵다.

따라서 이 명시적인 수난 예고는 제자들이 예수의 예상치 못한 비극적 죽음을 받아들이는 과정에서 나타난 하느님의 구원 경륜에 대한 믿음의 투영으로 이해되어야 한다. 마찬가지로 예수가 자신의 생애의 궁극적 목적을 죽음으로 이해했고, 또 실제로 그것을 목표로 달려왔다는 것을 납득시킬 만한 역사적-성서적 증거는 찾기 어렵다.

물론 자신이 주도하고 있는 하느님나라 운동으로 인해 빚어지고 있는 지배체제와의 적대의 최종점에 자신의 죽음이 있으리라는 것을 예상치 못했을 리가 없다. 그렇게 다가오는 죽음을 깊은 번뇌와 갈등 속에 감내했다는 것 또한 의심의 여지가 없다. 비록 〈마가복음〉에서 〈마태복음〉, 〈누가복음〉, 〈요한복음〉으로 갈수록 예수의 죽음에 대한 자의식의 묘사가 매우 영웅적이고 초인적인 것으로 강화되고 있을지라도, 〈마가복음〉의 겟세마네에서 예수가 보여준 고뇌, 공포, 절망적 슬픔(〈마가복음〉 14,33~34), 나아가 죽음 직전에 터져 나온 그의 마지막 탄식("나의 하느님, 나의 하느님 어찌하여 나를 버리셨나이까!")은 예수가 정말로 자신의 죽음을 스스로도 원했는가를 재고하게 만든다.

그리하여 예수의 죽음에 대한 역사적-사회적 맥락을 중시하는 성서학자들은 예수의 죽음이 그가 주도한 하느님나라 운동의 정치적-종교적 효과의 필연적인 귀결임을 강조한다. 예컨대 민중신학에서는 예수의 죽음이 당시 가난하고 억압당하던 갈릴리 및 유대사회 주변부의 민중(오클로스들)을 위한 연대와 투쟁의 결과로서 중앙(헤롯-대제사장)과 지방(바리새인 및 지방 토호세력)을 연결하는 권력의 카르텔과의 갈등으로 인해 초래되었다고 보는 것이다. 아울러 1세기 그리스도인들이 예수의 죽음을 자신들의 죄를 사하기 위한 유일회적 속죄제물이라고 선언했던 것은 당시 죄 용서를 독점한 성전의 매개 없이 직접적으로 하느님께 다가갈 수 있으며 하느님과의 분리를 초래한 모든 것을 하느님께서 이미 처리하셨다는 일종의 구원의 민주화 선언이라는 맥락에서 이해해야 한다.

사실 제2성서를 보자면, 우리의 구원이 예수 그리스도에 대한 믿음에 의한 것임은 자명하다. 하지만 그것이 반드시 그의 죽음에만 배타적으로 한정되고 있는 것은 아님을 어렵지 않게 알 수 있다. 우리는 제2성서 내에서 다양한 구원론적 그리스도론 혹은 예수론 모델들을 도출할 수 있기 때문이다. 단적인 예로 팔복선언으로 시작되는 산상수훈(〈마태복음〉 5~7장) 어디에서도 우리는 대속론을 발견할 수 없다.

비단 산상수훈뿐일까? 복음서에 나타나는 예수의 많은 가르침과 이적들에서 우리는 십자가 죽음에 근거한 속죄론적 구원론이 출현하기 이전의 구원론을 발견할 수 있다. 예수는 자신이 전개하는 하느님나라 운동 가운데서 일어나는 치유 및 귀신축출 사건을 통해 하느님의 현재적 구원, 즉 하느님나라의 현재적 도래를 분명하게 선언했기 때문이다.

속죄론적 구원론이 가능한 전제조건인 예수의 죽음이 아직 발생하지 않은 시점에서도 구원사건은 일어났으며, 그 이후에도 예수의 죽음을 반드시 속죄론적 관점에서 해석하지 않는 다양한 구원론이 존재했음을 보여준다. 예수의 죽음을 속죄의 의미(〈히브리서〉 2,17; 〈로마서〉 5,8; 8,32; 〈고린도전서〉 15,3; 〈에베소서〉 1,7; 〈요한1서〉 4,10 등)에서 해석하는 본문도 있지만, 죽음과 지옥의 권세에 대한 승리(〈마태복음〉 27,51~53; 〈요한계시록〉 1,18 등), 특히 죄와 악의 권세에 대한 승리(〈히브리서〉 2,14~15; 〈골로새서〉 2,13~15) 등으로 달리 해석하는 본문들도 존재하는 것이다.

일단 복음서의 예수는 그렇다 쳐도, 사실상 속죄론의 창시자라 해야 할 바울에게서조차도 예수 죽음의 구원론적 의미는 크게 두 가지 형태로 나타나고 있음을 주목해야 한다. 물론 그에게서 예수 죽음이 다른 사람의 죄를 속죄하는 결과를 낳은 희생적 죽음으로 해석되고 있음을 부정할 순 없다.

속죄로서의 예수 죽음의 해석은 〈로마서〉 3장 21~5장 11절에 걸쳐 집중적으로 논의되고 있다.

"하나님께서는 이 예수를 속죄제물로 내주셨습니다. 그것은 그의 피를 믿을 때에 유효합니다. 하나님께서 이렇게 하신 것은, 사람들이 이제까지 지은 죄를 너그럽게 보아주심으로써 자기의 의를 나타내시려는 것이었습니다."(3,25)

"의인을 위해서라도 죽을 사람은 거의 없습니다. 더욱이 선한 사람을 위해서라도 감히 죽을 사람은 드뭅니다. 그러나 우리가 아직 죄인이었을 때에, 그리스도께서 우리를 위하여 죽으셨습니다. 이리하여 하나님께서는 우리들에 대한 자기의 사랑을 실증하셨습니다."(5,7~8)

이처럼 예수의 속죄적 죽음은 하느님의 의를 드러낸 것이기도 하지만, 더 나아가서는 "하느님과의 평화"(5,1), "하느님과의 화해"(5,9·11)을 의미하는 것이기도 하다. 물론 이러한 화해의 차원까지 이르기 위해서는 반드시 예수의 부활이 전제되어야 한다. 화해가 가능하기 위해서는 죽은 자가 다시 살아나야만 한다. 바울의 전체적인 속죄론에 따르자면, 하느님은 그리스도의 부활을 통하여 예수와 그가 대표하는 모든 인간의 죽음을 극복했다. 우리가 하느님 앞에서 예수와 함께 죽었다면, 이제 예수가 다시 살아나고 그로 인해 우리도 다시 살아나야 온전한 화해가 이루어질 수 있는 것이다. 바울은 〈로마서〉에서 거침없이 말한다.

"우리가 하나님의 원수일 때에도 하나님의 아들의 죽으심으로 말미암아 하나님과 화해하게 되었다면, 화해한 우리가 하나님의 생명으로 구

원을 얻으리라는 것은 더욱더 확실한 일입니다."(5,10)

죽음이 부활을 통해 극복되었을 때 비로소 하느님과 인간의 근본적인 적대가 해소되고 창조세계 전체가 하느님과의 화해에 이를 수 있다. 오늘날 일반적인 개신교회의 설교자들은 단순히 죄사함의 극복이 구원의 목적인 양 호도하고 있지만, 바울에게는 전 우주적이고 보편적인 인간과 창조주의 화해가 속죄론적 구원의 궁극적 의의였던 것이다.

바울을 비롯한 초기 그리스도인들은 하느님 앞에서 범죄한 모든 인간에게 있어 예수의 희생이 결과적으로 구원의 동력이 되었음을 강조하기 위해, '죄'라는 배경을 유대교적 제의의 맥락에서 도출했으나, 그 '효력'의 측면에선 예수의 죽음을 제1성서적인 '희생제물'의 그것과 결코 동일시하진 않았다. 바울이 예수의 죽음을 해석하기 위해 속죄제물 표상을 사용했을 때, 그가 의도한 것은 당시 유대인들이 갖고 있었던 성전의 속죄 제의에 한정된 속죄론의 한계, 즉 인종적, 성별적, 계급적 경계와 차별을 철폐하고 모든 이들에게 주어진 하느님의 구원과 사랑을 선포하기 위함이었다.

물론 이러한 속죄적 죽음은 예수의 사역과 메시지, 그리고 부활을 함께 고려할 때 비로소 그 진의가 이해될 수 있다. 바울이 말하는 전 우주적이고 보편적인 화해는 막연히 추상적이고 내면적인 차원의 것이 아니라, 매우 구체적인 역사적 정황 속에서 전개되는 정치적이고 윤리적인 담론이었다.

하지만 이것은 바울의 십자가 신학의 한 면일 뿐, 전모는 아님을 유념해야 한다. 속죄론이 아닌 또 다른 것이 바울의 십자가 해석에 존재하기 때문이다. 요컨대 대속론을 극복했다 해서 속죄론을 그리스도론 내지는 구원론의 전부로 받아들이는 그런 태도 역시 재고해야 한다는 것이다. 그렇다면 바울에게서 예수의 죽음이 속죄론이 아닌 다른 의미로 어떻게 표현되고 있는지를 살펴보자.

십자가, 희생양 메커니즘의 상징

〈고린도전서〉 1장 18절 이하에서 바울은 십자가가 유대인들에게는 '스캔들'(거리끼는 것, σκανδαλον)이고, 이방인에게는 '모리안'(미련한 것, μωριαν)이라고 말한다. 십자가는 유대인과 이방인을 막론한 당대의 상식적 관점에서 볼 때 하느님의 약함을 드러내고 그의 실패를 알리는 것이었다. 성공적으로 하느님의 능력과 위엄을 과시하는 그런 멋진 사건이 아니었다. 어떤 면에서 볼 때, 이미 십자가 사건은 하느님의 무능함 및 무력함을 보여준, 말 그대로 구원이 실패했음을 보여주는 사건으로 해석될 수도 있었다. 예수를 통해 이루고자 했던 하느님의 인간 구원이 예수의 처참한 패배와 무력한 희생으로 인해 실패했다는 것, 이 역시 바울이 말하는 십자가 사건의 또 다른 진실이다.

십자가는 세상, 즉 유대인과 이방인에게만이 아니라 하느님 자신에게 있어서도 스캔들이고 모리안이라고 해석할 수 있다. 이런 해석과 연관될 수 있는 것이 앞서도 언급했던 십자가에 못 박힌 예수가 최후에 외치는 말, "나의 하느님, 나의 하느님, 어찌하여 나를 버리셨나이까?"라는 구절이다. 수많은 현대신학자들이 이 외침 속에서 무신론적 신앙의 절규, 나아가 인간의 비극적인 고통의 현장에 정작 그들이 의지하는 신이 함께 하지 않는, 즉 신의 부재(不在)에 대한 원형적 차원의 경험을 읽어냈다. 이미 예수 자신이 기독교가 범할 수 있는 궁극의 죄, 곧 고통의 현장에서 하느님의 부재, 혹은 무력한 침묵을 발설했다고 본 것이다.

십자가 사건이 기독교 신앙의 출발점이라고 흔히 말하지만, 어떤 면에서 십자가 사건은 '하느님이 부재하신다'라는 예수 자신의 처절한 확인이기도 한 것이다. 속죄제물의 당사자로서, 이 사건의 중심에 서 있었던 인물이 정작 십자가 위에서 하느님이 부재한다는 느낌으로 인해 절규했다면, 우리는 십자가 사건의 의미에 관해 기존의 해석과는 다른 방식으로 새롭게 접근해 볼 수도 있을 것이다.

이를테면 〈빌립보서〉 2장 6절부터 11절에 나타난 예수의 죽음에 대한 바울의 진술을 살펴보자. 여기서 우리는 하느님의 아들이 지극히 높여질 수 있었던 것은 단순히 그가 사람들을 위하여 혹은 그들을 대신하여 죽었기 때문이 아니라는 사실을 알 수 있다. 예수가 높임을 받을 수 있었던 것은 하느님과의 동등성을 포기하고, 오히려 종들과의 동등성을 취했기 때문이라고 바울은 말하고 있지 않은가. 그리스도는 죄인을 위하여 혹은 대신하여 십자가에 달리셨던 것이 아니라, 그의 십자가를 통해 그는 모든 낮춰진 제물들, 그 시대의 종들과 같이, 즉 그들과 함께 하는 자리로 직접 나아갔다는 데 십자가 사건의 의의가 있는 것이다.

바로 여기서 인류학자이자 문학이론가인 르네 지라르(René Girard)의 희생양 개념이 그 의의를 획득한다. 지라르가 말하는 예수는 (신과 인간의) 화해를 위한 속죄의 제물이기 이전에, 한 사회가 통합을 위해 집단적 폭력을 행사했던 희생양의 대표적인 상징이다. 앞서 바울에게서 십자가가 '스캔들'이라고 말했는데, 지라르는 사회 전반에 걸쳐 거대하게 얽힌 대결구조를 가리켜 현대적 어법으로 '스캔들'(scandal)이라 일컫는다.

사회적 갈등과 위기를 고도로 응축하고 있는 스캔들은 점점 사회를 파국으로 몰고 간다. 벼랑 끝에 몰린 사회는 모두가 공멸할 수도 있는 파국을 막기 위한 방향 전환을 모색하고, 그 과정에서 사회의 총체적인 파국을 상징적으로 재현해줄 '희생양'을 찾게 마련이다. 사회의 다수는 갈등의 원인을 개인 혹은 소수자에게 집중시킨다. 갈등의 원흉으로 지목된 소수는 다수의 폭력에 의해 애꿎게 희생되며 사회의 모순을 일시적으로 분출시키는 역할을 강제로 떠맡는다. 홀로코스트의 유대인들이 2차 대전 당시 유럽에서 그러한 위치를 차지했었음은 주지의 사실이다.

예수의 십자가는 바로 그와 같은 희생양 메커니즘의 가장 생생한 예인 동시에, 그 희생양 메커니즘을 극복한 유일한 사례라고 지라르는 주장한다. 한국의 민중신학자들을 포함한 다양한 조류의 해방적 정치신학자들이 예수의 죽음을 이해하는 데 있어 지라르의 십자가 해석과 만나는 지점도 바로 여기다.

물론 그들은 지라르보다 한 발 더 나아가, 지라르가 말하는 희생양 메커니즘의 희생자인 십자가의 예수를 모든 시대와 사회에서 실제적으로 희생양으로 기능하면서도 정작 그 사회의 구성원들로부터 철저하게 망각되고 은폐된 그런 비존재들을 보편적으로 상징하고 대변하는 이로 읽어낸다. 그리고 만일 오늘날에도 예수가 어딘가에서 현존하고 있다면, 그 현존의 장소는 역시나 희생양 메커니즘이 작동함으로써 희생양이 만들어지고 있는 그곳, 다시 말해 그 사회에서 배제된 존재, 존재를 박탈당한 존재, 비존재임으로써 존재가 확인되는 그런 존재들이 살아가고 있는, 아니 죽어가고 있는 장소임을 인식하게 된다.

이러한 십자가 해석에 힘입어 예수는 고난당하는 민중의 신학적 상징이요, 민중은 또한 예수의 현실적 상징으로서, 비록 예수와 민중이 하나는 아닐지라도 그 둘이 고통과 폭력의 사건 속에서 엮인다. 그래서 예수사건이 곧 민중사건(해방과 변혁의 사건)이요, 민중사건이 곧 예수사건(메시아적 구원사건)이라는 도식이 도출된다.

그런 의미에서 〈요한복음〉 18장 39절에서 19장 17절에 이르는 본문은 희생양 메커니즘으로서 십자가 사건을 가장 적절히 묘사하고 있다. 우리가 이 현장에 서게 될 때, 이제 신앙은 희생양의 고통과 더욱 직접적으로 대면하는 것으로 그 의미가 달라질 수밖에 없다.

스캔들의 사건으로서 십자가 현장 앞에 서는 신앙이란 무엇일까? 그것은 자신의 내면 깊숙이 박혀 있는 예수와 같은 내 주변의 희생자들과의 실재적 만남이자, 내 안에 있는 타자성의 발견이며, 그러한 발견과 만남을 통한 예수 또는 모든 희생양들과의 자기 동일시 과정이라 할 수 있지 않을 것이다. 이러한 예수-희생양들과의 자기 동일시, 즉 예수를 본받는 그리스도인으로서의 주체화의 과정에서 비로소 모종의 구원 또는 자기 초월이 경험될 수 있다면, 그 구원은 예수의 길을 지속적으로 따르는 도상에서만, 또는 예수사건의 현장으로 자신을 끊임없이 몰아넣을 때만 경험할 수 있는 그리스도와의 연대의식에 다름 아닐 것이다.

물론 그 구원은 속죄나 화해는커녕 내게 남아 있는 일말의 이기적 욕망조차도 부끄러운 것으로 만들어 버리며 타자의 고통 속으로 나를 끊임없이 밀어 넣는 그야말로 거리낌의 사건 자체일 뿐이다. 그러나 그 거리낌이 우리를 진정한 자기 초월과 타자에 대한 연대로 이끌고 간다면 그것이 바로 그리스도와 동행하는 구원이 아닐 수 없으리라.

속죄와 스캔들, 그 메울 수 없는 간극

십자가를 '스캔들'로 해석하는 이와 같은 예들을 통해 우리는 예수의 죽음이 속죄 해석에 종속되지 않음을 충분히 깨닫게 된다. 대속은 물론이고 건전한 의미에서의 속죄와도 전혀 무관한 의미에서 십자가를 해석하는 것이 얼마든지 가능하기 때문이다. 이러한 해석에서 십자가는 아무런 속죄의 기능도 갖지 않는, 단지 낮아짐과 학살과 폭력과 실패와 패배의 재현일 뿐이다.

우리는 이러한 십자가와의 대면에서 어떠한 개인적 차원의 속죄나 용서도 기대할 수 없다. 좀 더 극단적으로 말해 스캔들로서 십자가를 해석하는 관점에서 보자면, 속죄론적 십자가 해석은 예수의 실천을 온몸으로 따르며 그의 사역에 현재적으로 동참하기보다는 예수의 죽음에 근거하여 우리의 구원을 은총 내지는 믿음이란 이름으로 손쉽게 정당화하는 대속론의 위험성을 항상 내포하고 있다. 그런 점에서 두 개의 십자가 해석은 무관한 정도를 넘어 서로 적대적이며 모순적이기까지 하다.

어느 시대 어느 사회에서나 기독교 신앙은 십자가에 대한 두 해석의 양극단을 오락가락해왔다. 거리낌(사회를 향한 것이든, 하느님을 향한 것이든)으로서의 십자가가 속죄로서의 십자가만큼 성서적-신학적 전거를 충분히 갖고 있고 또한 현실에서 그리스도인들로 하여금 구원과 분리되지 않는 윤리적 실천을 자극하는 신앙적 의의를 풍부하게 지니고 있음에도 불구하고, 보수주의자들은 그것이 십자가에 대한 불순한 정치적 관점으로 편향된 왜곡이라 단정 짓고 거부하기 바빴다. 반대로 진보주의자들은 보수주의자들에 의해 유포되는 대리적 속죄론이 신자 개인의 차원에서 기능하는 역효과, 즉 자신의 죄에 대한 책임 있는 속죄 의식과 이웃의 고통에 대한 진지한 공감의 자세 등을 소홀히 하게 만드는 역기능에만 주목했을 뿐이다. 정작 그 속죄론이 죄책이나 트라우마, 차별, 억압, 콤플렉스 등으로 인해 자아 정체성이 심각하게 붕괴되어 있는 어떤 이들에겐 잠정적이나마 자기 긍정을 가능케 하며, 더 나아가 자아를 구축하는 계기가 될 수 있음을 간과해왔다.

우리는 바울에게 있어 예수 죽음의 의미가 속죄의 의미를 띠고 있다는 사실 자체를 결코 부정할 수 없다. 정통주의자 또는 복음주의자들이 아니라고 해서 제2성서에 명백히 나타나고 있는 속죄론을 무조건 외면할 수는 없다는 뜻이다. 그렇다고, 속죄론 이외의 다른 방식의 예수 죽음 해석이 무조건 대안이라고 말하려는 것도 아니다. 우리는 속죄론을 자신의 신앙고백의 핵심으로 받아들이는 신앙인들을 존중해야 한다. 마찬가지로, 속죄론이 아닌 다른 해석, 즉 거리낌으로서 십자가를 이해하는 이들의 신앙도 존중해야 한다.

물론 둘 다를 인정함으로써 절충주의자가 되기를 권유하는 것은 아니다. 이 두 층위 사이에 어떠한 공통 언어나 공유된 기반을 만드는 것도 불가능하기 때문에 절충이란 있을 수도 없다. 속죄와 거리낌으로서의 십자가, 그 둘은 종합하거나 변증법적으로 매개, 지양될 수 없는 것이다.

따라서 보수주의자든 진보주의자든 성서가 함께 드러내고 있는 예수 죽음의 여러 층위들 사이의 그 시차적 간극을 있는 그대로 직시할 필요가 있다. 동일한 사건 속에 공존하는 것이 불가능할 것 같은 그 대립적 의미들이 하나의 사건, 같은 윤곽 속에 공존하고 있음을 인식하는 관점이야말로 오늘날 우리에게 요청되는 성숙한 신앙의 태도이다. 개인적으로 어떤 신학적 노선에 서 있다 하더라도 최소한 자신의 신앙과 구원의 핵심적 전거를 성서로부터, 즉 십자가로부터 끌어오길 원한다면, 십자가가 그 내부로부터 드러내는 간극, 차이, 모순, 긴장, 충돌, 가능성과 불가능성의 양극 그 자체부터 먼저 인정할 수 있어야 한다.

속죄로서의 십자가와 거리낌으로서의 십자가, 둘 중 어느 하나만 보는 것, 혹은 둘 사이에 놓인 간극을 무시하고 둘을 억지로 하나로 종합하는 것, 그 어떤 것도 올바른 신앙의 태도는 아닐 것이다. 자신이 믿고 있는 십자가 사건의 의미가 속죄론이든 스캔들론(論)이든 우리가 둘 중 하나를 취하더라도, 반드시 그 이면의 다른 것이 존재함을 부정할 수도 없고 해서도 안 된다. 우리는 둘 사이에 놓인 그 긴장의 거리를 있는 그대로 직시해야만 한다. 사실은 바로 그 차이와 간극 자체가 신앙의 실재적 대상일지도 모르기 때문이다.

만일 그렇다면 속죄와 거리낌이라고 하는 상반된 진실, 아니 그 이상의 무수히도 많은 해석의 진실이 공존하고 있는 십자가 사건의 실재, 다시 말해 나의 관점에서 다른 사람의 관점으로의 이동에 따라 드러나는 그 시차적 간극 자체로서 십자가 사건을 볼 수 있는 그런 성숙한 시각이 우리에겐 필요할 것이다.

본디오 빌라도가 무리와 고발자들을 향해 보라고 외쳤던 그 사람, 예수는 그 내부로부터 수많은 해석의 차이를 내장하고 있는 그런 존재였다. 그렇게 수많은 차이들을 통해 드러나고 있는 예수의 십자가 현장을 볼 수 있는 것, 그것이 바로 우리가 추구해야 할 새로운 신앙의 태도일 것이다.

◉ 더 읽을거리

· 베르튼 야노브스키, 김충호 옮김, 《대속》 (한국신학연구소, 2005)
· 르네 지라르, 김진식 옮김, 《그를 통해 스캔들이 왔다》 (문학과지성사, 2007)
· 마커스 보그 & 존 도미닉 크로산, 김준우 옮김, 《첫 번째 바울의 복음》 (한국기독교연구소, 2010)

---

1) 〈마가복음〉 저자는 예루살렘에 입성하는 데서 시작해서 죽임당하는 이야기까지를 말하는 '수난설화'에, 요한에게 세례받은 예수 이야기, 갈릴리에서 활동한 예수 이야기, 예루살렘을 향하는 도정의 이야기 등을 첨가하여 '확장된 수난설화'를 만들었다는 가설이다. 즉 〈마가복음〉 전체가 예수의 수난을 위해 구성된 이야기라는 주장이다.
2) 민중신학자들은 이러한 십자가 해석을 '민중 메시아론'이라고 불렀다.

5장 창조

비과학을 넘어서는 새로운 성찰의 출발

전철 한신대학교 신학과 대학원을 졸업하고, 독일 하이델베르크 대학에서 화이트 헤드의 '창조성' 개념 연구로 신학박사 학위(Dr. theol.)를 받았다. 현재는 한신대 외래교수이고, 제3시대그리스도교연구소 선임연구원으로 재직하고 있다. 주요 저작으로 〈그리스도교에서 바라본 죄의 사회적 의미〉 〈화이트헤드의 초기 저작에 나타난 창조성과 신 개념에 관한 연구〉 〈그레고리 베이트슨의 정신의 생태학〉 등이 있다.
theologytown@hanmail.net

창조론은 물리학이 아니다

2000년 영국의 과학잡지인 《뉴사이언티스트》(New Scientist)는 미국의 캔사스에서 한국에 이르기까지 창조론자들이 온 지구상에 홍수를 이루고 있기 때문에, 이제 본격적으로 창조론의 문제를 걱정해야 할 때라는 기사를 담았다. 그로부터 5년 후 세계 각국의 과학분야 학술단체들은 한자리에 모여, 진화론을 지지하고 잘못된 과학적 창조론의 확산을 비난하는 성명서를 발표하였다. 이처럼 창조론과 진화론 사이의 갈등의 양상은 21세기 과학시대에 들어서 오히려 난맥상을 보여주고 있는 상황이 되어버렸다.

그리스도교의 창조론은 세계와 인간의 시작과 기원을 다룬다. 태초와 창조의 문제를 다루기에 형이상학적인 외양으로 보이기도 한다. 그러나 그리스도교에서의 창조론은 순수 형이상학적인 문제는 아니며 신앙적이고 실존적인 고백과 연결된다.

창조론에 관하여 기독교 신학은 첫째 '무로부터의 창조'(creatio ex nihilo) 혹은 근원적 창조라는 개념으로, 둘째 지속적 창조(creatio continua)라는 개념으로 정착된다. 무로부터의 창조는 세계가 전적으로 하느님의 사랑과 결단에 의하여 무(無)에서 창조된 것임을 뜻한다. 지속적인 창조는 하느님의 창조가 태초와 시작에 관한 일회적인 사건으로 제한될 수 없고, 피조세계의 진행 자체가 끊임없는 하느님의 창조의 사역이라는 점을 뜻한다. 무로부터의 창조가 태초의 창조와 연결된다면, 창조의 지속은 지금 이 세계의 보존과 연결된다.

그리스도교의 창조론에 대한 이해를 위하여 우선 그에 대한 잘못된 인식을 몇 가지 다루고자 한다.

첫째, 그리스도교의 창조 이해를 자연과학적 증빙자료로 채택하려는 입장이다. 성서의 창조기사는 하느님의 구원사역의 빛 속에서 본 신앙고백의 유산이다. 그러나 성서의 창조기사에 대한 문자적이며 과학적인 이해는 결코 신앙고백이 될 수도 없으며 과학적 증빙자료로도 설득력 있게 제출될 수 없다. 그리스도교의 창조론은 물리학이 아니다. 만약 성서의 창조론을 과학적인 증빙자료로 채택할 경우 생명체의 역사는 6천 년 이하로 축소가 되어버린다. 사실상 이러한 창조론의 관점은 1960년대에 태동되었으며, 여전히 미국을 중심으로 강한 의견을 피력해 오고 있다.

둘째, 그리스도교의 창조론에서 하느님이 이 세계를 태초에 만들어내고 그 이후에는 전혀 관심을 갖지 않는다고 보는 이신론적 창조론도 적절한 인식이 아니다. 그리스도교의 창조는 태초의 창조에만 국한되는 것을 넘어서서 이 세상을 끊임없이 새롭게 하면서 창조적인 권능을 부여하는 것으로 이해되어야 한다. 이러한 이해는 '창조의 지속'이라는 명제로 매우 적절하게 표현된다.

셋째, 무로부터의 창조(creatio ex nihilo)라는 가설의 정당성을 일방적으로 폄하하는 관점이다. 사실 20세기의 창조설화에 대한 성서학적이며 조직신학적 성찰은 무로부터의 창조라는 신학적 관념이 적절하지 않음을 여러모로 보여주고 있다. 그것은 매우 신화적이며 헬라적인 사유의 산물로 교리화된 유산으로 비판하는 경향과 연결된다. 그러나 무로부터의 창조가 순수한 과학적인 근거가 아닌 신앙고백적인 성찰이라면 그것의 신앙적인 유효성을 따져볼 필요가 있다. 이러한 점에서 일방적으로 무로부터의 창조 관념을 폐기해버리고, 창조의 지속만을 그리스도교 창조의 핵심으로만 주장하는 것도 적절하지 않은 인식으로 보인다.

우리가 그리스도교 창조론의 특징을 고려해 볼 때 다음과 같은 몇 가지 내용으로 일별할 수 있을 것 같다.

첫째, 창조주인 하느님과 피조세계의 차이에 대한 매우 분명하고 확고한 태도이다. 물론 하느님은 자신의 전적인 자유로운 사랑을 통하여 피조세계를 창조하고 피조 세계 안에 임한다. 그러나 이러한 창조주와 피조물 사이의 존재적 사귐이 창조주의 피조물 사이의 존재론적 차이를 무화한다는 뜻은 아니다.

둘째, 하느님의 창조는 그 자체로서 머무는 행위가 아니라 결국은 피조물 전체의 구원을 지향한다는 점이다. 하느님의 창조는 시원적이면서 동시에 현재적이다. 창조는 결국은 모든 이들의 구원을 향한 과정이다. 역사적으로 창조와 구원, 자연과 문화, 자연과 계시의 대립각 속에서 창조사와 구원사를 이분법적으로 보려는 경향이 있어 왔으나, 오늘날에는 창조와 계약의 관계성에 많이 집중하고 있다.

셋째, 하느님의 창조는 세상에 대한 일방적인 하느님의 행위라고 하기보다는 피조세계에 대한 민감한 반응을 뜻한다. 이는 전통적인 이신론(理神論)의 사유를 넘어서서 자신의 피조세계에 대한 창조주의 관심과 구원의 목적을 이루는 하느님의 성실한 태도이다. 만약 지속적 창조가 단순히 자신이 창조한 세계에 대한 동어반복적인 관심이 아니라면 그것은 분명 피조세계에 대한 민감한 반응을 담고 있어야 할 것이다.

우주의 진화와 연결된 지속적 창조론

 현대적으로 창조에 대한 신학적 인식을 주요하게 제시하는 신학자로는 위르겐 몰트만(Jürgen Moltmann, 1926~), 볼프하르트 판넨베르크(Wolfhart Pannenberg, 1928~), 미하엘 벨커(Michael Welker, 1947~), 존 폴킹혼(John Polkinghorne, 1930~)으로 손꼽을 수 있다. 창조에 대한 그리스도교적 인식은 무로부터의 창조와 지속적인 창조로 구분될 수 있는데 21세기 과학시대에 직면한 창조론은 어느 순간부터 무로부터의 창조라는 그리스도교적 관념을 흠물스러운 관념으로 평가절하하는 경향성을 보여준다. 즉 무로부터의 창조 관념은 합리성의 빛에서 볼 때, 해명 불가능한 형이상학적 사변이며 또한 과학적이지도 않다는 점이다. 오히려 세계를 설명하는 자연주의적 이론에 의거한 우주의 진화와 잘 연계될 수 있는 '그리스도교적 창조론'으로 '지속적인 창조'만을 채택하는 경향성을 보여주고 있다.

 사실상 여기에는 세계의 시작과 세계의 끝은 설명될 수 없다는 논리적 주장을 함축하고 있다. 물론 그렇다고 하여 세계의 창조적 존속은 합리적이며 과학적 대상이라고 확정할 수는 없다. 단지 지성적 합리성이 창조의 문제를 그리스도교의 관점에서 해명할 때 창조의 지속은 어떠한 유의미한 통찰을 던질 수 있다는 점이다. 이러한 면에서 무로부터의 창조를 고태(古態)적 사유로 폄하하고 창조의 지속을 상대적으로 주목하는 경향성은 현대적 사유의 특징이라고 할 수 있다.

 몰트만은 구속과 창조의 대립적 국면을 넘어서서 21세기의 현실에서 창조론의 문제를 본격적으로 복원한 신학자이기도 하다. 몰트만은 진실로 무로부터의 창조 관념이 오늘날 퇴각되어야 할 창조론인가라는 질문을 던진다. 그에 의하면 무로부터의 창조는 여전히 창조론의 중요한 내용이자 보루라는 입장을 취한다.

즉 몰트만은 자신의 창조론에서 무로부터의 창조의 지위를 새롭게 해석해 낸다. 유대 신비주의 카발라(Kabbalah)의 짐줌(*zimzum*) 이론으로부터 착상된 그의 사변은 무로부터의 창조라는 구태의연한 관념에 빛을 준다고 몰트만은 생각한다. 그에게 무로부터의 창조는 새롭게 해석되어야 할 전통의 유산이다. 그렇다면 그가 무로부터의 창조를 통하여 복원하려는 창조의 내용은 무엇일까.

우선 몰트만은 무로부터의 창조가, 우주의 시작을 설명하는 과학적 진술 혹은 그를 바탕으로 한 신학적 진술이 아님을 선명하게 강조한다. 즉 그리스도교의 창조론의 핵심은 세계의 출현에 대한 합리적 설명에 있지 않고, 하느님의 주권과 결단에 의하여 피조세계를 창조하신다는 신앙적 고백에 우선한다고 본다.

몰트만이 강조하는 무로부터의 창조론의 논리는 다음과 같다. (1)하느님은 무한하다. (2)피조세계는 유한하다. (3)무한한 하느님으로부터 유한한 세계가 직접 피조될 수 없다. (3)무한한 하느님은 유한한 세계의 창조를 위하여 자신의 몸을 찢고 창조의 빈 공간을 허락한다. (4)그러므로 피조세계는 창조주의 자기 비움과 자기 찢음이라는 자유롭고 전적인 사랑을 통하여 탄생된다. 세계의 창조는 하느님의 자기비움과 자기고난을 통한 사랑의 산물이다.

이러한 점에서 자기비움에 의거한 하느님의 세계창조의 사변은 무로부터의 창조를 버릴 필요가 없다. 오히려 무로부터의 창조는 거부할 수 없는 신학적 창조론의 중요한 보루이다. 왜냐하면 몰트만이 재해석한 무로부터의 창조는 (1)하느님의 자유로운 결단에 의거한 창조, (2)하느님의 자기수난과 자기고난에 의거한 창조 (3)피조물은 창조주의 창조사역이면서 동시에 상호 사귐을 드러내는 창조를 주요하게 강조하고 있기 때문이다.

이에 반해 볼프하르트 판넨베르크는 우선 과학과 신학의 대립점을 자신의 신학적 구상들을 통하여 해소하려는 노력을 끈질기게 시도한다. 하느님의 세상에 대한 활동을 담아내는 신학적 언술은 세상을 설명하는 과학적 언술과 대치되어서는 안 된다. 왜냐하면 이 양자 모두 하느님의 활동영역을 공통분모로 삼고 있기 때문이다.

판넨베르크에 있어서 무로부터의 창조는 단지 7일만의 사건이 아니다. 오히려 전 우주적인 진행의 역사를 함축한 고백이다. 그는 장이론(Field theory)을 도입한다. '장'은 어떠한 특정한 사건을 품고 있는 우연성과 우발성의 모태이다. 그에게 있어서 관계를 기반으로 한 우연성과 가능성의 장은 출현한 사건보다 근본적인 지위를 갖는다. 신학자의 입장에서 과학적 성과를 기반으로 하여 신학의 정당성과 근거를 확보하고 새롭게 해석하려는 작업은 판넨베르크의 중요한 특징으로 보인다.

특히 판넨베르크는 신이 이 세계의 창조자라는 성서의 믿음을 단순히 신앙고백의 영역으로만 묶혀 두지 말고 우리 시대의 자연 인식을 토대로 다시 서술해야 할 필요가 있다고 주장한다. 신학이 창조신학과 같은 주제를 다룰 때 자연과학은 필요하지 않다는 입장이 문제가 있듯이, 자연과학도 우주의 창조와 세계의 창조를 자신의 우주론을 통하여 구상할 때 신과 그리스도교의 창조라는 주제를 진지하게 받아들여야 할 필요가 있다고 역설한다. 그리고 실질적으로 판넨베르크의 입장에서 자연과학자들은 신이라는 주제를 오늘날에는 매우 진지하게 받아들인다고 지적한다.

이에 비해 벨커는 우선 성서전승에 대한 적극적 이해를 동원하여 창조의 문제를 주석적으로 접근한다. 그에 있어서 하느님의 무로부터의 창조이냐 세계의 유지 보존이냐 하는 판단은 착종된 이원론적 물음이다. 오히려 하느님의 '창조'의 중요한 포인트는 세상에 대한 민감한 반응이다. 그는 이를 성서에 대한 재해석을 통하여 추출해 낸다. 그에 의하면 반응이 없이는 창조와 새로운 창조도 없다. 벨커 또한 이 세계의 창조의 문제를 우발성 개념으로 접근한다. 창조주와 피조물의 질적인 차이가 존재하는 자리를 피조물의 활동성과 창조주의 민감한 반응으로 새롭게 교체한다. 이는 몰트만과의 몇몇 차이 가운데 하나로도 보인다.

한편, 폴킹혼의 관심은 무로부터의 창조가 아니라 지속적 창조가 어떻게 실재의 세계에서 합리적으로 설명될 수 있느냐 하는 실재론적 모델의 구상에 집중되고 있다. 그에게 있어서 세계는 신의 구현된 몸이다. 이는 동시적이다. 창조는 이러한 구현하는/되는 신과 세계 사이의 어떠한 필연적 작용과 같은 것이다. 그러나 단순한 결정론은 아니다. 하느님은 세계 밖/안에만 존재하는 것이 아니라, 세계와 동일한 영역을 점유하지만 차원이 다른 가치이다.

물리학자이기도 한 그는 어느 신학자보다 그간의 과학의 흐름과 성과를 매우 정확하게 읽고 소화하고 신학화하고 있으며, 주장은 섬세하고 대담하기까지 하다. 몰트만과 판넨베르크와 과정신학에 대한 그의 비판은 그쪽으로부터의 반론의 여지가 쉽지 않아 보인다. 과학과 종교의 대화를 접근함에 있어서 그를 대면하지 않고는 안 될 정도로, 중요한 사상적 위치를 이미 차지하고 있어 보인다.

현재를 새롭게 만드는 자기 성찰적 담론

그리스도교의 창조론을 고민할 때 우리가 음미해야 할 생각들은 다음과 같다.

첫째, 무로부터의 창조가 갖는 근본적인 의미와 그 모델의 한계, 그리고 재해석의 가능성이다. 고전적인 무로부터의 창조를 폐기할 때 그것이 지니는 긍정적인 의미는 무엇인지에 대한 검토이다. 예를 들어 몰트만과 같은 입장에서는 무로부터의 창조를 버린다는 것은 기독교신학에 있어서 창조론의 중요한 핵심을 놓쳐버린다는 것을 뜻한다.

둘째, 창조론에 있어서 창조와 보존이라는 이 신학적 언술의 배타적 도식이 주는 현실적 유용성이 얼마나 있느냐를 셈하는 작업이다. 이는 신학적 언술의 대립항, 즉 창조-계시, 내재-초월, 신앙(fidei)-실재(entis)라는 표현이 추상화를 동반한 그 수위에서 얼마나 현실을 적실하게 대변하고 유용성의 빛을 주는지를 검토하는 작업이다. 신학적 언술은 여타의 어느 언어보다 잘못 놓인 구체성의 오류에 쉽게 노출될 수 있다. 여기에서는 여타학문 문맥과 비교를 통한 재해석이라든지 비판적 교정이 요구될 수 있을 것이다.

셋째, 과학과 신학의 출발점을 분명하게 인식하고 이를 바탕으로 대담하고 적극적으로 논의하는 것이 중요하다. 실재의 유비와 신앙의 유비라는 전혀 다른 방법론, 사물의 본성과 사물의 지혜를 추구하는 목적의 차이, '어떻게'와 '왜'라는 궁극적 해답의 요청의 갈림길은 사실 쉽게 통합될 수 없는 양자적 특성으로 보인다. 이러한 차이를 바탕으로 과학과 신학 사이의 적극적인 대화를 시도해야 할 것으로 보인다. 모든 과학적 가설이 그 자체로 신학적 설명력을 제공할 수 있다고는 판단되지 않는다. 과학과 신학의 대화의 가장 중요한 포인트는, 각기 한 부분을 동원할 때보다 훨씬 더욱 일반적인 설명력을 대화를 통해서 얻을 수 있느냐가 기준으로 되어야 한다. 즉 중요한 것은 이 양자의 대화와 모델의 구상을 통하여 우리가 경험하는 신앙과 삶의 실재들을 얼마나 더 설득력 있게 구출해 낼 수 있느냐인 점이다. 과학과 신학이 그저 방향 없이 무매개적으로, 혹은 어떠한 특정한 이익을 위해 대화하는 작업 자체만으로 각광을 받는 시대는 지났다고 판단되기 때문이다.

성서에 기반을 두고 있는 그리스도교의 창조론은 하느님의 창조행위에 대한 강조 속에서 역사적으로 환경과 자연에 대한 소외를 촉발하였다는 비판을 받곤 한다. 동시에 창조의 소명을 받은 '창조의 왕관'으로서의 인간의 적극적인 능력에 대한 집중을 하기도 하였다. 또한 성서의 창조론에 대한 과학적 합리화를 수행하는 부류로 인하여 21세기 과학시대의 파고에 다양한 논쟁과 담론들을 유발시키기도 하였다. 또한 과학정신의 관점에서 신의 창조에 대한 성찰을 통합적으로 수행하는 작업도 우리는 눈여겨 볼 수 있다.

어떠한 점에서 창조와 태초에 대한 모든 논의는 그 자체로서 의미를 지니기 보다는, 오늘 이 자리에 대한 자기 성찰적 담론으로 여겨지기도 한다. 바로 여기에 그리스도교 창조론에 대하여 우리가 지혜롭게 취해야 할 태도가 드러난다. 우리가 잊지 말아야 할 분명한 점은, 그리스도교 창조의 궁극적 대상은 우리가 지금 바로 이 자리에서 경험하는 현실이며, 이 현실을 새롭게 만들고 갱신하는 창조행위에 대한 현재적 집중과 보존이 그리스도교 창조론의 핵심 미덕이라는 점이다. 현재를 새롭게 만드는 새 창조(creatio nova)는 그리스도교 창조에 대한 우리의 더 나은 이해에 있어서 놓칠 수 없는 중요한 대상일 것이다.

◉ 더 읽을거리

· 위르겐 몰트만, 김균진 옮김,《과학과 지혜: 자연과학과 신학의 대화를 위하여》(대한기독교서회, 2003)
· 한스 큉, 서명옥 옮김,《한스 큉, 과학을 말하다 : 만물의 시초를 둘러싼 갈등과 소통의 드라마》(분도출판사, 2011)

6장 종말

신체적 종말과 영원한 생명의 묵시적 이중나선

전철 제3시대그리스도교연구소 선임연구원

바티니시아 노스트라다미에 담긴 종말의 예언

1982년 로마 국립 중앙도서관에서 노스트라다무스(Nostradamus, 1503~1566)의 새로운 예언서인 '바티니시아 노스트라다미'(Vaticinia Nostradami)가 발견됐다. 지금으로부터 500여 년 전 프랑스 점성가 출신의 노스트라다무스는 "1999년 7월에 하늘에서 공포의 대왕이 내려온다"는 음산한 말을 남기며 지구의 종말을 예언했던 것이다.

그 예언은 20세기 우울한 시대의 끝자락을 경험하는 이들의 가슴에 박혔다. 그리고 가난한 마음을 지니고 있는 전 세계의 많은 이들은 종말의 파국을 피하기 집단적 자살을 감행하기까지 했다. 그러나 1999년 우리에게 종말의 파국은 일어나지 않았다. 1999년을 세계의 파국으로 예언한 이들의 예언과, 자살 및 여러 방식으로 파국에 대한 피난을 감행했던 이들의 도피가 무색할 정도로 21세기의 초침은 계속 반복되어 움직이고 있다.

하지만 여전히 만물의 종말을 확신하고 있는 종말론자들은 '바티니시아 노스트라다미' 예언서에 있는 암호 같은 그림 몇 장에 다시 주목한다. 이들은 그림 속의 어린 양이 성서의 〈요한계시록〉에 나오는 희생양을 의미하며, 이것은 곧 지구의 종말을 뜻한다고 해석한다. 3개의 달과 1개의 태양 그림은 각각 세 번의 월식과 한 번의 일식을 의미하는 것이며, 이 모든 것이 발생한 이후 즉, 2012년에 지구가 종말한다는 것이다.

1999년의 세기말적 종말론의 유행과, 시대마다 표출되었던 종말론의 역사들을 헤아려 보건데 하나의 근거 없는 해프닝으로 머물 것인가. 아니면 정말 만물의 종말이 우리에게 덮칠 것인가. 실로 모든 종말론의 정당성은 바록 종말의 시간이 아직 오지 않았다는 것을 볼모로 살아남는다. 성서와 과학은 분명히 종말을 말한다. 우주가 식으며 우리의 신체도 식는다. 우리의 삶은 절대 이해될 수 없는 죽음의 아포리아를 경험한다. 종말은 생각보다 우리와 아주 가까이 놓여 있는 관념이다.

종말을 둘러싼 신학과 과학의 연구

종말은 끝을 뜻한다. 그리스도교의 종말론은 궁극적인 끝, 즉 인류와 세계의 마지막은 어떠한 모습인지를 성찰한다. 세계의 끝에 관한 성서의 진술은 〈요엘서〉 2장 10절에서 드러나며, 특히 제2성서에서의 종말은 "그 환난의 날들이 지난 뒤에, 곧 해는 어두워지고, 달은 그 빛을 잃고, 별들은 하늘에서 떨어지고, 하늘의 세력들은 흔들릴 것이다."(〈마태복음〉 24,29)라고 기록되었다. 그리스도교의 종말론에 대한 역사와 가설은 다양하고 풍부하다. 그만큼 현실의 미래와 끝을 성찰하는 종교적 시선과 사변이 마지막 대면하는 무거운 주제가 종말론에 얽혀 있다.

그리스도교 종말에 관한 참신한 해석을 담은 저서를 한 권 소개하고자 한다. 1990년대 중반 신학은 20세기 끝에 출현할 종말론의 위기를 감지하여 종말론에 대한 본격적인 연구와 토론을 착수하기 시작한다. 특히 프린스턴 신학연구 센터(the Center of Theological Inquiry, Princeton)는 종말의 문제에 대한 다각도의 학문적 토론과 논의를 증진하기 위하여 거대한 학술프로젝트를 착수한다. 이 프로젝트는 신학자들과 과학자들 종말의 문제에 대하여 허심탄회하게 토론하고 새로운 담론의 형태를 촉발할 수 있도록 4년간의 학술 연구 및 회의를 지원하는 것이 주요 골자이다. 이러한 지원을 통하여 유럽과 북미의 20여 명의 신학자들과 과학자들은 정례적으로 유럽과 북미를 왕래하면서 종말에 관한 과학과 신학의 대화를 시도한다.

바로 《종말론에 관한 과학과 신학의 대화》(John Polkinghorne and Michael Welker 엮음, The End of the World and the Ends of God—Science and Theology on Eschatology, 2000)는 이러한 4년간의 지속적인 연구와 후원을 바탕으로 1997년부터 1999년까지 세 차례 국제학술대회를 통하여 얻은 성과를 담은 책이다. 이 책의 가장 중요한 성과는 과학자와 신학자들 모두가 종말의 문제를 매우 현실적인 문제로 포착하였으며, 우리 시대를 휘감는 종말론적 징후에 대한 본격적인 공동연구를 수행했다는 점이다.

인간은 죽는다. 적어도 개인의 죽음은 개인적 종말이다. 우주 또한 물리적으로 식고 소멸한다. 우주 역시 물리적인 멸망을 궁극적으로 피할 수 없다. 유성과 혜성의 충돌과 우주의 붕괴는 현실적인 미래이다. 천체물리학자들은 50억 년 후 안드로메다 성운이 우리 은하를 향해 격돌하면 수십억 개의 별들이 최후의 소용돌이를 일으키며 충돌하고 파괴되며 우주는 종말로 치닫는다는 물리학적 가설을 제시한다.

우리가 살아가고 있는 세계는 매분 1800만 달러씩 군사비를 지출하고, 매시 1500여 명씩 아이들이 죽어가며, 매일 한 종씩 동물과 식물이 멸종하고, 더욱 더 많은 이들이 정치적 억압에 시달리며, 제3세계에 감당할 수 없는 외채가 급속하게 누증하고 있으며, 한국의 4분의 3만큼의 원시림이 매년 파괴되고 있는 미시적 종말을 대면하고 있다. 전 지구적인 빈곤화와 양극화, 경제적 시스템의 취약성, 환경의 위기, 그리고 오늘날에도 끊임없이 펼쳐지는 전쟁과 내전은 예고된 종말의 시간을 조금씩 앞당기는 듯하다. 인간의 삶과 지구와 우주의 종말을 둘러싼 다양한 소문과 불안한 진단의 상황에서 우리는 더욱 진지하게 그리스도교가 말하는 종말의 뜻과 현재적 의미를 묻게 된다.

신체적 종말과 영원한 생명

종말의 존재감은 내 생명의 소멸이라는 엄숙한 자각에서부터 출발한다. 이러한 의미에서 여기에서는 신체적 종말과 영원한 생명의 이중나선적 경향성을 헤아려보고자 한다.

나의 생명은 약 60조 개의 세포가 이합집산하면서 드러나는 고도의 유기적이고 창발적인 사건이다. 물론 나의 의식은 나를 구성하는 60조 개의 세포의 생성과 소멸을 직접적으로 감지할 수 없다. 수많은 피부세포들이 죽어야 눈으로 피부 조직의 괴사를 확인할 수 있을 정도일 뿐이다. 이 세포도 시작과 끝이 있다. 80일마다 우리 신체의 모든 세포의 반이 죽고 새로운 세포로 바뀐다. 나의 정보는 존재하지만 그 정보를 지탱하는 물리적 세포는 완전히 교체가 된다는 것이다.

사실 죽음은 나를 지탱하는 세포단위의 소멸만 존재하지 새로운 생성이 더 이상 후발적으로 이루어지지 않는 때를 말한다. 그러므로 세포의 소멸, 그리고 세포의 이합집산으로 구성된 기관, 그리고 의식으로 이루어지는 모든 상위조직과 기능의 종결이 나의 죽음이다. 나라는 생명단위에서 이러한 사태는 나의 종말이라고 이해될 수 있다. 그리고 세포단위에서 사멸 또한 세포의 종말이라고 이해될 수 있다.

탄생과 종말의 문제는 결국 특정한 사건의 시작과 끝의 의미에 관한 문제이기도 하다. 어떠한 사건이 탄생하였으면 그것은 언젠가는 종결한다. 하지만 그 마감은 무화는 아닌 듯하다. 사건은 환경에서 구현된 것이지만, 다시 타자와 환경으로 기여된다. 그리고 하부단위의 사건들은 상부단위의 사건으로 새롭게 발현된다. 그러므로 사건은 안에서 밖으로의 기여, 아래에서 위로의 기여를 궁극적으로 품고 있다. 이런 의미에서 종말은 일종의 수평적-수직적 기여이다.

종말이라는 개념이 일반성을 지니는 이유는 이 세상의 모든 사건이 영원히 존속하지 않음을 말하기 때문이다. 특정한 사건의 종결 자체는 사건의 본성에 속하며, 모든 실존의 본성에 속한다. 그것은 사건의 영향력 자체가 종결되었음을 말한다. 그러나 그 종결은 수평적 외면과 수직적 내면의 관점에서는 일종의 정보의 성격으로 부여된다.

예를 들어 시신경의 특정한 세포들이 급작스럽게 행위를 종결하는 순간 시각정보를 종합하는 뇌와 의식은 시각적인 변화를 얻게 될 것이다. 북극의 빙산들이 온난화의 영향으로 인해 녹아 사라질 경우, 그로 인한 생태적인 변화와 영향은 분명히 존재하게 될 것이다. 중요한 점은 이것이다. 여기에서 시신경과 빙산의 종결과 종말은 그 자체의 차원에서 종말의 의미를 얻는 것보다는, 거시적 의식과 생태적 체계에서 의미를 부여 받는다는 점이다.

그러므로 모든 개체는 시작과 끝, 창생과 종말이 존재하지만, 그 종말의 의미는 전적으로 종말의 당사자의 내부에서 발화되지 않는다. 오히려 종말과 관계한 수평적 타자와 수직적 상위체계에서 그 종말의 의미를 해석해 내는 것이다.

여기에서 주목하는 핵심 관심 가운데 하나는 신체와 마음의 소멸과 종말에 관한 문제이다. 이러한 '신체적 종말론'(physical eschatology)의 문제는 과학자들과 우주론자들의 토론을 통하여 이미 다양한 방식으로 논의되고 있는 주제이기도 하다. 인간은 물리적 세계의 산물이며, 인간의 신체는 분명히 물리적 법칙에 지배를 받는 물질적 존재이다. 물질은 제한된 역사와 유한한 운명을 지닌 사건(event)이다. 사멸은 물질성의 본성이며 동시에 인간이 피할 수 없는 운명이기도 하다.

우리 생의 '물질'과 '신체'는 단순하게 소멸하는 무상한 가치일 뿐일까? 오히려 이러한 물질들은 우선적으로 현재의 우주를 구성하는 요소이지만, 동시에 현재 우주에서 피어나는 경험을 반영하고 전달하는 요소로서의 가치를 지니는 것은 아닐까? 우주의 경험 가운데 창발적(emergent)으로 발현되는 사건, 의미, 가치들은 우리의 생의 공간에 우주에 누적되고 구현되는 것은 아닐까? 개인과 우주의 물리적 경험은 결코 무로 환원되지는 않는다. 그렇다면 어떻게 물질적 우주의 사멸과 생명의 보존과 창조가 어떻게 양립할 수 있는지에 대한 질문을 우리는 다시 던질 필요가 있다.

우리는 종말에 대하여 두 측면을 생각할 필요가 있다. 하나는 물리적 사멸과 소멸의 국면이다. 그리고 다른 하나는 물리적 사멸과는 다른 방식으로 물리적 계기들을 관통하며 출현하는 패턴의 형성이다. 물리적 사멸은 세계의 개별적이고 부분적인 국면과 연관되지만, 패턴의 형성은 개인적인 차원을 넘어선 사회적 관계성, 혹은 전일론적인 국면(holistic aspect)과 연관된다. 우리의 물리적 현실은 소멸할지라도 우리의 삶과 마음과 정신의 현실은 영속적이라는 견해이다.

예를 들어 존 폴킹혼은 살아있는 신체의 불연속적인 소멸을 넘어 지속적으로 존립하는 영속성의 계승을 패턴(pattern)이라는 개념을 통하여 정의하고자 했다. 그는 이러한 패턴을 통하여 우리 자신의 연속적인 자아와 인격적 존속을 설명할 수 있다는 입장을 취하고 있다. 그러므로 최소한 우리의 신체와 우주가 사멸된다는 것은 에너지적인 물리계의 사멸과 종말을 의미하는 것이며, 신체와 우주가 잉태한 경험은 특정한 방식의 패턴화 속에서 우주적 차원에서 연속적으로 존립하게 된다는 것을 뜻한다.

실로 물리적 우주와 신체의 소멸은 그저 에너지의 소멸로만 끝나는 것이 아니라, 특정한 방식의 패턴을 형성하는 '정보'와 관련되어 연속성을 얻게 된다는 점은 그리스도교 전통에서의 종말과 새 창조에 관한 핵심적 강조점이기도 하다. 결론적으로 이러한 실재관에 입각해 볼 때 물리적 신체와 인간은 소멸되지만, 그것은 특정한 방식으로 우리의 현실에 영적으로 이월(carryover)된다고 이해할 수 있다.

그리스도교의 종말론과 영원한 빛

그리스도교는 삶과 생명을 피조되어 드러난 하나의 사건으로 인식한다. 그것은 결코 자의적이거나 자발적인 사건이 아니다. 삶과 생명이 가능한 근저가 있기 때문에 삶과 생명이 탄생되는 것이다. 이러한 근저와 사건, 환경과 체계, 창조자와 피조물의 존재론적 구분은 이원론적이기 전에 실재론적이다. 모든 생명이 창조주의 뜻을 품고 출현한 사건이라는 사실이 그리스도교 창조론의 핵심이다. 그리고 우리의 모든 생명은 언젠가는 마감될 것이다.

세포단위의 사건의 생성과 소멸은 세포를 둘러싼 환경과의 소통이라는 유기적 행위가 중요한 의미를 지닌다. 그것은 물리적 메커니즘의 정조를 지닌다. 그러나 이러한 하부단위의 메커니즘을 기반으로 존재하는 상부단위의 인간의 삶, 문화, 정신적이고 종교적인 범주는 물리적 메커니즘보다는 뜻과 의미와 목적이 더욱 더 중심적인 문제가 된다. 세포는 환경과의 교호 속에서 생물학적 생명력과 존재감의 확보에 주력한다면, 인간의 마음과 영혼은 전체적인 관점에서 자신의 구원을 고민한다.

여기에서 구원은 큰 것이 아니다. 어떻게 하면 나는 내 삶을 잘 살 수 있을까? 내 삶의 의미와 목적은 무엇일까? 모든 살아있는 존재는 어떠한 방식으로 사는 것이 정당한 것일까? 더 나아가 나의 생명의 모태가 되는 저 무한한 자연의 본성은 무엇이고, 그 본성 앞에 나는 어떠한 태도를 가져야 하는 것일까?

바로 이러한 질문에 이미 우리 삶의 구원에 관한 물음이 포함되어 있다. 사실 이러한 상위체계의 질문은 나를 구성하는 체세포가 어떻게 환경을 저항하며 생존하려는 메커니즘과 다를 바 없는 패턴이기도 하다. 즉 개체의 생존을 고민하는 하위체계, 그리고 그 하위체계에서 창발한 상위체계는 개체를 포함한 환경 전체와의 조화에 대한 물음을 본령으로 한다. 하위가 개별화에 의거하여 작동한다면 상위는 통합에 의거하여 작동한다.

구원은 사실 대단히 고도로 문화화된 종교적 용어다. 그러나 그러한 분화의 미시적 발생사를 헤아려본다면 세포의 자기존속과 자아가 지향하는 조화로운 삶은 연속적인 계열로 보인다. 그러므로 우리 삶에 있어서 구원에 대한 고민은 삶이라는 체계내부에서 출현한 일종의 특이점과도 같다. 그 특이점은 결코 체계 내부에서 출현하였지만, 체계 내부로 근거될 수 없는 점이다. 그러므로 그것은 체계에서 나온 체계에 대한 의문부호와도 같으며, 우리는 그 물음을 언젠가는 체계 내부에서 해명하려는 의지를 지닌다.

우리 삶에서 나오는 구원에 대한 열망은 여전히 질문의 성격으로 존재하며, 그 내용은 여전히 비어 있다. 구원이 존재하기 때문에 구원은 이미 내재적으로 우리에게 있으며(already), 구원의 내용은 여전히 우리 안에서 보증되지 못하기 때문에, 구원은 아직 초월해 있다(not yet). 그리스도교 신학의 중요한 형식논리인 내재와 초월의 이중성은 이러한 맥락에서 해석되어야 할 것이다. 이런 면에서 우리에게 구원은 이미 존재하며, 동시에 아직 존재하지 않는다.

이미 존재하는 구원은 바로 우리가 구원을 소망한다는 사실에 의거한다. 아직 존재하지 않는 구원은 바로 우리의 구원은 우리의 모든 종결에 의하여 이루어진다는 소망에 의거한다. 피조물의 구원은 더 근원적인 창조주의 지평 속에서 확정되는 것이다. 이런 의미에서 궁극적 구원은 시간적으로 미래에서 도래하는 것이다. 체계적 관점에서 이루어지는 하위 체계의 행위와 사건에 대한 상위 체계의 평가는 시간성의 은유에서 헤아려볼 때 미래에서 도래하는 현재에 대한 심판으로 드러난다. 모든 구원은 나보다 높은 곳에서, 나의 현재보다 미래의 시간에서 도래하는 것이다.

그리스도교의 종말은 심판과 구원을 그 특징으로 한다. 그리스도교의 종말은 바로 개인의 삶과 사회와 우주가 어떠한 방식으로 자신을 살아내는지를 평가한다는 것에 그 핵심적인 의미가 있다. 그 평가를 통하여 삶의 종말은 타자와 상위의 삶으로 계속 이어지게 된다. 이런 맥락에서 그리스도교 문화 가운데 발화되는 '천국'과 '지옥', 그리고 '영원한 불멸의 구원', 모든 생명과 지구가 다 끝장나는 '불바다의 종말'이라는 어법들은 그리스도교의 종말론이 담고자 하는 핵심적인 정신은 아니다.

오히려 그리스도교의 종말론은 창조주의 시선에서 불의한 세상의 묵시적 끝을 갈망하는 고양된 담론이며, 구원을 소망하는 피조물들의 삶에 대한 갱신의 직시이며, 모든 것의 소멸을 넘어선 더 높은 차원의 의미부여를 뜻한다. 영원한 하나님과 세상의 종말은 대립적이며 대칭적 관계가 아니다. 세상의 종말은 영원한 하나님과 나란히 서 있는 두 길이 아니다. 오히려 영원한 하나님 안에서의 세상의 종말이다. 과학은 종말을 파국으로 진단하여도, 신학은 그것을 더 나은 것을 향한 이월로 고백한다.

만약 이러한 공리가 깨진다면 우리는 무엇을 그리스도교 종말론의 핵심 정신이라고 말할 수 있을까? 창조주의 빛과 그의 의미부여를 통하여 모든 피조물들의 종말은 새로운 가치를 부여받게 되고, 새로운 역사를 시작하게 된다. 이러한 성찰을 바탕으로? 불의와 정의를 둘러싼 개인과 인류와 세계의 종말이라는 그리스도교의 특화된 담화는 오히려 더욱 깊은 의미를 드러낼 것이다.

⦿ 더 읽을거리

· 미하엘 벨커·존 폴킹혼, 신준호 옮김, 《종말론에 관한 과학과 신학의 대화》
  (대한기독교서회, 2002)
· 위르겐 몰트만, 김균진 옮김, 《과학과 지혜: 자연과학과 신학의 대화를 위
  하여》(대한기독교서회, 2003)

7장 성직

목회는 본디 섬김이다

구미정 이화여자대학교 철학과와 동 대학교 대학원 기독교학과를 졸업했다. 생태여성주의적 시각에서 기독교 윤리를 다루는 연구로 동 대학교에서 박사학위(Ph.D)를 받았다. 계명대학교와 대구대학교 및 여러 학교에서 강의했으며 현재 숭실대학교 기독교학과 외래교수로 재직 중이다. 주요 저작으로 《펑크 리더십》《한 글자로 신학하기》《아이로 원숭이를 만나다》《호모 심비우스 : 더불어 삶의 지혜를 위한 기독교 윤리》등이 있다. ecotica@hanmail.net

평신도들의 은밀한 반란

2011년 9월 30일 금요일 저녁 7시, 서울역 부근 청파감리교회에서 〈교회의 날〉 행사의 둘째 날 마당이 열렸다. 내가 '특강'을 하기로 되어 있던 순서는 "입장 바꿔 생각해봐!"라는 제목의 이른바 직분 세미나. 참가자들이 직분과 관련된 교회 내 갈등상황에 대해 모종의 역할극을 하면, 옆에서 잘 듣고 있다가 나중에 마무리 의견을 제시하는 게 나에게 주어진 임무였다. 좋게 보면 창조적이고, 나쁘게 보면 대책 없는 기획. 특강을 부탁한 주최측 목사가 지난 학기 내 수업을 들은 학생만 아니었어도, 단칼에 거절했을 텐데……

주최측에서는 참가자가 구름처럼 몰릴 것으로 예상했었나보다. 그렇지 않고서야 역할극 모둠을 그리 다양하게 구성했을 리 없다. 주최측이 내놓은 모둠별 주제들은 대충 이랬다. 교회 내 예산 배분, 부교역자 청빙, 담임목사 임기제, 교회 건축, 교회 분립, 평신도 설교권, 직분 폐지 등. 그러니까 이 역할극은 교회 안에서 일어날 수 있는 다양한 갈등 상황에 대해 구성원 간의 수평적인 의사소통을 실험해보자는 취지였다. 옳거니, 그래서 이번 〈교회의 날〉 전체 주제가 '평등한 교회 상상하기'로구나.

헌데 홍보에 어려움이 있었던지 참가자 수가 생각보다 적었다. 어쩌면 일방적으로 듣는 것에 익숙한 평신도들에게는 역할극이라는 콘셉트가 낯설고 불편했을지도 모를 일이다. 하지만 고작 한 모둠밖에 만들 수 없을 만큼 참가자가 적었던 게 나로서는 천만다행이었다. 그렇지 않았다면 내 능력과 실력의 바닥이 여지없이 드러났을 터.

서로 얼굴을 마주 볼 수 있게끔 자리를 재배치하고, 어떤 주제로 역할극을 할지 또 각자 어떤 배역을 맡을지 논의에 들어갔다. 만장일치로 선택된 주제는 '평신도 설교권'의 문제. 요컨대 참가자들은 '평등한 교회'를 '상상'하는 데 가장 큰 걸림돌로 이 문제를 꼽고 있다는 뜻이렷다. 필요한 배역은 담임목사 1인, 여전도사 1인, 장로 2인, 집사 2인, 그리고 청년 1인과 새 교우 1인. 남지도 모자라지도 않게 참가자 전원이 고루 배역을 맡았다.

드디어 시작된 역할극. 이곳은 '말빨최고 교회'의 공동의회 현장. 의사인 '장로1'이 평신도에게도 설교권을 허락해야 한다는 취지의 모두발언을 한다. 이를 듣는 담임목사의 표정 연기가 압권이다. 이어 아파트 경비원으로 일하는 '장로2'가 설교 준비할 시간이 없다고 투덜댄다. 가정주부인 '집사1'도 설교는 목사가 해야 한다며 목청을 높인다. 대학 시간 강사인 '집사2'는 '장로1'을 지지한다. 출판사에서 일하는 새 교우는 목사들의 설교집을 출판한 경험에 비추어, 어차피 얼렁뚱땅 남의 것 대충 베끼는 게 설교 아니냐고 빈정댄다.

자기 역할에 몰입하여 잘도 '드라마'를 써나가는 참가자들의 연기력에 새삼 놀라는 사이, 담임목사 역을 맡은 이가 벌써 마칠 시간이라며 정리를 종용한다. 정리란 다름 아니라, '설교권'과 '축도권'은 목사의 고유 권한인데, 우리 교회에서 그에 '도전'하는 목소리가 흘러나온 걸 보니 자기가 목회를 잘못한 것 같다고, '은혜롭게' 기도로 마무리하잔다. 어디선가 많이 본 익숙한 결말.

이제 내가 나설 차례다. 먼저 평신도 설교권을 제안한 '장로1'에게 역할극을 마친 소감이 어떤가 물었다. 당연히 좋을 리 없다. 나머지 사람들에게는 앞으로 '장로1'의 운명이 어떻게 될 것 같냐고 물었다. 그 교회를 떠날 것 같단다. 슬프게도 맞는 소리다. 한국교회는 담임목사의 권위에 '도전'하고 교인들 간에 '긴장'과 '갈등'을 조장한 원인제공자를 품을 여유가 없다. 서로의 '다른' 의견을 조율하여 아무도 상처 받거나 다치지 않게끔 민주적으로 해결할 능력도 전무하다. 그러다보니 무언가를 개혁하고 싶어도 꾹 참는 게 능사다. 괜히 발언했다가는 '분란'만 일으키는 시끄러운 교인으로 낙인 찍혀 기피인물이 될 것이다. 하여 조용히 입 다물고 지내는 게 속 편하다는 보신주의가 팽배해 있다.

나름 진취적인 평신도들이 한국 교회의 앞날을 염려한답시고 황금 같은 금요일 저녁에 모였는데, 역할극의 결과는 자못 놀라운 것이었다. 특정 역할이 주어지니, 모두들 한국 교회 '성도'의 정형화된 모습이 '빙의'되어 표준화된 장면들이 연출되었기 때문이다. 물론 주최측의 설정이었겠지만, 평신도의 직업에 대한 고정관념이 고스란히 노출된 것은 충격적이고도 불편한 경험이었다. 사회적 지위가 교회 내 직분구조에 그대로 반영되는 현실이 짧은 역할극에서도 여지없이 재현되었다.

가장 놀라운 대목은 문제 해결의 도구로 '합의민주주의' 대신에 '은혜만능주의'와 '기도만능주의'가 강제된 점이다. 이로써 우리는 한국 교회 교인들이 얼마나 민주주의에 취약한지를 재확인하게 되었다. 아울러 신자유주의 지구화 경제체제의 압박으로 정치적 관심이 다소 느슨해진 현실에서 사회 각 부문의 민주화가 여전히 시급한 과제임을 다시금 재확인하는 것으로 '특강'을 마무리했다.

목사 = 제사장?

역할극은 평신도 설교권이 핵심 안건이었지만, 사실 폭넓게는 직분 전반에 관한 것이다. 말하자면 오늘날 예배에서 설교와 축도의 권리를 독점적으로 행사하는 목사의 직분을 '성직'으로 부르는 관행에 대한 근본적인 문제제기다. 이러한 이해의 배경에는 아무래도 '제1성서 시대'(구약성서 시대)의 제사장 제도가 크게 작용할 것이다. 제1성서 학자 왕대일 교수에 따르면, 제1성서에서 제사장은 하나님을 위한, 하나님에 의한, 하나님의 봉사를 전문적으로 맡은 자들이다(〈이사야서〉 61,6, 〈예레미야서〉 33,21~22). 이들은 그야말로 하나님을 섬기기 위해 태어난 사람들(혈통상 주로 레위인)로, 제사장의 권리는 공동체로부터 나오지 않으며, 시내산에서 하나님이 세운 '영원한 제사장 언약'으로부터 비롯된다.

제사장의 사역 중 가장 중요한 일은 하나님의 계시를 백성에게 전달하는 것이었다. 〈신명기〉 33장에서 모세가 레위를 위하여 드리는 기도를 보면, 그 점이 명확하다.

레위에게 주님의 둠밈을 주십시오. 주님의 경건한 사람에게 우림을 주십시오. …… 그는 자기의 부모를 보고서도 '그들을 모른다'고 하였고 형제자매를 외면하고, 자식마다 모르는 체하면서, 주님의 계명에 순종하였으며, 주님의 언약을 성실하게 지켰습니다. 그들은 주님의 백성 야곱에게 주님의 바른 길을 가르치며, 이스라엘에게 주님의 율법을 가르치며, 주님 앞에 향을 피워 올리고, 주님의 제단에 번제 드리는 일을 계속 하고 있습니다. 주님, 그들이 강해지도록 복을 베풀어 주시고, 그들이 하는 모든 일을 기쁘게 받아 주십시오. 그들과 맞서는 자들의 허리를 꺾으시고, 그들을 미워하는 자들을 다시는 일어나지 못하게 하여 주십시오.

— 〈신명기〉 33,8~11

둠밈과 우림은 제1성서에서 제사장이 입는 세마포 겉옷을 가리킬 때도 있고(〈사무엘기상〉 2,18), 그것을 넣는 주머니(흉패)가 달린 예복을 지시할 때도 있지만(〈출애굽기〉 28,6~14), 일반적으로는 제사장이 제의에서 하나님의 뜻을 물을 때 사용하는 어떤 물체를 지칭한다. 말하자면 제사장의 직분을 드러내는 상징물인데, 이로써 제사장 지파가 감당해야 할 첫 번째 사명이 '신탁(神託)'의 전달'인 것을 알 수 있다.

모세의 기도에서는 제사장이 자신의 직분을 잘 감당하려면 가족과의 인연도 끊어야 하는 것처럼 묘사된다. 제사장은 자신의 사생활을 희생해가며 주님의 계명에 순종하고 주님의 언약을 준수하는 자이다. 그러니 그들은 '강해지는 복'을 받아야 하고, 그들이 하는 일은 하나님이 기쁘게 받아주어야 한다는 거다. 아울러 제사장은 백성에게 하나님의 바른 길과 율법을 가르치며 제물을 드리는 직무를 수행하기도 한다. 이스라엘 역사의 초기에는 한 가정의 어른이면 누구나 하나님에게 제물을 드릴 수 있었지만, 시간이 흐를수록 이 역할은 제사장의 고유 기능이 되었다. 모세는 이러한 제사장의 권위를 한껏 추켜세움과 동시에 "제사장과 맞서는 자들의 허리를 꺾으시고, 그들을 미워하는 자들을 다시는 일어나지 못하게" 하여 달라는 기도를 잊지 않는다.

제사장을 가리키는 히브리어 '코헨'(כהן)은 어원상 '(하나님 앞에 종으로서) 서다'는 뜻을 지닌다. 그런 까닭에 제사장은 속세의 사람들과 '거룩하게 구별'되어 성소를 지키고 보호하는 일을 담당하는 자로 간주되었다. 제사장이 이처럼 성소에서 하나님의 시중을 들며 하나님을 섬기는 일꾼이 되기 위해서는 특별한 통과제의가 필요했다.

〈출애굽기〉 28~29장에 보면, 하나님이 아론과 그 아들들에게 제사장직을 맡기는 위임식 장면이 나온다. 우선 눈에 띄는 대목은 "영화롭고 아름답게 보이는 거룩한 예복"을 만들어 입히라는 구절이다. 제사장은 거룩한 성소에서 하나님을 섬길 때 반드시 예복을 입어야지, 그렇지 않으면 죽는다고 나온다(〈출애굽기〉 28,43). 예복은 선택이 아닌 필수라는 말이다. 예복 착용은 취향의 문제가 아니라, 하나님의 명령이다. 제사장의 임직식은 예복을 갖추어 입고 기름부음과 희생제사가 곁들여져야 비로소 끝이 났다.

제1성서에서 제사장은 예루살렘 성전과 떼려야 뗄 수 없는 관계다. 성전이 바로 '하나님이 거하는 집'인 까닭에 제사장은 성전에 소속된 '하나님의 종'으로 인식되었다. 그러던 것이 기원전 587년 바빌로니아 제국에 의해 예루살렘 성전이 파괴되자, 일대 변화가 생겨났다. 이제 더 이상 희생제사를 드릴 공간이 없어지게 된 마당에 제사장이고, 예복이고 다 소용 없게 된 것이다.

디아스포라 시대의 회당 체제에서는 예배의 중심이 희생제사 대신에 다른 것으로 대치될 필요가 있었다. 성서와 랍비문학들을 읽으며 함께 기도하는 형태의 예배가 대두된 맥락은 그토록 절박했다. 바꾸어 말해 이것은 유대인이면 누구나 참여하여 함께 친교를 나누며 말씀을 배우고 기도하는 회당에서는 더 이상 제사장이 주인공 역할을 할 수 없게 되었다는 말이다. 이른바 제2성전기(기원전 515년~기원후 70년)를 배경으로 한 예언자들의 문헌에서는 심지어 예복을 입고 제의를 관장하는 제사장들이 적대적으로 그려지기까지 한다. '하나님의 집'으로 공공연히 일컬어지던 성전이 실은 하나님을 가두어두는 장소에 불과하다는 인식이 생겨났다.

> 하늘은 나의 보좌요, 땅은 나의 발 받침대. 그러니 너희가 어떻게 내가 살 집을 짓겠으며, 어느 곳에다가 나를 쉬게 하겠느냐?" 주님의 말씀이시다. "나의 손이 이 모든 것을 지었으며, 이 모든 것이 나의 것이다. 겸손한 사람, 회개하는 사람, 나를 경외하고 복종하는 사람, 바로 이런 사람을 내가 좋아한다." 소를 죽여 제물로 바치는 자는 사람을 제물로 바치는 자와 같다. 양을 잡아 희생제물로 바치는 자는 개의 목을 부러뜨리는 자와 같다. 부어 드리는 제물을 바치는 자는 돼지의 피를 바치는 자와 같다. 분향을 드리는 자는 우상을 찬미하는 자와 같다. "이러한 제사장들은 나의 뜻을 묻지 않고 제 뜻대로 한 자들이다. 오히려 가증한 우상숭배를 즐겼다. 가증한 우상들을 진정으로 좋아하였다…….
>
> ─〈이사야서〉 66,1~4

예루살렘에 입성한 예수가 성전을 정화하면서 했던 말은 정확히 이러한 문맥에 위치한다. "'내 집은 만민이 기도하는 집이라고 불릴 것이다' 하지 않았느냐? 그런데 너희는 그곳을 '강도들의 소굴'로 만들어 버렸다." (〈마가복음〉 11,17)

이 말씀에 인용된 제1성서가 바로 〈이사야서〉 56장 7절인 바, "대제사장들과 율법학자들이 이 말씀을 듣고는 어떻게 예수를 없애 버릴까 하

고"(《마가복음》 11,18) 방도를 찾게 된 까닭이 본문의 반(反)성전주의 때문
인 것은 두말 할 나위가 없다.

만인사제와 영적 평등주의

단언컨대, 이 시대의 목회자는 정녕 제1성서 시대의 제사장이 아니다.
그 권위를 계승하고 싶은 욕망이 아무리 하늘을 찌른다고 해도, 결코
제사장이 될 수 없다. 우리의 교회는 예루살렘 성전이 아닐뿐더러, 우리
의 예배는 동물 희생제사를 필요로 하지도 않기 때문이다. 예배의 스타
일만 놓고 보면 랍비 중심의 회당과 비슷할 것이나, 본질적으로 그리스
도교는 회당에서 축출된 사람들에 의해 배태되었음을 상기할 필요가
있다.

초대교회는 주로 가정에서 모였다. 함께 모여 기도하고 예배하는 자체
가 교회였다. 그 중에는 찬송하는 사람(음악 담당), 가르치는 사람(교육 담
당), 하나님의 계시를 말하는 사람(설교, 간증 담당), 이상한 언어를 말하는
사람(방언, 알아듣기 어려운 말, 혹은 의사전달이 잘 안 되는 설교나 신앙고백), 이상
한 언어를 해석하는 사람(어려운 것을 쉽게 풀거나 의사소통이 되도록 달리 표현
하는 사람) 등이 있어서 함께 모임을 꾸려 나갔다.(《고린도전서》 14,26 이하)
요컨대 교회 유지를 위해 최소한도로 필요한 다섯 가지 기능을 한 사람
이 독점하지 않았다는 것이다. 구성원 각자의 재능과 은사를 계발하고
조율하여, 지도력이 분산되도록 했다. 이해하기 쉬운 말로, 초대교회는
평신도 교회였다!

헌데 사실 '평신도'라는 말은 성서적 지평에서 보면 좋지도, 옳지도 않

은 표현이다. 제2성서에서 '라오스'(λαος)라고 할 때, 그것은 '하나님의 백성' 일반을 가리키는 말이었지, '평신도'를 지칭한 것이 아니었다. 성직자와 평신도의 구분은 그리스도교 역사에서 교회의 직제와 제도가 정비된 3세기 무렵에 생긴 것으로 추측된다. 이때 평신도를 뜻하는 '라이코스'(λαικος)는 '문외한, 국외자, 무식한 대중'의 뜻이었다.

가톨릭(천주교) 신부들은 자신들의 사제권이 '열두 사도'에 잇대어 있다고 믿는다. 한국천주교주교회의에서 제작한 자료에도 이렇게 적혀 있다. "천주교는 예수 그리스도께서 세우신 교회로서, …… 사도들로부터 이어오는 법통을 오늘날까지 고이 간직하고 있습니다."

사회학자 막스 베버(Max Weber)는 이와 같이 과거로부터 이어져 내려오는 권력에 의해 정당성이 확보되는 권위를 '전통적 권위'라 불렀다. 한편, 천주교는 '성직'의 권위가 세상이나 사람으로부터가 아니라 오직 예수 그리스도와 사도들로부터 내려온다고 공식적으로 천명하고, 신도들로 하여금 "교회의 영도자들에게 순명"할 것을 법과 교리로 정해놓고 있는데, 막스 베버의 분류에 따르면 이는 사제의 '합법적 권위'를 뒷받침하는 제도적 장치들이다.

그렇다면 개신교 목사는 어떤가. 알다시피 종교개혁자 마르틴 루터(Martin Luther)는 '만인사제'(universal priesthood of believers)를 부르짖었다. 하나님과 신자의 만남에서는 어떤 '브로커'의 개입도 필요치 않다는 것이다. 바야흐로 중세의 성직주의가 철폐되었다. 평신도에 대해 사제가 갖는 지도력을 '지배권'으로 이해하던 풍토에 루터는 경종을 울렸다. 모든 평신도가 하나님 앞에 나아갈 자격이 있고 서로 기도하며 가르칠 수 있다는 '영적 평등주의'는 이른바 근대의 개인주의와 민주주의의 주요

사상적 기반이 되었다.

말하자면 루터의 혁명이란 간단히 말해 평신도의 의미를 '라이코스'에서 '라오스'로 되돌려놓는 것이었다고 해도 과언이 아니다. 그는 중세적 '직분' 개념이 아니라 성서적 '은사'(카리스마, χαρισμα) 개념으로 평신도에 접근했다. 각자 하나님으로부터 선물로 받은 은사를 적절히 활용하여 교회 운영에 봉사하고, 세상에서 맡은 바 소임을 다하며 사는 것, 그것이 만인사제의 알짬이었다.

당시 교황의 독단적 전횡과 교권의 일탈을 막기 위해 나온 이러한 '프로테스탄트 원리'(protestant principle)는, 그러나 개신교 역사의 전개과정에서 그다지 약효를 발휘하지 못했다. 성직의 보증수표인 양 사제의 독신을 강요하던 가톨릭교회의 '무늬만' 금욕주의에 반발하여 루터 자신이 결혼을 강행하는 등, 성과 속의 경계를 넘어서려 애썼지만 결과는 참패였다. 명칭만 '신부'에서 '목사'로 바뀌었을 뿐, 성직의 아우라는 그대로 남아서 목사와 평신도 사이의 범접할 수 없는 위계를 조성한 것이다.

더욱이 한국 교회의 각 교단이나 연합단체에서 총회장이나 회장 또는 감독 선출을 둘러싸고 어김없이 불거져 나오는 굵직한 비리를 생각하면, 가톨릭에서는 하나뿐인 교황이 개신교에서는 여럿 존재한다는 인상을 지울 수가 없다. 아무리 목사가 '돈'과 '성'을 둘러싸고 온갖 추악한 범죄를 저질러도, 특히 그가 대형교회의 담임목사일 경우에는 더더욱 그의 신상에 아무런 위해도 가해지지 않는 것을 보면, 개신교 버전의 '교황무오설'을 대하는 듯하여 씁쓸하기 짝이 없다. 결국 개신교 성직주의는 교회의 규모와 비례하는 것일까? '가까이 하기엔 너무 먼 당신'이 되어 버린 대형교회 담임목사들에게서 천국의 열쇠를 쥔 베드로가, 그 베드로의 후계자라는 교황의 아우라가 겹치는 건 나만의 기시감일까?

예수 목회와 생활 신앙

읍내에서 그를 본 것은 이번이 처음이었다
철공소 앞에서 자전거를 세우고 그는
양철 홈통을 반듯하게 펴는 대장장이의
망치질을 조용히 보고 있었다
자전거 짐틀 위에는 두껍고 딱딱해 보이는
성경책만한 송판들이 실려 있었다
교인들은 교회당 꽃밭을 마구 밟고 다녔다, 일주일 전에
목사님은 폐렴으로 둘째 아이를 잃었다, 장마통에
교인들은 반으로 줄었다, 더구나 그는
큰 소리로 기도하거나 손뼉을 치며
찬송하는 법도 없어
교인들은 주일마다 쑤군거렸다, 학생회 소년들과
목사관 뒷터에 푸성귀를 심다가
저녁 예배에 늦은 적도 있었다
성경이 아니라 생활에 밑줄을 그어야 한다는
그의 말은 집사들 사이에서
맹렬한 분노를 자아냈다, 폐렴으로 아이를 잃자
마을 전체가 은밀히 눈빛을 주고 받으며
고개를 끄덕였다, 다음 주에 그는 우리 마을을 떠나야 한다

어두운 천막교회 천정에 늘어진 작은 전구처럼

하늘에는 어느덧 하나둘 맑은 별들이 켜지고

대장장이도 주섬주섬 공구를 챙겨들었다

한참 동안 무엇인가 생각하던 목사님은 그제서야

동네를 향해 천천히 페달을 밟았다, 저녁 공기 속에서

그의 친숙한 얼굴은 어딘지 조금 쓸쓸해 보였다

— 기형도, 〈우리 동네 목사님〉

이 시에 나오는 목사는 참 어설프다. 별로 목회에 '성공'한 것 같지가 않다. 아니 '목회' 자체에 관심이 통 없어 보인다. 꽃밭을 가꾸고 텃밭을 일구는 일은 그런대로 잘하는 것 같은데, 그게 '목회'랑 무슨 상관이 있다는 말인가. 목회는 뭐니뭐니해도 교인 수를 늘리고 교회를 확장하는 게 우선 아닌가. 교인들은 그를 조롱하기라도 하듯 그가 애지중지 가꾼 꽃밭을 마구 짓밟고 다닌다. 그의 읍내 나들이는 필경 그 때문이리라. 꽃들을 지켜주려면 울타리라도 쳐주어야 한다. 송판을 구한 목사는 문득 철공소 앞에다 자전거를 세우고 대장장이의 망치질을 물끄러미 바라본다. 둘째 아이를 폐렴으로 잃은 그는 더 이상 그 교회에 남아 있을 수가 없다. 그에게서 '복'을 기대했던 교인들이 실망하며 교회를 떠난 책임을 그가 대신 져야 하는 까닭이다.

스물아홉에 요절한 젊은 시인 기형도가 그린 목사상은 쓸쓸하다 못해 애처롭다. 왕이니 제사장이니 예언자니 하는 그럴듯한 이미지로 채색된 목사상과는 거리가 멀다. 그가 생각하는 예배는 '거룩하게 구별된 시간과 공간' 안에서 '영화롭고 아름다운 예복'을 갖춰 입고 질서정연한 예식 순서에 맞춰 거룩한 몸짓으로 드리는 것이 아닌 모양이다. 망가진 꽃밭을 손질하는 일, 여럿이 나누어 먹을 푸성귀를 키우는 일, 일상에서 생명을 살려내는 일이 곧 예배라고 생각하는 모양이다.

목사가 철공소 앞에서 그토록 오랜 시간 머문 까닭도 심방이나 전도를 하기 위함이 아니다. 그저 대장장이의 성실한 노동에 넋을 빼앗긴 때문이다. 한 생활인의 노동에서 예수를 보고 있는 것이다. 목수였던 예수도 건강한 생활인이었다. 부활한 예수는 하나님의 백성이 서로 몸을 부대끼며 살아가는 일상의 삶 한가운데 지금도 살아 있다. 교회 건물이 예수를 소유할 수 없다. 성서의 문자가 예수를 가두어두지 못한다. 그러므로 정작 밑줄을 그어야 하는 것은 성서가 아니라 생활이다! 하루하루 일상의 생활로 예수를 살아내지 못하면, 종교적 예배는 한낱 무덤에 덧칠해진 '회'(灰)에 불과하리라.

하여 목회는 본디 '섬김'(디아코니아, διακονια) 이외에 아무 것도 아니다. 복음서의 증언에 따르면, 섬김은 예수 오심의 목적이자 예수 목회의 내용이었다(〈마태복음〉 20,28, 〈마가복음〉 10,45). 예수는 로마 황제 치하에서 '권위'라고 하면 '지배하는 권력'밖에 알지 못하던 사람들에게 다른 종류의 지도력을 보여주었다. 몸소 종처럼 허리를 굽혀 제자들의 발을 씻기는 지도력이다(〈요한복음〉 13,1~20 참고). 그렇다고 이것이 맹목적인 비굴함을 뜻하지는 않는다. 오히려 "나를 믿는 사람은 내가 하는 일을 그도 할 것이요, 그보다 더 큰 일도 할 것이다"(〈요한복음〉 14,12)라는 말에 함축되어 있듯이, 제자들을 격려하고 지원하며 힘을 불어넣어주는 나눔의 리더십이라 하겠다.

결국 목사가 자기 자신을 평신도와 구분지어 '대단한 사람'(somebody)

인 양 착각하는 고질병에서 헤어나는 게 관건이렸다. 이렇게 보면, 목사의 직분을 '성직'으로 인정하지 않는 '뻣뻣한' 평신도를 곁에 둔 목사야말로 복 받은 사람인 셈이다. 그 평신도는 목사로 하여금 만인사제의 프로테스탄트 원리를 각성케 하는 고마운 스승이 될 테니 말이다.

대다수 목사들은 별로 반가워하지 않겠지만, 이른바 목사의 고유 권한으로 되어 있는 설교와 축도, 성만찬 집전 등과 같은 일에 평신도의 참여를 확대시키는 교회들이 점차 늘어나고 있다. 이러한 현상은 미국 성공회 감독인 존 쉘비 스퐁(John Shelby Spong)의 예언대로 "덜 위계적(hierarchical)이며 보다 더 원과 같은(circular)" 미래교회를 향한 역사의 진행방향에서 자연스러운 양상이다.

그러므로 무엇보다 필요한 것은 목사 자신의 회심이리라. 자기가 하나님이라도 되는 양 권력 피라미드의 꼭대기에 앉아서 제 입맛에 맞게 복과 저주를 분배하며 평신도들 위에 군림하려는 속성을 깨끗이 비워내지 않으면, 심판을 피할 길이 없을 것이다.

솔직히 고백하건대 내가 이상적으로 생각하는 목사는 교회에서 예배 드리는 일은 잊을지언정 하나님이 지은 사람과 자연만물의 경이로움을 놓치는 일만큼은 결코 잊지 않는 사람이다. 목사가 직업적인 삯꾼으로 전락하지 않으려면 그렇게 순전한 영성을 지니고 있어야 한다. 그리하여 이문재 시인의 〈파꽃〉이라는 시는 목사의 올곧으면서도 소박한 영성을 위한 모범답안이다.

파가 자라는 이유는
오직 속을 비우기 위해서다

파가 커갈수록 하얀 파꽃 둥글수록

파는 제 속을 잘 비워낸 것이다

꼿꼿하게 홀로 선 파는

속이 없다

◉ 더 읽을거리

·구미정, 《호모 심비우스: 더불어 삶의 지혜를 위한 기독교윤리》 (서울: 북
  코리아, 2009)
·민영진, 《하느님의 기쁨 사람의 희망》 (서울: 허원미디어, 2009)
·왕대일, 《목회자의 실패, 목회자의 성공: 구약성서에서 배우는 오늘의 목
  회》 (서울: 대한기독교서회, 2000)

8장 성찬

가장 낮은 이들에게 베푸는 평등의 밥상

박태식 서강대 영어영문학과와 동 대학원 종교학과를 졸업했고, 독일 괴팅엔대 신학부에서 복음서의 오클로스 연구로 신학박사학위(Dr. theol.)를 취득했다. 서강대, 가톨릭대, 성공회대에서 신약학을 가르치고 있으며, 대한성공회 장애인 센터 '함께 사는 세상' 지도신부다. 주요 저작으로 《예수의 논쟁사화》《예수와 교회》《나자렛 예수》《왜 예수님이어야 하는가?》 등이 있다. parktaesik@yahoo.com

죄 없는 완전한 평범한 식사

서기 112년경 로마 속주 비티니아(소아시아의 북부 연안지방)의 신임 총독으로 부임한 플리니우스 2세는 트라야누스 황제(98~117)에게 편지를 보냈다. 비티니아에서 골머리를 앓게 만들던 자들(그리스도인들)을 처리하는 데 지침을 내려달라는 편지였다. 그는 편지 말미에 한 가지 점을 강하게 부각시켰다.

"나는 그들에게서 괴팍스럽고 극단적인 미신 밖에는 아무 것도 발견하지 못했습니다. 그래서 나는 조사를 연기하고 당신의 조언을 요청하게 되었습니다."

그 편지 중에 그리스도인들의 예배에 관해 다음과 같은 묘사가 나온다.

"그들은 정한 날 해돋이 전에 모여 그리스도를 하나님으로 성가를 부르며 찬송하고, 또 어떤 범죄를 행하는 것이 아니라, …… 그러고는 그들은 보통 다시 헤어졌고, 그후 식사를 하기 위해 다시 모였으나 그것은 죄 없는 완전히 평범한 식사였다고 합니다."(《플리니우스 편지》 2,7)

틀림없이 플리니우스는 상황을 정확히 파악하기 위해 예배에 정보원을 잠입시켰을 테고, 정보에 의거해 결론을 내렸을 것이다. '죄 없는 완전히 평범한 식사!'(cibum, promiscuum tamen et innoxium), 이는 분명 성찬을 일컫는 말이다.

그렇다면 왜 죄 없음과 평범함을 강조했을까? 고대 지중해권에는 수많은 종교가 있었고 나름의 종교의식을 갖고 있었다. 로마 세계에서 널리 행해지던 디오니소스 축제에서는 동물이나 사람 제물을 바치고 그것을 나누어 먹음으로써 신과 인간이 하나가 된다는 믿음이 발견된다. 그리고 로마 군인들 사이에 인기가 높았던 미트렌 밀교(密敎)에서는 통과의례를 거친 사람들만 종교의식에 참여해, 이른바 '거룩한 식사'를 나누곤했다. 로마 시대의 대표적인 종교의식 두 가지만 들어도 우리는 손쉽게 주변에서 성찬을 바라보던 시선을 짐작할 수 있다.

"차별성을 가진 집단(세례 받은 이들)이 매주 따로 모여 식사를 한다." "'그리스도인'이라고 불리는(〈사도행전〉 11,26, 〈베드로전서〉 4,16) 그들은 빵과 포도주를 먹으면서 교주의 피와 살이라고 한다더라."

로마인들은 종교의 목적을 사회적 안정을 보장하는 데 있는 것으로 간주했다. 따라서 제사 중에 사람을 제물로 바치고 인육을 취하는 행동은 허락되지 않았다. 그런데 도대체 어떤 종교이기에 감히 제국의 질서를 어지럽힌단 말인가? 그런 자들은 철저하게 색출해 따끔하게 본때를 보여주어야 한다! 그처럼 로마제국에서는 성찬을 두고 혹 식인종들이 벌이는 축제가 아닌지 의심했다. 그런데 이 의심은 묘하게도 후대에 이르러 빵과 포도주 속에 예수님이 살과 피로 현존한다는 '실체변화'의 차원과 연결된다.

가톨릭에서는 오랫동안 성체(성찬)에 대해 확고한 입장을 고수해왔다. 예수님이 최후만찬에서 "이는 내 몸", "이는 내 피"라고 했을 때, 이 말이 참인 이상 빵과 포도주가 실제로 예수의 몸과 피가 되는 것으로 여겼다. 그래서 사제가 성찬 중에 성체성사(성찬례) 제정을 선언할 때 비록 외양(accidentia)은 그대로지만 빵과 포도주의 실체(substantia)는 변하게 된다. 이를 두고 11세기 이래 가톨릭교회에서는 '실체변화' (transsubstantiatio)로 불러왔고 1215년 제4차 라테란 공의회에서 미사 중의 축성이 참된 본질적 변화를 일으킨다고 선포하였다.

종교개혁자인 마르틴 루터는 성찬 중에 예수님이 현존한다는 점에는 동의했으나, 그 효력에 있어서는 이견을 갖고 있었다. 루터는 〈고리도전서〉 11장 23~26절을 거론하면서 성찬을 제정한 예수의 말씀(24절) 이후에도 '빵'을 여전히 '빵'으로 부른다는 사실(26절)에 주목했다. 따라서 성찬 '안에서', 성찬과 '더불어', 그 모습 '아래서' 그리스도의 몸이 신앙인에게 주어진다는 설명이 주어졌고(Solida Declaratio VII), 이를 '실체공존'(consubstantiatio)이라 불렀다. 성체성사 제정에 대해 가톨릭교회는 제정과 더불어 빵과 포도주가 지속적으로 예수님의 현존을 유지한다고 선언한 반면, 루터교회에서는 신자들이 성체(성찬)를 받는 순간만 현존한다는 주장을 편 것이다.

같은 종교개혁자라 하더라도 츠빙글리(Ulrich Zwingli, 1484~1531) 등 또 다른 이들은 성체성사에서 예수의 현존이 사실로 주어진 게 아니라 성령의 역사를 통해 기억의 형태로 예수의 현존이 개개인에게 전달된다고 보았다. 실제로 예수는 빵을 떼고 잔을 들며 "이것을 행하여 나를 기억하여라"고 했으니(24·25절) 일리가 없는 주장도 아니다.

하지만 이쯤 되면 가톨릭의 가르침과 상당한 거리가 생기는 것이다. 그런 까닭에 트렌트 공의회(1551)에서는 종교개혁자들을 단죄하고 말았으며, 지금까지도 그 싸움은 이어져 내려오고 있다. 개신교에서는 가톨릭의 '실체변화' 가르침을 두고 집단적 '우상숭배'로 비난하고 가톨릭에서는 개신교의 입장을 개인적 '신심과시'로 치부한다는 말이다. 하지만 20세기 들어 긍정적 변화가 한두 가지 있었다.

개신교의 통합기구인 세계기독교협의회 산하 '신앙과 직제 위원회'는

1982년 남미 페루의 수도 리마에서 열린 총회에서 '세례, 성찬 및 사역'에 대한 합의문(영어로 Baptism, Eucharist and Ministry인 까닭에 약칭 BEM 문서라고도 한다)을 공식문서로 채택한 바 있다. 종교개혁이 있은 지 약 460년 만에 개신교 공통의 합의가 이루어졌으니 가히 역사적 문헌이라 할 수 있다. 이 합의문의 내용을 살펴보면 예수가 제정한 성찬의 성격을 설명한 후(I), 성찬의 의미(II)를 밝히는데 그 중에서도 B의 13항과 부연설명이 중요하다. '실체변화'를 다룬 항목이기 때문이다.

항목에 따르면 그리스도는 성찬에 유일무이한 방식으로 현존하시며 그 참된 진리는 성찬을 행할 때마다 매번 실현된다. 그래서 "교회는 성찬 때마다 그리스도께서 실제로, 살아계신 분으로서, 능동적으로 현존하신다고 고백한다. 성찬 때의 그리스도의 실제 현존이 사람들의 신앙에 의해 좌우되는 것은 아니지만, 그리스도의 몸과 피를 식별하려면 신앙이 요구된다는 사실에 동의한다."(〈리마문서 성찬〉, 정양모 옮김, 《종교신학연구 3집》, 335~36쪽)

이해가 불충분한 독자를 위해 다시 한 번 설명하면, 어떤 교단(가톨릭 등)에서는 성찬의 빵과 포도주가 실제로 부활한 그리스도의 몸과 피가 된다고 믿지만, 다른 교단(장로교 등)에서는 그리스도의 현존을 빵과 포도주의 표징에 그처럼 밀착시키지 않는다는 점을 공식적으로 인정한 것이다.

가톨릭은 리마문서에 대한 답변을 통해 합의문에 담긴 신학적 성찰들을 높이 사면서 교회일치운동에 있어 중요한 결실이자 공헌이라고 평가했다. 그러나 '실체변화'에 대한 입장(II.B.13)에는 의견을 달리했다.

"가톨릭 교리에 있어 성찬 요소들의 변화는 신앙의 문제이므로 이 본질적인 변화가 어떻게 이루어지는지에 대한 가능한 새로운 신학적 설명을 기대할 뿐이다. '실체변화'라는 말의 내용은 모호함 없이 표현될 수 있어야 한다. 가톨릭인들에게 이것은 신앙의 중심 신비이고 따라서 모호한 표현들을 받아들일 수 없다."(〈세례, 성찬, 직제에 대한 가톨릭의 응답〉, 정태현 옮김, 《종교신학연구 3집》, 361~62쪽)

사실 개신교 진영에서 작성된 리마문서에서는 의도적으로 '실체변화'라는 용어를 피했다. 그저 "그리스도께서 실제로, 살아계신 분으로서, 능동적으로 현존하신다"라는 다분히 우회적인 표현을 사용했는데, 가능한 한 각 교단들의 심기를 건드리지 않으려 한 것 같다. 하지만 앞뒤 문맥을 살펴보면 가톨릭의 입장까지 널리 수용하려는 의지가 돋보인다.

그에 대해 가톨릭에서는 분명한 용어선택을 요구했고, 자신들의 신앙이 유일무이한 진리를 담고 있는 까닭에 결코 다양성이라는 용어 속으로 함몰될 수 없다는 점을 확실히 했다. 따라서 '실체변화'와 다른 의견을 가진 개신교인들은 가톨릭 미사에서 성체를 받아 모실 수 없는 것이다. 물론 가톨릭에도 변화가 감지되는 대목이 있다.

"제2차 바티칸 공의회 이후 화란의 진취적 가톨릭 신학자들이 앞장서서 의미변화(transignificatio) 또는 목적변화(transfinalisatio)라는 신조어를 만들어냈다. 빵은 여전히 빵으로, 포도주는 여전히 포도주로 남아 있되, 성만찬의 포도주는 그 의미가 바뀌었고 그 목적도 바뀌었다는 뜻이다."(유충희, 《예수님의 최후만찬과 초대교회의 성만찬》, 198~99쪽)

하지만 가톨릭의 공식 입장에 극적인 변화가 없는 한 앞으로도 합동예배란, 언감생심 불가능한 일로 남을 것이다.

최후만찬에서 보여준 예수의 말씀과 행동

예수는 죽기 전날 밤에 제자들과 함께 만찬을 나누었으며 지상에서 마지막 만찬이었으니 '최후만찬'이라 부르는 것은 당연한 이치다. 최후만찬의 순서는 일반적인 유대식 만찬 순서를 따랐고 만찬의 주례는 예수였다. 최후만찬의 순서는 다음과 같다.

(1)전식(前食)으로 예수가 잔을 들고 찬양의 말을 함. (2)중식(中食)으로 예수가 빵을 들고 찬양의 말을 한 다음 제자들에게 나누어 줌(〈고린도전서〉 11,23~24). 이 찬양의 말 속에는 하나님에 대한 감사의 뜻도 포함되므로 바울은 '감사하다'(유카리스테사스, εὐχαριστήσας)라는 표현을 썼다. (3)후식(後食)으로 예수는 잔을 들고 찬양한 다음 제자들에게 잔을 돌림. 제자들은 돌아가며 그 잔을 마심(〈고린도전서〉 11,25).

이처럼 예수는 전식, 중식, 후식으로 이어지는 유대인의 일반적인 공동식사 관습에 따라 제자들과 최후만찬을 나누었다. 독특한 점이 있었다면 이때 한 예수의 말씀이다.

먼저 빵을 나누며 하신 말씀을 살펴보자. 예수는 제자들에게 빵을 나누어주며 "이는 (여러분을 위해 주는) 내 몸입니다"라는 말을 했다. 하지만 이는 그리스식 표현이고 예수의 모국어인 아람어로 환원하면 '입니다'라는 서술 형용사 없이 그저 "이는 내 몸"이 된다. 그리고 유대인은 사물의 한 부분을 이용해 사물 전체를 상징적으로 표현하는 제유법(提喩法)을 즐겨 사용했다는 점을 미루어볼 때, 이 말씀은 곧 "받으시오, 이는 나의 전부"라는 뜻이다. 예수는 최후만찬 자리에서 곧 들이닥칠 자신의 운명을 이미 내다보았고, 제자들과 나누는 마지막 식사라는 사실도 잘 알고 있었다. 이제 제자들에게 빵을 나누어주며 예수는 '이것이 나의 전부'라고 하는데, 틀림없이 제자들을 위해 자신의 생명을 아낌없이 내어준다는 생각에서 비롯된 말일 것이다.

다음으로 잔을 돌리며 하신 말씀을 살펴보자. 제자들과 빵을 나눈 예수는 이어서 잔을 돌리며 "이 잔은 피(로 맺는 새 계약)입니다"라는 말을 한다. 유대인들은 전통적으로 피에는 생명이 녹아들어가 있다고 간주했기에 피를 마시는 일을 금지했다(〈창세기〉 9,14; 〈레위기〉 17,10이하). 따라서 유대 땅에서 치러진 최후만찬에서는 '피'보다는 '잔'이라는 표현이 선택되었을 가능성이 높다. 여기서 "이는 (내) 피"란 마치 "이는 내 몸"이 '나의 전부'를 뜻하듯이, 예수가 제자들에게 자신의 생명을 내어준다는 말의 상징적 표현이다. 예수는 제자들에게 붉은 포도주가 든 잔을 돌리면서 곧 들이닥칠 죽음에서 처참하게 피를 흘리리라는 사실을 내다보았을 것이다.

내가 여러분에게 전해 준 것은 주님으로부터 전해 받은 것입니다. 곧 주 예수께서 잡히시던 밤에, 빵을 들어서 감사를 드리신 다음에, 떼시고 말씀하셨습니다. "이것은 너희를 위하는 내 몸이다. 이것을 행하여 나를 기억하여라." 식후에, 잔도 이와 같이 하시고서, 말씀하셨습니다. "이 잔은 내 피로 세운 새 언약이다. 너희가 마실 때마다 이것을 행하여, 나를 기억하여라." 그러므로 여러분이 이 빵을 먹고 이 잔을 마실 때마다, 주님의 죽으심을 그가 오실 때까지 선포하는 것입니다.

— 〈고린도전서〉 11,23~26

사도 바울은 자신이 전도한 교회들 중의 하나인 고린도교회에 여러 문제가 발생했다는 소식을 접하자 편지들을 썼다. 이 문제들 중의 하나가 성찬 관행이었다. 성찬에 교인이랍시고 참가한 이들이 각자의 허기만 허겁지겁 채우느라 종종 굶주리는 사람이 생기는가 하면, 술에 취한 사람이 등장할 정도로 질서를 잃었다는 소식이었다(〈고린도전서〉 11,20~22). 이에 바울은 성찬을 어떻게 지내야 옳은지, 예수 자신이 세운 성찬의 모범을 제시한다(〈고린도전서〉 11,23~26).

23절 상반부에서 바울은 따라 나오는 성찬문 전승이 권위를 가지고 있다는 점, 즉 예수의 최후만찬에서 생긴 일을 곧이곧대로 담고 있다는 점을 독자들에게 주지시킨다. 23절 하반부부터 24절까지는 최후만찬에서 예수님이 빵을 나누고, 그때 한 말씀을 담고 있다. 그 중에서 "너희를 위해"는 바울의 첨가문이다. 이는 후에 대속죄(代贖罪) 사상을 담아내는 그릇으로 제 몫을 톡톡히 담당한다.

24절에서 중요한 구절은 "나를 기억하여라"이다. 이 말은 유대 문화권에서 따왔다는 주장과 헬라 문화권의 정서를 반영한다는 주장으로 의견이 나뉜다. 후자에 따르면, "나의 기억으로"가 그리스의 전통적인 '기념축제'(아남네시스 축제)에서 비롯되었다고 한다. 즉, 헬라 문화권으로 도약해 나간 일세기 교회의 첨가문이라는 말이다.

헬라 세계에서는 죽은 이에 대한 기억을 새롭게 하기 위해서 함께 모여 기념의 만찬을 나누곤 했다. 따라서 헬라계 그리스도인들에게는 식탁에 둘러앉아 예수의 최후만찬을 기리는 모습, 그리고 이를 통해 예수에 대한 기억이 번번이 새로워지는 현상을 두고 자신들의 실생활에 친밀한 '기념축제'를 연상해냈을 법하다.

25절에서 눈에 띄는 구절은 "새 언약"과 "마실 때마다"이다. 각각 제1성서의 계약사상과 반복실행 명령을 내포한다.

우선 '새 언약'은 〈예레미야서〉 31장 31절에서 따온 것으로 제1성서의 잘 알려진 모티브들 중 하나이다. 장차 맺어질 새 계약은 새로운 하나님의 구원질서를 반영하며, 마음에 새겨져 영원히 지속될 것이라고 한다(〈예레미야서〉 31,33·34).

"마실 때마다"는 예수의 부활 사건을 마음으로부터 확신한 일세기 교회에서 부활의 의미를 예수의 죽음에 이르기까지 소급시켜 투사한 것이다. 즉, 예수를 기리기 위한 성찬이 매주 행해지면서 획득된 '반복'이라는 성격이, 이제 거꾸로 예수의 입에 담겨져 일세기 교회에서 '반복실행 명령'으로 정착된 셈이다. 예수는 하나님의 새로운 구원 질서를 그의 죽음(피)을 통해 완성하신 분으로 새 계약을 세우기 위해 죽음을 자청한 분이다. 따라서 그리스도인들은 성찬을 반복함으로써 예수의 죽음이 갖는 의미를 늘 새롭게 가다듬어야 한다는 의미다.

26절은 선교라는 맥락에서 덧붙여진 바울의 개인 의견이다. "그가 오실 때까지"는 예수 재림의 날을 염두에 둔 표현이며 궁극적 구원의 실현이라는 종말론적인 차원이 내포되어 있다. 예수의 재림을 간절히 기다리던 일세기 교회의 소망이 담겨 있다.

〈고린도전서〉 11장 23~25절의 성찬문은 분명 바울이 일세기 교회의 예배의식에서 따왔을 것이다. 바울이 전하는 최후만찬에 대한 보도가 가지는 대표적인 특징은, 그분의 재림 때까지(26절) 성찬을 반복해야 한다(24·25절)는 점이다.

이런 사고방식은 바울이 교회 시대를 예수의 부활로부터 그의 재림에서 막을 내리는 한시적 시간대로 보았다는 사실을 반영한다. 그러므로 그리스도인들은 "그가 오실 때까지" 쉬지 말고 성찬을 행하여 기억을 언제나 새롭게 가다듬어야 하며, 이를 통해 그 분의 죽음이 갖는 뜻을 전파해야 한다. 이렇게 될 때야 비로소 예수의 성찬이 진정한 의미에서 성사(聖事)로 자리 잡는 것이다. 향후 이천 년을 살아 숨 쉬게 될 성체성사가 탄생한 위대한 시대였다.

1세기 교회의 그리스도인들은 예수가 마지막 가던 길을 하나하나 기억해 냈다. 예루살렘 성전에 당당하게 입성하던 모습에서 십자가의 처참한 죽음까지, 그리고 생사의 갈림길에서 기도하던 모습에서 영광의 부활까지. 그 중에서도 특히 최후만찬에서 한 예수의 언행은 두고두고 기억할 만한 것이었다.

예수의 최후만찬은 엄격히 말해서, 제자들과 나눈 이별의 만찬이었다. 최후만찬을 통해 비록 예수와 제자들 사이에 더없이 끈끈한 공동체적 정서가 이루어졌다 할지라도 이를 기억하고 그 의미를 보다 풍부하게 만든 공로는 역시 1세기 교회로 돌려야 한다. 예수가 부활했다는 사실을 굳게 믿었던 1세기 교회는 살아생전 마지막 만찬에서 예수가 한 행동과 말씀을 범상치 않은 눈과 귀로 받아들였다.

"여러분을 위해", "나를 기억하여라"(24절), "새 언약", "이것을 행하여 나를 기억하여라."(25절), "그가 오실 때까지", "여러분이 이 빵을 먹고 이 잔을 마실 때마다, 주님의 죽으심을 …… 선포하는 것입니다."(26절) 등등은 일세기 교회의 뛰어난 해석과 확고한 신앙을 보여주는 구절들이다.

그리스도인들은 성찬에서 역사의 예수가 베풀었던 최후만찬을 다시금 반복하고, 부활하신 예수의 현존을 체험하고, 장차 다시 오실 재림의 예수를 기대했다. 즉, 성찬이란 과거와 현재와 미래를 아우르는 회상제이자 현존제이자 희망제였던 것이다.(《마르코복음서》, 정양모 역주, 158~59쪽)

예수가 죄인들과 함께 음식을 나눈 의미

성찬에 대한 제2성서의 보도를 살펴보면 교리 논쟁과 멀리 떨어진 느낌이 절로 든다. 교리 논쟁에서는 고리타분한 냄새가 폴폴 풍겨 난다는 뜻이다. 과연 이런 식의 사고방식이 과학적 접근과 이성적 판단이 주를 이루는 오늘의 그리스도인들에게도 설득력을 제공할 수 있을까?

만일 요즘 세상에서 '실체변화'를 안하무인격으로 고집한다면 당연히 과학적 증명이라는 난관에 봉착하고 말 것이다. 즉, 모든 지식은 과학적, 실증적인 관점을 거쳐야 완성되니까(오귀스트 꽁트) '실체변화'도 과학의 입장에선 자칫 허구의 개념으로 전락하고 말리라. 아무리 이것이 과학언어가 아니라 신앙언어라고 우겨도 말이다.

전통적인 교리 논쟁 자체는 공허하지만 정작 문제는 이런 사고가 교회 일치를 가로막는 데 있다. 필자는 종종 다음과 같은 생각을 해본다. 과연 예수는 어떨까? 예배에 참여해 성체를 받아 모시러 나오는 사람들의 교파를 차별해 누구는 빵을 주고 누구는 열외를 시킬까? 어림 반 푼어치도 없는 소리다.

복음서에 보면 추종자들이 예수를 자기 집에 모셔 식사를 대접했다는 이야기가 종종 나온다. 예수는 바리사이의 초대를 받아들여 식사를 나눈 적도 있었지만(《누가복음》 11,37~54; 14,1·12), 세리의 초대에도 선선히 응했다(《마가복음》 2,15~17). 어디 그뿐인가. 로마에 빌붙어 유대인을 수탈하는 악명 높은 세리장 삭개오의 초대마저 예수는 받아들였다(《누가복음》 19,1~10).

어느 바리새인은 예수가 세리의 집에 초대받아 죄인들과 한 자리에 앉아 음식을 나누는 것을 보고 "저 사람은 세리들과 죄인들과 어울려서 음식을 먹습니까?"라고 불만을 표시했다(《마가복음》 2,16). 예수는 비록 재야의 인물이긴 했어도 엄연한 야훼 종교의 지도자들 중 하나였으니 의인임이 분명했다. 그런데 죄인들과 한 상에 둘러앉아 음식을 나눈 것은 대단히 파격적인 행동이었다. 그런 처사들은 바리새파의 불평을 불러일으키기에 충분했다. 하지만 예수의 입장은 확고했다.

"나는 의인을 부르러 온 것이 아니라 죄인을 부르러 왔다."(《마가복음》 2,17)

예수의 식탁은 누구나 앉을 수 있는 평등의 밥상이었다. 하지만 이 평등 개념은 여러 계층들 사이의 중간 어디쯤 형성된 게 아니라 가장 낮은 이들에게 눈높이를 맞춘 평등이었다. 하지만 보다 중요한 사실은 함께 식사를 나눈 이들에게 찾아온 변화였다. 그들은 예수로부터 하나님 나라의 감동을 전해 받았고 그렇게 찾아온 감동은 각각의 삶을 근본적으로 바꾸어냈다. 예수의 최후만찬을 이어받아 이루어진 1세기 교회의 성찬 제정이 그 확실한 증거다.

계시가 있다는 것은 어떤 교리가 주어졌다는 뜻이 아니다. 우리가 계시라는 단어를 사용할 때는 여러 가지 역사적 사실들 안에 당신 스스로를 전달하시는 하느님의 자유스런 개입이 있었다는 것을 의미한다. 하느님이 개입하신 사실들은 사람들에게 구원을 체험하게 하였고, 그 체험들은 해석되어 메시지 형태의 언어로 기록되었다. …… 교리는 기원에 있었던 체험들이 언어로 정착한 다음, 그 내용을 인간이 반성하고 숙고하여 그 시대의 합리적인 언어로 정리하여 표현한 것이다.

— 서공석, 《신앙언어》, 24쪽

오늘날 우리에게 성체의 성격을 어떻게 규정하는가는 그리 중요하지 않다. 또한 성체의 의미를 추구하는데 과학적 증명이 결정적인 역할을 하는 것도 아니다. 오히려 과학적 증명에 온전히 기대다보면 인간의 사유는 빈곤해질 수 있는 노릇이다. 무엇보다 중요한 사실은 당사자의 삶에 변화가 없으면 성체는 전적으로 무의미해지고 말리라는 점이다.

성찬이란 언제나 성찬을 받아 모신 다음이 중요하다. 진정한 성찬은 그래야만 한다.

⊙ 더 읽을거리

· 김진, 《성만찬의 영성》 (엔크리스토, 2003)
· 유충희, 《예수의 최후만찬과 초대교회의 성만찬》(우리신학연구소, 1999)
· 조기연, 《한국교회와 예배 갱신》(대한기독교서회, 2004)

9장 안식일

굶주린 자들에게 먹을 것을 주는 '해방'의 날

김진호 한신대학교 신학대학원을 졸업하고, 한백교회 담임목사로 일했으며, 계간《당대비평》편집주간을 역임했다. 현재 제3시대그리스도교연구소 연구실장이다. 주요 저작으로《반신학의 미소》《예수역사학》《예수의 독설》《급진적 자유주의자들》《인물로 보는 성서 뒤집어 읽기》등이 있다. kjh55940@dreamwiz.com

안식일에서 일요일로

서기 132년 바르 코흐바(Bar Kochva)가 이끄는 20만 명의 이스라엘 저항군의 반로마 항쟁은 3년간이나 지속되었고, 그 치열함은 이루 말할 수 없을 정도였다. 세계 최강의 군대인 로마군의 피해도 막심했다. 로마군은 반란을 진압하면서 잔혹한 보복을 가했다. 이때 학살당한 이스라엘 사람의 수가 60만 명이 넘었다고 한다.

로마 황제 하드리아누스(재위 117~138년)는 또 다시 전쟁을 일으킨 이스라엘인들을 더 이상 좌시하지 않겠다고 마음먹었다. 세 가지 극단적 금지조치를 내렸다. (1)토라(오경)의 사용 금지, (2)할례 금지, (3)안식일 예배 금지. 한마디로 유대인들의 정체성을 말살하겠다는 것이다. 이 조치와 함께 제국 전역에서 유대인을 포함한 이스라엘계 이민자에 대한 혹독한 탄압이 이어졌다. 뿐만 아니라 민간 차원에서도 숱한 종족 테러가 벌어졌다.

사마리아인들도 비록 유대인들과는 심한 갈등관계에 있었지만, 정작 로마인들의 눈에는 유대인으로 보였기에 그들도 이러한 인종 탄압의 대상에서 제외되지 못했다. 마찬가지로 그리스도의 공동체들도 이미 반세기 전인 서기 80, 90년대부터 강경 유대주의자들에 의해 수많은 회당에서 속속 축출되었지만, 로마인들의 눈에는 유대인의 일파에 다름 아니었다.

이에 일부 그리스도교계 지식인들은 유대인들과 그리스도의 교회는 다르다는 것을 강변하였다. 그들을 일컬어 교회사가들은 '변증가'(apologists)라고 부른다. 한데 이들 변증가들의 논리 속에는 그리스도인들은 안식일이 아닌 '태양의 날'에 예배를 드린다는 주장이 담겨 있다. 여기서 '태양의 날'은 태양과 달을 포함한 일곱 행성의 이름을 따서 지은 요일들의 첫째 날인 '일요일(日曜日)'을 뜻하며, 이날에 예배드리는 것은 제국에 널리 퍼져 있던 '태양숭배신앙'의 한 관행이었다.

사실 이때까지 대부분의 그리스도인들은 안식일에 예배를 드렸다. 〈요한계시록〉 1장 10절, 밧모섬에서 묵시가가 계시를 받은 날은 '주의 날'이었다. 그리고 이 문서의 저술시기인 서기 90년대에 주의 날은 대부분의 그리스도인들에게서 안식일이었다. 서기 135년 이후에야 안식일 예배를 드릴 수 없게 된 많은 '그리스도의 공동체들'은 대안으로 일요일에 예배모임을 가지게 되었다. 특히 로마시를 중심으로 한 지역에서 그러했다.

하지만 제국 동쪽 지역까지 황제의 금지령이 촘촘하게 작동하지는 않았다. 해서 소아시아와 북부 시리아, 그리고 이집트 지역에서는 여전히 안식일에 예배모임을 갖는 그리스도의 공동체가 많았다. 이러한 사정은 2세기 중반 이후부터 지중해 동서 지역의 그리스도 공동체들 간의 안식일 논쟁을 야기시켰다.

정리하면, 서기 135년 이후 제국 서부 지역의 그리스도 공동체들 사이에서 일요일 예배가 활성화되기 시작했고, 변증가를 중심으로 그것을 신학화하려는 시도들이 본격화되었다. 특히 사마리아 출신의 플라톤주의 철학자로 순교자가 된 유스티노스(Justin Martyr, 100~165)는 태양의 날이 새로운 예배 요일로 선택된 것은 '예수가 안식 후 첫날 부활했다는 점' 때문임을 주장했다. 그는 이스라엘의 태음력 요일인 안식일[1]을 태양력의 토성의 날(토요일)로 규정하면서, 한 주의 마지막 날인 안식일을 지나 그 다음날 주가 부활했다는 점에서 일요일이 바로 주일이라고 해석한다. 이렇게 하여 '주일=일요일' 신학이 성립하게 된 것이다.

한편 서기 324년 니케아 교회회의(The Council of Nicaea)[2]의 결과를 콘스탄티누스 황제가 칙령으로 반포할 때 일요일 휴일령이 함께 포고된다. 황제의 칙령은 그리스도인들을 위한 것이 아니라 제국의 다수를 이루는 태양의 날 숭배자들을 위한 것이었다. 실제로 황제 자신도 그리스도인으로 아직 세례를 받지 않았고 여전히 태양의 날 숭배자였다. 하지만 그가 서기 313년 그리스도의 교회를 제국의 공인 종교로 승격시켜 준 장본인인데다, 니케아 교회회의를 소집하여 비용 일체를 제공하였고 또 갈등을 조정하여 합의를 이끌어낸 장본인이었기에, 그리스도의 교회들은 황제의 일요일 휴일령이 곧 주일 휴일령을 뜻하는 것이라고 해석했다. 이것은 그때까지도 안식일을 주일로 고수했던 제국 동부의 교회들을 압박했고, 지중해 전 지역에 대한 로마 교회의 주도권을 강화하는 결과를 낳았다.

서기 90년대	대다수 그리스도 공동체는 '주의 날'을 안식일로 받아들임
서기 135년 이후	지중해 서부지역의 많은 공동체들은 '일요일'을 '주의 날'로 받아들임 지중해 동부지역의 많은 공동체들은 여전히 '안식일'을 '주의 날'로 받아들임
서기 313년	콘스탄티누스 황제가 일요일 휴일령을 포고함
서기 343년	사르디카 교회회의에서 '주일=일요일'의 의무화를 포고함. (이탈리아 반도 지역에서)
서기 363년	라오디게아 교회회의에서 '주일=일요일'의 의무화를 포고함. (제국 전 영역에서)

[표] 안식일에서 일요일로의 역사

그후 343년, 이탈리아 반도의 주교들이 모인 사르디카 교회회의(The Council of Sardica)에서 일요일을 '주의 날'로 규정하고, 그날의 준수를 의무화했다. 물론 여전히 제국 서부에서만 통용되는 규칙이었지만 말이다. 그리고 363년, 성서의 정전화(canonization)에 대한 논의가 본격화된 라오디게아 교회회의(The Council of Laodicea)에서는 이를 제국 전 영역의 교회를 향해 재확인함으로써 일요일은 그리스도교의 예배일로 제도적으로 자리 잡게 된다.

하여 '주의 날로서의 일요일'(주일=일요일)은 서기 135년 이후 2세기 넘는 기간을 거치면서 이스라엘인의 안식일을 대체하는 그리스도교의 대안적 예배일로 점차 정착하게 되었다. 하지만 주의 날로서의 일요일은 성서에 기초한 것은 아니다. 위에서 본 것처럼 그것은 안식일에 예배모임을 가질 수 없었던 2세기의 독특한 역사 때문이다. 안식일의 대안으로 일요일이 선택된 것은 당시 로마 제국에서 가장 성행하던 태양숭배 종교들의 예배일이 바로 일요일이었기 때문이다. 제국에게 위험하지 않은 종교임을 과시하기에 그날만큼 안성맞춤의 날은 없었다. 게다가 유스티노스의 변증처럼, 그날이 주가 부활한 날로 해석하기에 적절하다는 점에서 '주일=일요일'은 마치 성서가 예비한 날처럼 여겨질 수 있었다.

이후 교회들은 '주일=일요일'의 전통을 새로운 안식일로 받아들이게 된다. 하여 하느님이 안식일을 거룩하게 지키라고 명한 십계명의 제4계명(《출애굽기》 20,8~11, 《신명기》 5,12~15)은 이제 일요일에 관한 얘기로 전환되었다. 문제는 새로운 안식일인 일요일을 거룩하게 지킨다는 것이 어떤 것인가, 일을 하지 않는다는 게 무엇을 의미하는가를 해석하는 데 있었다.

교회의 가르침 속 안식일, 충성과 복종의 날

교인의 다수가 하급노동자이거나 노예 혹은 직업군인이었던 그리스도 교의 사정에서 예배는 없는 시간을 쪼개서 가까스로 수행될 수 있었다. 그러나 그날이 공휴일로 확정됨으로써 일상의 과제로부터 벗어난 그리 스도인들은 주일을 어떻게 보낼지의 문제에 직면했다. 그런 점에서 유대 인의 안식일 전통은 하나의 선례가 되었다.

2세기 말, 리용 지역의 교회 지도자였던 이레니우스(Irenius, 130~202)는 유대인들이 안식일에 쾌락을 쫓는 일에 몰두하고 있음을 비난했다. 이 것은 많은 유대인들에게서 이날이 종교적 경건보다는 잔치가 벌어지고 음주가무를 벌이는 축제일로 활용되고 있었음을 뜻한다.

당시 하급노동자나 노예가 많았던 교회로서는 '주일=일요일'에 풍족 한 음식이 베풀어지는 잔치가 벌어진다는 것은 큰 의미가 있었다. 그런 점에서 이레니우스와, 3세기 초, 알렉산드리아의 교회 지도자로서 엄격 한 금욕주의자인 오리게네스(Origenes, 185~254)의 경계에도 불구하고 그 날을 잔치가 벌어지는 축일로 보내는 것은 그리스도 공동체들의 일반화 된 현상이었다.

하지만 4세기 초, 콘스탄티누스 황제가 그리스도교를 제국의 종교로 공인해준 이후, 그리스도의 교회는 다른 비공인 종교들에게서 몰수한 막대한 재산을 당국으로부터 기부 받았고, 많은 자산가들을 개종자로 흡수하였다. 이제 그리스도의 교회는 풍족해졌고, 복잡한 관리 운영체 계를 갖추어갔다. 이는 '주일=일요일'의 준수가 단지 축제로만 채워질 수 없는, 다양한 방식의 활동을 필요로 했음을 의미한다. 요컨대 '주일=일요일'을 보내는 데 있어 교회 활동의 영역이 확연히 늘어난 것이다.

동로마의 수도 콘스탄티노폴리스(Constantinopolis, 오늘날의 터키의 수도 이스탄불)의 대주교이자 당시 그리스도교 전체의 최고지도자였던 요한네스 크리소스토무스(Johnnes Chrysostomus, 349~407)는 '주일=일요일'은 교회의 가르침을 실행하는 데 전력해야 한다는 교령을 포고했다. 이제 주일 성수는 교회 활동을 의미하게 되었다.

중세에 이런 전통은 더욱 강화되었는데, 수많은 교회적 계율들이 신자들의 '주일=일요일'을 가득 채웠다. 그리고 주일 성수에 관한 무수한 기복적 설화들이 신자 대중의 일상적 믿음 주위에 바리케이드처럼 둘러쳐 있었다. 종교개혁가들인 루터(Martin Luther, 1483~1546)나 칼뱅(Jean Calvin, 1509~1564)이 주일 성수에 대하여 교회적 활동보다 영적인 준수를 더 강조했던 것은 중세 교회들의 지나친 기복적 주일 성수 전통에 대한 반감 때문이었다. 하지만 곧 종교개혁 전통의 교회들도 주일 성수를 교회에 대한 충성심을 확보하는 규율적 요소로 제도화했다.

이것은 콘스탄티누스 이후 공휴일이 된 '주일=일요일'을 단지 축제일로 보내는, 자칫 방만한 활동에 몸을 놓아버릴 우려로부터 방어하는 효과적인 수단임에 분명하다. 이런 규율들을 통해 사람들은 하루 종일 교회의 가르침을 몸에 새기는 활동에 매진할 수 있게 된 것이다. 그러나 이것은 습관적이고 기계적인 교회 활동으로 주일을 보내는 관행을 일반화시킬 우려가 있다. 또한 교회적 규율에 순응하는 삶과 신앙의 수동성에 묶어버린 자로 신자들의 몸과 영혼이 조직화될 우려가 있다.

실제로 대다수 열정적인 그리스도인들에게 주일 성수는 결국 교회를 위한 일, 교회를 위한 기부 등으로 환원되는 일체의 교회 활동에 열렬히 매진하는 삶을 의미하는 것처럼 이해되었다. 이렇게 주일 성수 신앙은 성찰이 실종된 채 열정이 넘쳐나는 종교로 그리스도교가 변질되는 신앙적 배후가 되고 있다.

이런 맥락에서 일반적인 주일 성수 담론을 정리해 보자. 말했듯이 주일 성수 담론의 요체는 신자들이 '주일=일요일'을 교회 활동에 몰두하게 하는 데 있다. 하지만 그것은 '주일=일요일' 그 단 하루만을 의미하지 않는다. 그것은 하나의 시간적 은유다. 7일 가운데 하루가 아니라, 전체를 대표하는 하루다. 그러므로 주일 성수 신앙은 신자들이 살아 있는 모든 날을 교회를 위해 헌신하겠다는 것을 상징하는 하루에 관한 신앙이다.

나아가 주일 성수 담론은 교회에 대한 충성심에 관한 것이지만, 그것은 신자 개개인의 일상에서 전체 사회까지 미시적이고 거시적인 공간으로 침투한다. 하여 주일 성수를 하지 않는 사회나 개인, 곧 그리스도교 문화로 제도화되지 않은 사회나 개인은 그리스도교화되어야 하는, 개종과 계도의 대상이다.

이것은 주일 성수를 하는 사회는 세계를 계도하고 지배하는 나라가 되어 마땅하고 그렇지 못한 사회는 감시와 통제를 받는 나라가 되어 마땅하며, 또한 주일 성수를 하는 개인은 교회의 지도자로서 가르침을 주는 이가 되어 마땅하고, 그렇지 못한 개인은 감시와 통제를 받는 자가 되어 마땅하다는 생각과 연계된다. 요컨대 '감찰의 논리'가 주일 성수 담론에 깊이 연결되어 있다. 즉 주일 성수는 지배와 통제의 담론이기도 한 것이다.

그런데 알다시피 '주일=일요일'을 특별한 날로 지키는 문화적 관행을 가진 나라는 서구 제국들이다. 또한 그날을 노동하지 않고 지낼 수 있는 개인은 일상에서 적어도 하루를 휴일로 지내는 것이 가능한 직업과 경제적 능력을 가진 사람들이다. 거의 대부분의 상점이 문을 닫아 집과 교회 밖에서 딱히 여흥을 즐길 시간을 보낼 데가 없는 서양에서 일요일은, 유대인 철학자 임마누엘 레비나스(Emmanuel Levinas, 1906~1995)가 "존재에서 존재자로"라고 표현한 것처럼, 비경제 활동의 시간이며 한 주일의 노동과 수고의 대가로 주어진 여가의 시간일 수 있다. 또 서구 사회에 속한 사람은 아니더라도, 일요일에 출근하지 않아도 되고 경조사나 단합대회에 참석하지 않아도 되며 각종 자격증 시험을 치루지 않아도 되는 사람들만이 주일 성수를 만족할 만하게 기획할 수 있다. 그런 사회와 사람들에게나 교회가 가르치는 주일 성수 신앙은 충족된다. 반면 그렇지 못한 사회나 사람들은 끊임없이 주일 성수 담론에 의해 채근당하고 관리 관독의 대상으로 처리되는 것, 주일 성수의 담론적 효과는 이렇게 작동한다.

성서의 가르침 속 안식일, 해방과 자유의 날

한데 성서에서 예수는 바로 그렇게 작동하고 있던, 바리새파 사람들이 해석을 주도하는 안식일 담론과 일전을 벌인다. 유대 사회가 오랫동안 식민지로 살고 있는 이유는 율법에 충실하지 못한 유대 백성들의 삶의 태도 때문이며, 거기에서 벗어나려면 율법과 그 핵심의 하나인 안식일 계율을 준수해야 한다. 하여 모든 유대인은 안식일에 노동하지 않아야 하고, 나아가 회당의 가르침에 따라 하루를 관리하며 살아야 한다.

이것이 바리새파의 '주일=안식일' 성수 담론이다.

〈마가복음〉 3장 1~6절의 이야기에서 바리새 사람들은 누가 안식일을 잘 지키고 있는지를 감시하는 자로 나온다. 회당 안에서 그 감시의 시선을 뒤로 하고 예수는 손이 굽은 병자를 앞으로 나오게 한다. 그이는 응급환자가 아니다. 오늘 고치지 않아도 죽을 이가 아니다. 하지만 그이는 그런 장애의 시간이 끝없이 이어지는 질곡의 세월을 살아왔다. 그런데 숱한 병자를 고쳤다는 풍문의 주인공 예수가 그이를 그날 불렀다. 이제까지 그 부름을 받지 못했고, 오늘이 아니면 그 부름을 결코 받지 못할 수 있는, 그이에게는 오직 그날뿐인 부름에 직면했다. 그이에게는 다시 올 수 없는 질곡에서 해방되는 시간이다.

하지만 감찰자들은 그 병자가 그날에 해방되어서는 안 되는 날로 규정짓고, 예수가 그것을 위반하는지를 감시하고 있다. 곧 바리새인의 안식일은 그날에 해방 받지 않아도 되는 사람의 날인 셈이다. 다른 날을 기다릴 수 있는 자들의 날이고, 끝없이 지연되는 해방의 시간에도 뼈에 사무치게 절망하지 않아도 되는 자의 날이다.

이와 같이 예수가 비판적으로 보았던 유대교의 안식일이나 그리스도교 일요일은 감찰자의 논리에 지배당하고 있다. 그것은 감찰자의 종교에 다름 아니다. 해방에 관한 메시지는 있지만, 실제로는 해방 약속을 빌미로 통제를 하고, 그 통제를 정당화하는 종교다. 나아가 국가 차원에서 그것은 제국의 종교이기도 하다. 제국에 의한 통제를 정당화하고 그러한 통제의 기술을 공여하는 종교인 것이다.

물론 그것은 앞에서 예수가 그런 안식일과 싸운 것처럼, 성서의 안식일, 일요일이 아니다. 가령 십계명에서 안식일은 제7일에 주가 쉬었듯이 이 계명을 받는 당신도, 당신의 가족, 종, 가축, 더부살이 하는 이방인도 함께 쉬게 하라는 계명이다. 지배자들에게 감찰하라고 준 계명이 아니라 지배자로 하여금 그이에게 귀속된 모든 존재를 감찰에서 해방시켜 주라는 계명이 안식일 계명인 것이다. 물론 그것은 앞에서 말한 것처럼 최소한의 요건이다. 제7일에만 그렇게 하는 것이 아니라 다른 날도 그렇게 할 수 있으면 더 확장하라는 것이다. 요컨대 성서의 안식일은 감시와 통제의 날이 아니라 해방과 자유의 날이다.

바로 이러한 관점에서 교회의 주일 성수 담론에 이의를 제기하고, 나아가 현대적인 의미에서 그것을 재해석한 이는, 그리스도교 사상가가 아니라 유대교 사상가인 아브라함 요슈아 헤셸(Abraham Joshua Heschel)이다. 그는 1951년에 저술한 책 《안식일》(The Sabbath)에서 신이 창조 후에 모든 일에서 손을 뗀 날이 안식일로 표상되었다는 점을 주목한다.("이렛날에 하나님이 창조하시던 모든 일에서 손을 떼고 쉬셨다." – 〈창세기〉2,3)

6일간의 창조는, 그에 의하면 신이 공간을 점령해간 것이다. 혼돈의 공간, 질서 외부의 야생의 공간에서 질서를 세우는 과정이다. 그런데 헤셸이 말하는 안식일은 그러한 공간 정복의 과정을 중단시키는 시간의 도래를 뜻한다. 공간 정복의 역사가 시간에 의해 중단된 것, 바로 그것이 안식일이라는 것이다.

〈출애굽기〉 20장 8~11절과 〈신명기〉 5장 12~15절에서 신은 이날에는 '일을 하지 말라'고 명한다. 이제 신의 쉼은 인간의 쉼으로 이전된다. 인간은 끊임없이 공간을 점령하고 그곳에서 초과이윤을 생성시키는 발전의 법칙을 따라 살아간다. 거기에서 문명이 발전하고 역사가 생성된다. 한데 안식일은 바로 이런, 인류가 추구해온 정복과 발전의 공간 법칙이 멈추는 시간이다.

물론 여기에는 자본주의적 공간의 역사에 대한 그의 비판이 담겨 있다. 즉 공간의 정복을 지향해온 인류의 기술문명을 멈추게 하는 시간, 기술문명이 통제하는 공간의 질서 속에 끼어들어 그것을 전도시키는 시간, 그것이 바로 안식일이라는 것이다. 곧 물질의 질서에 따라 사는 현대 자본주의 사회의 인간에게 탈물질의 질서를 몸에, 사회에 부여하는 날, 그것이 안식일이라는 얘기다. 그리고 이날은 단지 7일 중 하루가 아니라, 물질문명으로 인해 소진된 인간 존재의 영성을 회복시켜 7일 모두를 사는 인간 전체에, 나아가 사회 전체에 영원의 시간을 부여하는 날이다.

이러한 헤셀의 해석은 새로운 안식일로 일요일을 해석해온 그리스도교의 실패를 되돌아보게 한다. 그런 점에서 그의 해석은 '새로운 안식일'의 새로운 해석이다. 하여 그가 해석하는 안식일은 '새로운 새로운 안식일'이다. 한데 그 안식일은, 그에 의하면 성서의 안식일 영성의 회복이며, 동시에 우리 시대에 의미 있는 안식일 영성의 발견이라고 할 수 있다.

하지만 여기서 '새로운 새로운 안식일'로서의 주일=일요일 신학에 관해 한 가지를 더 추가하지 않으면 안 된다. 바로 예수의 안식일 신학이다. 헤셀이 간과했던.

안식일에 밀 이삭을 따 먹는 이들을 비난하는 바리새 사람들에게 예수는 말한다. 안식일은 굶주린 자들에게 먹을 것을 주는 날이다(〈마가복음〉 2,23~28). 이때 안식일의 주인공은 굶주린 이들이다. 제1성서의 십계명에도 가족, 가축, 노예, 이방식객을 거느린 이들에게 내린 안식일 해석이 있다. 그들은 생산을 멈추고 쉴 수 있는 자들이다. 그 쉼의 날에 자신의 일상을 지배했던 생산의 법칙, 공간 점령의 법칙에서 돌이키는 자아 성찰을 할 수 있는 자들인 것이다. 현대사회로 오면 시민이 그런 이들이겠다. 그리고 헤셸은 바로 그런 이들에게 절실히 필요한 안식일의 의미를 재해석하였다.

한데 여기에는 점령할 공간을 못 가진 이들의 안식일, 심지어 영혼까지도 물질문명에 의해 도구화된 이들의 안식일이 생략되어 있다. 그들 중에는 일요일에도 쓰레기통을 뒤지는 걸인들, 일요일에도 차가운 골방에서 취업을 위해 입시준비에 여념이 없는 이들, 일요일에도 극도의 불안정 고용상태에서 힘겹게 땀 흘리며 노동하는 이들 등이 있다. 그들은 일요일에 일상을 지배하는 생산의 체계를 성찰하기보다는 그 체계에서 생존하는 데 급급한 이들이다. 그런데 예수가 설파한 '새로운 새로운' 안식일은 그날을 성찰할 줄 아는 이들만을 위한 날이 아니라, 그날을 성찰하지 못하는 이들을 위해 안식일이 스스로 성찰하는 날이기도 함을 강조하고 있다.

---

1) 심어지 성서학계의 소수의견 중에는 안식일이 달신 숭배 신앙에서 기원했다는 견해도 있다.
2) 여기서는 니케아 신조가 확정되었는데, 이것은 사도신경의 원형이다.

◉ 더 읽을거리

· 아브라함 요슈아 헤셸, 김순현 옮김, 《안식》 (복있는사람, 2007)
· 양낙흥, 《주일 성수》 (생명의 말씀사, 2004)
· 에마뉘엘 레비나스, 서동욱 옮김, 《존재에서 존재자로》 (민음사, 2003)
· 폴 쥬이트, 옥한흠 옮김, 《주일의 참 뜻》 (개혁주의신행협회, 2003)

10장 교회

교회는 속죄의 목욕탕이 아니다

김창락 독일 Johannes Gutenberg 대학교 신학부에서 바울의 의인론 연구로 박사학위 (DR. theol)를 받았다. 한국기독교학회 신약신학회장, 한국민중신학회장 등을 역임했으며, 새번역성서 번역위원을 지냈다. 현재는 제3시대그리스도교연구소 소장이다. 주요 저자으로 《새로운 성서 해석과 해방의 실천》 《귀로 보는 비유의 세계》 《성서 읽기/역사 읽기》 등이 있다. guhamkim@hanmail.net

하나님의 나라와 교회

　참된 삶의 길을 묻는 제자에게 스승이 사람 인(人) 자(字) 다섯 자를
적어서 건네주면서 항상 이것을 명심하면서 살라고 했다. 그것은 "사람
이 다 사람이 아니고 사람이 사람다워야 사람이다"를 뜻하는 글이라 했
다. "교회란 무엇인가?"라는 물음에 대하여 이 '人 人 人 人 人'이라는 글
귀에 빗대어서 "교회 교회 교회 교회 교회"라는 답을 우선 제시하고 싶
다. 그것은 "교회가 다 교회가 아니고 교회가 교회다워야 교회다"를 뜻
한다.

　'교회'라는 간판을 내걸기만 하면 교회가 되는 것이 아니라 그것이 교
회다울 경우에만 교회가 될 수 있다는 주장에 누구나 다 동의할 것이
다. 문제는 '교회답다' 또는 '교회답지 못하다'를 판정하는 판별 척도를
찾아내는 것이다.

　이 문제에 접근하는 방법은 두 가지이다. 그 하나는 "교회란 무엇인
가?"에 대한 교의학적인 정의를 내리는 것이다. 다른 하나는 역사학적인
접근방법인데 그것은 역사적으로 교회가 어떻게 생겨났으며 어떠한 변
천과정을 겪었는가를 추적하는 것이다. 이 글의 목표는 둘째 접근방법
을 이용하여 교회가 시간이 흐르면서 그 본래적 위상에서 벗어나서 점
점 더 나쁜 방향으로 변질되어 간 과정과 원인을 추적하는 것이다.

　그렇다면 역사적으로 그리스도 교회는 언제 생겼는가? 역사적 예수와
교회 사이에는 어떤 관련이 있는가?

　로와지(Alfred Loisy, 1857~1940)는 로마 가톨릭교회의 현대화 운동을 벌
이다가 1905년에 교회에서 파문을 당한 프랑스인 신학자이다. 그는 예

수와 교회 사이의 관계에 대하여 정곡을 찌르는 명언을 남겼다. "예수는 하나님 나라를 선포했다. 그런데 도래한 것은 교회였다."

이 말에 담긴 본래적 의도는 두 가지이다. 그 하나는 교회라는 것은 예수의 하나님 나라 선포의 결과적 산물로 생겨났다는 역사적 사실을 지적하는 것이고, 다른 하나는 교회라는 것은 예수의 하나님 나라 선포와 올바른 관계를 유지하는 데서 그 본래적 존재 목적이 성취된다는 교회의 당위론적 사명을 지적하는 것이었다.

그런데 교회의 역사를 되돌아보면 교회가 이 사명을 점점 외면하거나 다른 것으로 대체했다는 사실이 드러난다. 그래서 이러한 교회에 대해서 반감을 가지고 있는 인사들은 "예수는 Yes!, 그러나 교회는 No!"라는 양자택일의 구호를 외치면서 교회라는 것은 예수의 하나님 나라 운동과는 전혀 불연속적인 산물로 생겨났으며 생겨나지 않았어야 할 것이 생겨났다는 뜻으로 이 말을 즐겨 이용했다.

역사적 예수는 단 한 줄의 글도, 단 한 마디의 말도 직접 써서 남긴 것이 없다. 우리가 그에 대해서 알 수 있는 것은 그의 제자들이 그에 대해서 증언한 보도에 근거해서이다. 그러므로 그에 대한 제자들의 증언 속에는 제자들의 관점이나 견해가 얼마만큼 깨물어들 수 있다는 개연성을 고려해야 한다. 그렇다 하더라도 역사적 예수의 선교활동의 중심 내용이 무엇이었는지를 규명하는 데는 아무런 어려움이 없다.

제2성서(신약성서) 전체에서 '하나님의 나라', '하늘나라', '그의(=하나님의) 나라', 또는 '그 나라'라는 표현으로 세상 종말에 도래할 하나님 나라를 뜻한 것이 103회였다. 이 가운데서 85회가 공관복음서(〈마태복음〉, 〈마가복음〉, 〈누가복음〉을 합쳐서 이르는 말)에서, 7회가 〈사도행전〉에서, 9회가 그 나머지 문서들에서 사용되었다. 이 용어의 사용분포를 근거로 해서 판단한다면, 하나님 나라에 관한 사안은 예수의 선교활동에서 핵심 문제로 등장했는데 원사도들의 선교활동에서 약간 반영되다가 시간이 흐름에 따라 초대교회에서 점점 뒷전으로 밀려나게 되었다고 볼 수 있을 것이다.

〈마가복음〉 저자는 예수의 선포활동을 다음과 같이 요약하여 보도했다.

> 때가 찼다. 하나님의 나라가 가까이 왔다. 회개하여라. 복음을 믿어라.
> ─〈마가복음〉 1,15

〈마태복음〉 저자는 '하나님의 나라'라는 어구 대신에 '하늘나라'(문자적으로는 '하늘들의 나라')라는 표현을 사용했다. 이 두 어구의 의미는 똑같다. '하나님의 나라'에 대응하는 히브리어 어구는 '야훼(=여호와)의 나라'(malkut yahweh)일 터인데 유대인들은 하나님의 이름 '야훼'를 언급하기를 삼가고 에둘러 표현하기를 선호하기 때문에 '하늘의 나라'라는 표현을 사용해야 했다. '하늘의 나라'(우리말로 번역할 때에는 '하늘나라')는 '하늘에 계신 분의 나라'를 뜻하는 것이지 절대로 '하늘에 있는 나라' 또는 '하늘로부터 오는 나라'를 뜻하는 것이 아니다.

"하나님의 나라가 가까이 왔다"는 예수의 선포는 무엇을 뜻하는가? '하나님의 나라'라는 어구에 사용된 '나라'라는 낱말은 첫째로 공간적 지역을 뜻하는 개념으로서 하나님의 통치 영역을 뜻하기도 하며, 둘째로는 행위명사로서 하나님의 통치(다스림)을 뜻하기도 한다. '나라'라는 낱말을 이 둘째 의미로 이해하면 "하나님의 나라가 가까이 왔다"는 말은 바야흐로 하나님이 역사에 손수 개입하셔서 역사를 다스리신다는 것을 뜻한다. 이것은 이른바 하나님의 종말적 구원 행위이다.

예언자적 종말론과 묵시문학적 종말론

제1성서(구약성서)의 하나님의 백성은 하나님이 그들을 위하여 행하실 이 종말적 구원 사건을 대망하면서 살았다. 그런데 제1성서에서는 단 한 번도 이 종말적 구원 사건을 '하나님의 나라'라는 어구를 사용하여 표현한 적이 없다. '여호와의 나라'라는 어구가 꼭 두 번(〈역대기상〉 28,5; 〈역대기하〉 13,8) 사용되었지만 여기에서 그 어구는 현존하는 다윗 왕국을 지칭하는 것이었지 종말에 일어날 하나님의 구원 사건을 뜻하는 것이 아니었다.

기원전 721년에 이스라엘국이 멸망하고 기원전 587년에 예루살렘의 성전 파괴와 함께 유다국이 멸망함으로써 이스라엘 종족은 나라 없는 백성의 신세로 전락했다. 유다국의 지도층은 바빌로니아로 끌려가서 기원전 538년경까지 포로민 생활을 해야 했다. 이 시기와 그 이후에 활동한 예언자들의 사명은 절망에 빠진 백성을 위로하고 그들에게 하나님의 종말적 구원에 대한 기쁜 소식을 전달하는 것이었다. 그러한 예언의 사례를 들면 다음과 같다.

그날이 오면, 주님께서, 위로는 하늘의 군대를 벌하시고, 아래로는 땅에 있는 세상의 군왕들을 벌하실 것이다. …… 만군의 주님께서 왕이 되실 터

이니, 달은 볼 낯이 없어 하고, 해는 부끄러워할 것이다. 주님께서 시온 산에 앉으셔서 예루살렘을 다스릴 것이며 ……

— 〈이사야서〉 24,21~23

만군의 주님께서 이 세상 모든 민족을 여기 시온 산으로 부르셔서, 풍성한 잔치를 베푸실 것이다. …… 또 주님께서 이 산에서 모든 백성이 걸친 수의를 찢어서 벗기시고, 모든 민족이 입은 수의를 벗겨서 없애실 것이다.

— 〈이사야서〉 25,6~7

주님께서 그 처소에서 나오셔서 땅 위에 사는 사람들의 죄악을 벌하실 것이니, 그때에 땅은 그 속에 스며든 피를 드러낼 것이며, 살해당한 사람들을 더 이상 숨기지 않을 것이다.

— 〈이사야서〉 26,21

주님께서 말씀하신다. "이제는 내가 활동을 시작하겠다. 이제는 내가 일어나서, 나의 권능이 얼마나 큰지를 나타내 보이겠다."

— 〈이사야서〉 33,10

너희는 맥풀린 손이 힘을 쓰게 하여라. 떨리는 무릎을 군세게 하여라. 두려워하는 사람을 격려하여라. '군세어라. 두려워하지 말아라. 너희의 하나님께서 복수하러 오신다. 하나님께서 보복하러 오신다. 너희를 구원하여 주신다' 하고 말하여라. 그때에 눈먼 사람의 눈이 밝아지고, 귀먹은 사람의 귀가 열릴 것이다. 그때에 다리를 절던 사람이 사슴처럼 뛰고, 말을 못하던 혀가 노래를 부를 것이다. 광야에서 물이 솟겠고, 사막에 시냇물이 흐를 것이다.

— 〈이사야서〉 35,3~6

만군의 주 하나님께서 오신다. 그가 권세를 잡고 친히 다스리실 것이다. 보아라, 그가 백성에게 주실 상급을 가지고 오신다. 백성에게 주실 보상을 가지고 오신다.

— 〈이사야서〉 40,10

주님께서 시온으로 돌아오실 때에, 오시는 그 모습을 그들이 직접 눈으로 볼 수 있을 것이다.

— 〈이사야서〉 52,8 후반부

보아라, 주님께서 화염에 싸여 오시며, 그의 병거는 마치 회오리바람처럼 올 것이다. 그의 노여움이 진노로 바뀌고, 그의 질책이 타는 불길이 되어 보응하려 하신다.

— 〈이사야서〉 66,15

그날이 오면, 주님께서 예루살렘 맞은편 동쪽, 올리브 산 위에 발을 디디고 서실 것이다. …… 주 나의 하나님이 오신다. 모든 천군을 거느리시고 너희에게로 오신다. …… 주님께서 온 세상의 왕이 되실 것이다. 그날이 오면, 사람들은 오직 주님 한 분만을 섬기고, 오직 그분의 이름 하나만으로 간구할 것이다.

— 〈스가랴서〉 14,4~5; 14,9

내가 너희를 심판하러 가겠다. 점 치는 자와, 간음하는 자와, 거짓으로 증
언하는 자와, 일꾼의 품삯을 떼어먹는 자와, 과부와 고아를 억압하고 나그
네를 학대하는 자와, 나를 경외하지 않는 자들의 잘못을 증언하는 증인으
로, 기꺼이 나서겠다. 나 만군의 주가 말한다.

— 〈말라기서〉 3,5

하나님의 종말적 구원에 관한 예언자들의 이러한 예언을 일컬어 '예언
자적 종말론'(prophetic eschatology)이라 한다. 이러한 예언은 곧바로 성취
되지 않은 채 유대 민족의 삶의 현실은 시간이 흐를수록 점점 더 각박
해져 갔다. 특히 기원전 2세기에 이르러서는 유대 공동체는 그 민족적
정체성을 상실할 정도로 극악한 곤경에 빠지게 되었다.

이러한 극도의 위기 상황 속에서 새로운 형태의 종말적 구원이 제시되
었는데 이것을 일컬어 '묵시문학적 종말론'(apocalyptic eschatology)이라 한
다. 이 종말론은 종말적 사건과 그것을 예시해주는 징조들을 극도의 환
상적인 서술법과 난해한 상징적 표현을 사용하여 제시한다. 현 세대는
악의 세력이 지배하는 시대이지만 그 시한은 한정되었으며, 이제 곧 엄
청난 천재지변과 우주적 대파국과 함께 새 시대가 도래하는데 죽은 사
람들이 부활하며 하나님의 백성이 구원을 받게 된다고 했다.

이러한 종말사상은 기원전 200년에서 기원후 100년까지 팔레스티나
유대 사회에서 특히 성행했다. 예언자적 종말론과 묵시문학적 종말론을
배타적이며 전혀 이질적인 것으로 분리하지 않는 것이 좋다. 예수의 하

나님 나라 선포에는 이 두 가지 종말론이 혼재해 있다.

"때가 찼다. 하나님의 나라가 가까이 왔다"라는 예수의 선포는 하나님의 종말적 구원 사건의 선포이다. 그렇다면 이 선포는 예언자적 종말론과 묵시문학적 종말론의 내용을 단순히 복창(復唱)한 것인가? 또는 똑같은 내용이지만 거기에 단지 그 종말 도래의 임박성이라는 때매김의 요소만 덧붙였는가? 어느 쪽으로든지 그렇게 했다면 예수는 하나의 위대한 예언자에 불과했을 것이다.

〈마가복음〉 저자는 하나님의 종말적 구원을 전하는 예수의 선교활동 전체를 크게 두 부분으로 나누어서 기술했다. 그 한 가지는 말로 전하는 선포활동이며, 다른 한 가지는 행동으로 수행하는 행위활동이다. 저자는 "때가 찼다. 하나님의 나라가 가까이 왔다"라는 두 마디 말로 예수의 선포활동 전제를 총괄적으로 요약했다. 예수는 병자를 고치며 귀신을 쫓아내는 기적활동뿐만 아니라 병자를 구하기 위하여 당시의 안식일 규정을 어기며 '세리와 죄인들'이라는 딱지가 붙여져서 그 사회에서 사람 취급을 받지 못하는 부류들과 식탁 친교를 나누는 등의 파격적인 행위를 했다.

예수는 종말적 구원의 때가 임박했다는 정보를 단지 전달하는 고지자(告知者)의 역할만 한 것이 아니라 종말에 이루어질 일들을 그의 행위활동을 통해서 지금 여기에 하나하나 앞당겨 가져오는 종말적 구원자의 역할을 했다. 예수는 귀신을 쫓아내는 그의 기적활동 속에 하나님의 나라가 너희에게 왔다고 선언했다(〈마태복음〉 12,28; 〈누가복음〉 11,20). 예수의 선교활동에서 선포활동과 행위활동이 내용상으로 불가분리적으로 결합되어 있다는 사실은 그의 제자들을 선교여행에 파송하는 명령 속에도 찾아볼 수 있다.

> 예수께서 열두 제자를 부르셔서, 더러운 귀신을 제어하는 권능을 주시고,
> 그들이 더러운 귀신을 쫓아내고 온갖 질병과 온갖 허약함을 고치게 하셨
> 다. …… 예수께서 이들 열둘을 내보내실 때에, 그들에게 이렇게 명하셨
> 다. "…… 다니면서 '하늘나라가 가까이 왔다'고 선포하여라. 앓는 사람을
> 고쳐 주며, 죽은 사람을 살리며, 나병 환자를 깨끗하게 하며, 귀신을 쫓아
> 내어라. ……"
>
> ─ 〈마태복음〉 10,1~8

하나님 나라의 선포와 이와 관련해서 수행한 행위활동은 예수의 선교
활동을 구성하는 두 개의 중심축이었다. 그런데 원시교회와 후대교회
의 설교에서는 점점 이 두 중심축이 사라져버리고 엉뚱한 것이 중심축
으로 자리 잡게 되었다. 이러한 왜곡을 비유로 표현하자면 족제비 잡아
서 꼬리를 버리고 나머지 부분만 소중하게 간직하는 것과 같은 허황한
어리석음을 저지른 격이라 할 것이다. 필자는 이러한 왜곡의 길로 이끈
첫 갈림길이 제2성서 자체 안에 내재되어 있음을 규명하려고 한다.

구세(救世)종교에서 속죄(贖罪)종교로 전락하다

어떤 제품회사가 새로운 상품을 개발해서 세상에 내놓을 경우를 생
각해보자. 첫째로 이러이러한 신상품이 나왔다는 것을 알리는 홍보 작
업이 있어야 하고, 둘째로는 이 신상품의 기능과 효용성을 설명하는 선

전 작업이 뒤따라야 하고, 셋째로는 이 신상품을 사용하는 사람들이 사용 과정에서 겪는 문제점을 해결해 주는 애프터서비스 차원의 지침서를 마련해 주어야 할 것이다.

도드(C.H. Dodd)라는 신학자는 원사도들의 설교의 원형을 탐구하고 그것이 후대에 변천된 과정을 추적하면서 제2성서에 담겨 있는 정보전달의 내용을 세 등급으로 분류했다. 즉 (1)케리그마(kerygma), (2)디다케(didache), (3)파래네제(Paränese)가 그것이다.

이 셋 가운데서 가장 기본적이고 중심적인 것은 '케리그마'이다. '케리그마'는 전에는 주로 '설교'라고 번역했는데 요즈음에는 흔히 '선포'라고 번역하기도 한다. 하나님의 구원 사건에 대한 기쁜 소식을 복음이라고 일컫는데 케리그마는 이 복음을 공포하는 활동을 뜻하기도 하지만 그보다는 주로 복음의 내용, 즉 선포의 내용인 하나님의 구원 사건을 뜻한다. '디다케'는 '가르침' 또는 '교훈'을 뜻하는데 케리그마의 내용을 해명하거나 논증하거나 변증하는 지적 활동을 가리킨다. '파래네제'는 신도들의 일상생활과 관련하여 지시하는 일반적인 도덕적 또는 윤리적 훈계나 권면을 뜻한다.

디다케는 케리그마에 바탕을 두지만, 절대로 케리그마가 아니다. 파래네제는 케리그마와 디다케를 수용한 사람들에게 제공되는 것이지만, 절대로 케리그마나 디다케가 될 수는 없으며 되어서도 안 된다. 케리그마, 디다케, 파래네제는 비유하자면 신상품의 제공, 그것에 대한 광고 선전, 사용 지침서에 해당한다고 할 것이다.

〈마가복음〉은 종말적 구원에 대한 예수의 선포를 네 개의 단문(單文)으로 요약해서 보도했다. "때가 찼다. 하나님의 나라가 가까이 왔다"라는 처음 두 문장은 직설법 평서문이고, 마지막 두 문장은 명령법 명령문이다. 이 네 문장은 "예수께서 갈릴리에 오셔서 하나님의 복음을 선포하셨다"는 보도에 뒤이어 예수가 선포한 복음의 내용을 가리킨다. '복음'은 하나님의 구원 사건에 대한 기쁜 소식을 뜻하기 때문에 '복음을 전하다/설교하다/선포하다'와 '하나님의 구원 사건을 전하다/설교하다/선포하다'는 동의어이다. 구원 사건을 '전한다/설교한다/선포한다'는 것은 구원 사건을 제시하는 것, 구원 사건을 제공하는 것을 뜻한다.

여기에다가 어떤 명령문을 첨가하는 것은 사족(蛇足)일 따름이다. 어머니가 아침밥을 다 지어놓고서 아직도 자고 있는 아들을 깨우는 경우에 자애롭고 현명한 어머니라면 "밥 다 됐다"라고 말하는 것만으로도 충분하다는 것을 안다. 여기에 굳이 "일어나거라, 세수해라, 밥 먹어라"라는 명령어를 덧붙이는 것은 사족에 지나지 않는다.

이와 같이 예수의 선포에 포함되어 있는 두 개의 명령문은 예수의 본래적 선포에 포함된 것이 아니라 복음서 기자가 덧붙인 것임에 틀림없다. 왜냐하면 첫째로 '복음'이라는 용어는 초대교회의 선교에서 생긴 전문용어이지 예수 시대에는 없었던 용어이기 때문이다. 둘째로 〈마가복음〉에서 예수는 단 한 번도 청중에게 회개하라고 요구한 적이 없기 때문이다. 셋째로 만일 예수가 그의 선포에 '회개하여라'라는 의미의 명령어를 사용할 필요가 있었다고 가정한다면 그는 유대인으로서 이러한 의미를 나타내는 히브리어 동사 '슈브'(שוב)를 사용했을 것이며 이 '슈브'의 의미는 '에피스트레포'(ἐπιστρέφω)라는 그리스어로 번역되었을 것이기 때문이다.

〈마가복음〉 저자가 예수의 선포에 덧붙인 이 명령어가 시간이 흐르면서 직설법 평서문보다 더 중요하게 취급되었다. 이것은 〈마태복음〉 저자가 〈마가복음〉의 이 본문을 "회개하여라. 하늘나라가 가까이 왔다"(〈마태복음〉 4,17)로 개작한 데서 잘 드러난다. "회개하여라"는 명령어가 종말적 구원이 제공되었다는 것을 선포하는 직설법 평서문 앞에 놓이면, 회개시키는 것이 선포의 주된 목표인 것처럼 들리게 되고 회개하는 것이 종말적 구원을 얻는 데 갖추어야 할 선행조건인 것으로 곡해하게 된다. 이렇게 되면 종말적 구원에 대한 예수의 선포를 자기들의 죄를 자백하는 자들에게 죄사함의 세례를 행하는 세례자 요한의 회개 운동의 수준으로 전락시키는 셈이 된다.

그러면 어떻게 해서 "회개하여라"는 명령어에 더 큰 비중이 실리게 되었는가? 여기에 이르는 데는 다음과 같은 여러 단계의 과정이 있었다.

첫째로, 원시교회의 선포가 있었다. 원시교회의 선포는 예수의 선포를 음반을 돌리듯이 단순히 반복한 것이 아니라 예수를 구원자로, 예수의 삶과 가르침을 종말적 구원 사건으로 선포하는 것이었다. 예수가 선포의 대상으로 변했다.

둘째로, 예수가 선포의 대상이 됨으로 말미암아 기독론(Christology)이 생기고 기독론은 곧 구원론(Soteriology)으로 이어졌다.

셋째로, 원시교회의 예수에 대한 선포에서 극복하기 난감한 최대의 거리낌은 예수의 십자가 처형이었다. 마침내 원시교회는 예수의 죽음을 유대교의 희생제사에 견주어서 속죄의 희생으로 해석하기에 이르렀다. 이렇게 하여 예수에 대한 관심은 오로지 그의 삶의 정점을 이루는 십자가 죽음에 초점이 모이게 되었다. 이렇게 하여 구원론은 바로 속죄론이 되었다.

예수의 선포에 "회개하여라"는 명령어를 덧붙이고 나아가서 이 명령어에 하나님 나라의 도래라는 종말적 구원 사건보다 더 큰 비중이 놓이기 시작한 것은 배타적으로 예수의 십자가 죽음이 구원 사건, 속죄 사건으로 강조되던 시기였다.

원시교회가 예수를 종말적 구원자로 높였기 때문에 원시교회의 선포의 초점이 예수라는 인물에 점점 집중된 것은 당연한 추이(推移)라 할 수 있을 것이다. 그렇지만 원시교회가 기독론을 통해서 예수의 존재론적 신분을 규명하는 일에만 집중하고, 구원론과 속죄론을 통해서 구원과 죄사함을 오로지 예수의 십자가 죽음에만 연관시킴으로써 그의 하나님 나라 선포와 행위활동을 외면하거나 주변으로 밀쳐놓는 것은 잘못이다. 왜냐하면 하나님 나라의 도래에 대한 종말론적 구원의 선포는 성서의 종교가 이 세상을 구원하는 구세(救世)종교임을 증거하는데, 이 근본적인 특성을 외면한다는 것은 구세종교를 개인구원의 종교, 인격수양의 종교, 기껏해야 개인윤리적 종교로 전락시키는 첫걸음이 되기 때문이다.

하나님 나라라는 것은 낚시꾼이 낚아 올린 고기들을 모아 담는 예쁜 용기처럼 죄사함을 통하여 구원을 받은 개개인을 모아놓는 어떤 특수영역이 절대로 아니다. 하나님 나라에 초청받은 사람들과 세상의 관계를 세상의 빛, 세상의 소금, 밀가루 속에 섞인 누룩이라는 상징을 통해서 나타내듯이, 하나님 나라의 도래로 말미암아 이루어지는 구원은 이 세상의 총체적 삶의 현실이 올바로 바뀌고 역사가 전적으로 새롭게 변혁됨으로써 실현된다. 하나님 나라의 초대에 응답한 사람들의 공동체를 교회라 부른다. 교회는 하나님 나라의 대용물로 세워진 것이 아니라 이 세상에 하나님 나라를 증거하고 실현하는 전위대의 사명을 위임받은 기관이다. 이 본분을 배반하는 교회는 교회일 수 없다.

교회는 죄를 씻고 편히 쉬는 교회탕(敎會湯)이 아니다

제2성서 전체에서 우리말로 '회개하다'로 번역된 메타노에오(μετανοέω)라는 동사는 34번, '회개'로 번역된 메타노이아(μετάνοια)라는 명사는 24번 사용되었다. 이와 달리 제1성서에서는 '회개하다'라는 동사로 번역된 경우는 우리말 '개역성경'에서 3번뿐이다(〈욥기〉 42,6, 〈시편〉 7,12, 〈에스겔서〉 18,30). 이 가운데서 '(잘못이나 죄를) 뉘우치다/통회하다'라는 의미의 '회개하다'가 사용된 경우는 단 한 번(〈욥기〉 42,6) 뿐이고, 나머지 두 곳(〈시편〉 7,12; 〈에스겔서〉 18,30)은 '돌아서다'로 번역하는 것이 원문의 의미에 더 적합할 것이다.

이처럼 '회개'라는 명사는 제1성서에서는 단 한 번도 사용되지 아니했다. 패역한 이스라엘 백성들을 향한 예언자들의 권고 메시지에는 '돌아서다/돌아오다'(슈브)라는 동사가 사용되었다. '(악한 길에서/죄악에서/우상들에게서) 돌아서라'(27번), '(여호와께/나에게) 돌아오라'(34번), 부사구 없이 단독으로 '돌아서라/오라'(22번)라는 문장에 '슈브'가 사용되었다.

히브리어 동사 '슈브'는 행동을 서술하는 동작동사이다. 히브리어에는 '(잘못을) 뉘우치다/후회하다' 또는 '(마음이나 생각을) 바꾸다'를 뜻하는 나캄(נקם)이라는 동사가 있는데 예언자들의 권고 선포에는 단 한 번도 사용되지 않았다. 동작동사로서의 히브리어 '슈브'의 의미에 꼭 대응하는 그리스어 동사는 '에피스트레포'인데 이 동사가 사도들의 선교 설교에서

8번(〈사도행전〉 3,19; 9,35; 11,21; 14,15; 15,19; 26,20; 〈데살로니가전서〉 1,9; 〈베드로전서〉 2,25) 사용되었으며 〈고린도후서〉 3장 16절의 용례도 이와 유사한 경우라 할 것이다.

만일 예수가 그의 선포에서 청중에게 삶의 방향전환을 촉구하는 요구를 하려고 했다면 예언서의 범례에 따라서 '슈브'라는 동사 또는 그에 대응하는 아랍어 동사를 사용했음에 틀림없을 것이다. 이것은 히브리어로 번역한 제2성서에서 그리스어 제2성서의 '메타노에오'를 '슈브'로 바꾸어서 번역해 놓은 것으로 입증이 된다. '(잘못이나 죄를) 뉘우치다/후회하다' 또는 '(마음을) 바꾸다'를 뜻하는 그리스어는 메타멜로마이(μεταμέλομαι)인데 제2성서에서 6번(〈마태복음 21,29·32; 27,3; 〈고린도후서〉 7,8[2번]; 〈히브리서〉 7,21)이 그렇게 되었으나 '설교/선포'에는 단 한 번도 사용되지 아니했다.

제2성서의 문서들이 그리스어로 집필되는 과정에서 실천 중심의 히브리적 사고방식이 사유 중심의 그리스적 사고방식으로 바뀌어서 표현된 경우가 있다. 히브리적 사고로 '슈브'라는 동작동사가 사용되어야 하는 자리에 '메타노에오'라는 사유동사를 사용하여 번역한 것이 그 실례의 한 가지이다.

'메타노에오'는 '메타'(μετα, 변경/변화를 뜻하는 접두사) + '노에오'(νοέω, 생각하다, 의도하다)의 합성어이니까 '생각을 바꾸다, 개심하다, 의도를 변경하다'를 뜻한다. '메타노에오'에 '회개하다, 후회하다'라는 뜻이 이후에 첨가된 것은 그리스도인들이 그리스어본 제2성서에 사용된 이 낱말에 잘못 갖다 붙인 의미 때문일 것이다. 예수의 하나님 나라 선포에 사용된 '메타노에이테'(μετανοεῖτε)라는 명령문의 본래적 의미는 '의식전환을 하여라/

사고방식을 바꾸어라'이다. 그리스인들은 행동의 변화는 사고방식의 전환에 있다고 생각했기 때문에 '돌아서라'라고 행동을 요구하기보다 그것의 근원에 놓여 있는 '의식전환/사고방식의 변화'를 요구했던 것이다.

그리스어를 모국어로 사용하던 그리스도인들이 '메타노에이테'라는 이 명령어를 그리스어의 본래적 의미로 이해했는지는 확인하기 어려우나 이 그리스어를 다른 언어로 번역할 때에는 죄와 관련지어서 '뉘우치다/후회하다/회개하다'라는 낱말로 번역했다. 이러한 오역을 저지른 맨 첫째 대표적 주자는 불가타 판 라틴어 성서이다. 여기에 번역어로 사용된 라틴어 동사인 '파에니테오'(paeniteo)라는 동사는 '뉘우치다/후회하다/참회하다/통회하다'를 뜻한다. '슈브→메타노에오→파에니테오'의 변천과정은 '동작동사→사유동사→감정동사'로 굴절되어간 과정이다. 불가타의 이 번역은 그 이후의 번역에 결정적인 영향을 주었다. 그리하여 거의 모든 번역본들은 이 명령어를 repent(리펜트, 영어), repentez-vous(훼뽕떼부, 불어), tut Busse(투트 부쎄, 독일어), '회개하여라'(한국어, 중국어, 일어)로 번역했다.

그 결과로, "하나님 나라가 가까이 왔다"는 구원 선포에 필연적으로 부수된 '메타노에오'라는 개념이 구원을 받아들이기 전에 갖추어야 할 예비적인 전제조건의 지위로 굳혀지게 되었다. 현대의 몇몇 번역본들이 '메타노에오'의 본래적 의미를 살려서 번역해 놓았으나, 그리스도교회에 오랜 동안에 깊이 뿌리 내린 잘못된 전통을 바로잡는 데는 역부족이었다. 기독교는 이 '메타노에오'라는 용어의 왜곡된 번역에 근거하여 구세적인 역사종교의 본분을 버리고 개인주의적 속죄종교의 기능을 본업으로 삼는 종교로 전락하게 되었다.

인간은 누구나 실존적으로 죄의식에 사로잡히기 마련이다. 죄의식이 전혀 없다고 자신하는 사람이 있다면 그러한 사람이야말로 종교적으로는 더 중대한 교만이라는 죄에 빠져 있는 사람일 수도 있다. 따라서 죄와 관련된 상품은 계절과 지역과 시대를 초월해서 남녀노소 귀천에 관계없이 모든 사람에게 팔릴 수 있는 인기 상품이다. 고래로부터 모든 종교는 죄와 관련된 상품을 개발해서 번창했다.

그리스도교도 여기서 예외가 아니다. 물론 인간에게는 실존적으로 죄의식에서 해방되는 것과 죄의 행위에서 벗어나는 것이 중요하다. 그렇지만 종교가 이 문제만을 본업으로 취급하게 되면 사회적 불의라는 강자의 죄악을 간과하거나 묵인해 주는 죄악을 스스로 짓게 된다.

예를 들어, 성폭행 범죄가 발생했다고 하자. 이 경우에 가해자는 성폭행이라는 죄를 범한 죄인이다. 폭행을 당한 여성은 희생자이다. 그리스도교회는 죄인이 죄 용서를 받는 장치를 마련해 놓았다. 고해성사라는 의례를 통해서든지 예수의 십자가 보혈의 사죄 기능을 믿음으로써든지 말이다. 교회는 가해자인 죄인이 이 장치를 통해서 죄 용서를 받고 편안히 살아갈 길을 마련해 준다.

그러면 피해를 당한 희생자인 그 여성의 문제를 어떻게 해야 하느냐에 대해서는 교회는 침묵할 따름이다. 자기의 몸을 적절히 방어하지 못한 나약함이라는 죄도 고백해야 한단 말인가? 서남동 교수는 사회학적으로 분석할 때에 죄라는 것은 지배자의 언어이며 강자가 약자에게 씌운 딱지라고 판정하고 교회는 신학적, 종교적 죄론을 전개하기 전에 범죄를 당한 피해자의 억울한 처지를 우선적으로 고려해야 한다고 했다. 개인의 죄 용서만을 주업으로 하여 성업(盛業)을 누리는 교회는 하나님 나라의 전위대라는 교회의 본래적 본분을 팔아넘겼다. 그러한 교회는 교회당을 각 사람이 자기의 죄를 씻고서 편안히 쉬게 하는 편의시설인 교회탕(敎會湯)으로 전락시킨 셈이다.

◉ 더 읽을거리

· 이청준, 《벌레이야기》 (열림원, 2002)
· 서남동, 〈한(恨)의 형상화와 그 신학적 성찰〉 (《민중신학의 탐구》에 수록)
· 게리 윌스, 김창락 옮김, 《바울은 그렇게 가르치지 않았다》 (돈을새김, 2007)
· 박태식, "이것은 나의 살과 피"

1) A. Loisy, The Gospel and the Church (Forttress Press: Philadelphia, 1976). p. xxxvii 에서 재인용.

2) Leonhard Goppelt, 박문재 옮김, 〈신약신학 1〉 (크리스찬다이제스트, 1992), S. 95(확인요망)

3) C.H. Dodd, The Apostolic Preaching and its Development (London: Hodder & Stoughton, 19361st, 19568th), pp. 7 - 9, 53.

4) '예수의 선포'(die Verkündigung Jesu)는 예수가 행한 선포를 뜻하며 여기서 예수는 선포자(der Vekündiger)이다. 이와 달리 사도들이 행한 선포는 '예수에 대한 선포'(die Verkündigung von Jesus)이다. 여기서는 예수는 선포의 대상, 즉 선포되시는 분(der Verkündigte)이다.

5) "여러분은 죄사함을 받기 위하여 회개하고(μετανοήσατε καὶ) 돌아오시오."(〈사도행전〉 3,19)에도 '회개하다'와 '돌아오다'를 죄 사함을 받는 데 필요한 두 단계의 선행 조건으로 제시되어 있다.

6) 예를 들면, "Kehret um."(JB의 독일어역본 + U. Wilckens 역), "You must change your minds and hearts."(J.B. Philips 역), "Turn back to God."(CEV), "Turn away from your sins."(GNB), "Changez de comportement/Changez d'ettude."(La Bible 1988의 각주). Umkehren은 '개심하다'(메타노에오)라는 뜻과 '방향을 바꾸다/돌아가[오]다'(슈브)라는 뜻을 둘 다 담고 있다. CEV와 GNB의 번역은 '슈브'의 뜻을 살려낸 것이다. 불어성경의 번역에는 '메타노에오'와 '슈브'의 뜻을 혼합한 것이다.

7) 서남동, 〈한의 형상화와 그 신학적 성찰〉(《민중신학의 탐구》〈서울: 한길사, 1983〉), 106~107쪽.

11장 사도신경

배타성의 상징이 된 금관의 예수

백찬홍 한국외대 법학과를 졸업하고 감신대 신학대학원에서 신학을 공부했다. 한국
기독교교회협의회(NCCK) 인권위원 및 국제위원, 한국사회책임투자포럼(KoSIF) 집
행위원 등을 역임했고, 현재는 제3시대그리스도교연구소 운영위원이고 씨알재단 운영
위원이며, 에코피스아시아 운영위원장 겸 이사로 일하고 있다. 주요 저작으로 《종교의
안부를 묻는다》《역사, 예수. 교회》(공저)《무례한 자들의 크리스마스》(공저)가 있다.
zskmc@hanmail.net

사도신경의 형성과 채택의 역사

2001년 3월 말 영국 BBC가 예수의 생애를 다룬 다큐멘터리 〈신의 아들〉에서 고고학과 해부학 연구를 통해 복원한 예수의 얼굴이 방영되자 전 세계 기독교인들은 놀라움을 금치 못했다. 영국 맨체스터 대학 법의학 팀이 첨단장비를 통해 복원한 예수상은 1세기 유대인의 두개골을 토대로 한 것으로 두툼한 코, 짙은 올리브색 피부에 짧은 고수머리를 한 시골 농부 모습이어서 오랫동안 정통 기독교인이 보고 상상했던 예수상과는 너무 거리가 멀었다.

실제 예수의 두개골을 토대로 복원한 것이 아니기 때문에 차이는 있겠지만 예루살렘 근처에서 발굴된 1세기 전후 수많은 유대인의 두개골 중 가장 대표적인 형태를 골라 복원했기 때문에 실제 모습을 추정해 볼 수 있었다. 이러한 예수 얼굴은 레오나르도 다빈치 이래 수백 년간 서구의 화가와 조각가들이 그려낸 흰 피부에 긴 머리, 신성성을 띤 모습과 너무 달랐기 때문에 충격을 줄 만했다.

전통 기독교인들이 생각한 예수의 이미지는 매주 전 세계 거의 모든 교회에서 예배시작과 함께 암송하는 사도신경을 통해 굳어진 것이다. 사도신경은 기본적으로 (1)예수의 동정녀 탄생, (2)예수의 부활, (3) 예수의 대속적 죽음, (4)예수의 재림을 담고 있다. 이러한 내용들은 주로 인간적인 모습보다는 신적 존재로서 예수를 드러내고 있다.

사도신경은 오랫동안 기독교신앙의 중심적 테제로서 자리 잡고 있으며 여전히 많은 교파에서 정통과 이단을 구분 짓는 개념으로 사용하기도 한다. 그럼에도 사도신경은 기독교 초기 안팎의 여러 도전에 대응하기 위해 만들어진 역사적 산물이기 때문에 오늘날 합리적이고 과학적 세계관이 지배하는 시대에는 낡은 개념이라는 비판도 받고 있다. 이 글에서는 우선 역사적 산물로서 사도신경이 어떻게 형성되고 해석되어왔는지를 살펴보고 예수의 신성과 인성문제를 중심으로 사도신경을 재해석해보자 한다.

기독교 전통에 의하면 사도신경은 열두 사도가 서기 70년 예루살렘이 함락되기 직전 그들이 직접 가르치고 전파해야 할 하나님과 예수 그리스도는 어떤 분이신가를 한 사람씩 고백하는 과정에서 오늘날과 유사한 신조가 나왔다고 해서 사도신경으로 불리고 있다. 그러나 당시 사도들은 여러 곳으로 흩어져 있었고 이미 순교 등으로 사망한 사람도 있었기 때문에 이러한 주장은 오랫동안 의심받았으며 오늘날 사도들의 직접 고백이 아니라는 것이 확실해졌다. 사도라고 붙인 것은 후대의 교회가 신경의 권위를 높이기 위한 것으로 풀이되고 있다.

오늘날 사도신경은 로마 가톨릭교회와 성공회, 침례교 일부를 제외하고 대부분 개신교회가 사용하고 있고, 동방정교회는 다음과 같은 형태의 니케아−콘스탄티노폴리스 신경(Symbolum Nicaeno-Constatinopolitanum)을 사용하고 있다.

전능하신 아버지시요, 천지와 보이는 것과 보이지 않는 모든 만물의 창조주이신 한 분 하나님을 내가 믿사오며, 만세 전에 아버지로부터 나신 하나님의 아들 한분 우리 주 예수 그리스도를 믿사오니, 이는 하나님으로부터 나신 하나님이시며, 빛으로부터 나신 빛이시며, 참 하나님으로부터 나신 참 하나님이시니, 지으심을 받지 않고 나시었으며, 아버지와 동일 본질이시며, 그로 말미암아 모든 것이 지은 바 되었나이다. 우리 인간과 우리의 구원을 위하여 하늘로부터 내려오셔서, 성령으로 말미암아 동정녀 마리아에게서 육신이 되사, 사람이 되시었고, 본디오 빌라도 아래서 우리를 위해 십자가에 못 박히시어, 고난을 받으셨고, 장사지낸바 되었다가, 성경에 기록된 대로 사흘 만에 다시 살아나시며, 하늘에 오르사 하나님 아버지 우편에 앉아 계시다가, 영광 중에 다시 오사, 산 자와 죽은 자를 심판하시며, 그분의 나라는 영원할 것을 믿사옵나이다. 주님이시며, 생명을 주시는 분이신 성령을 믿사오니, 이는 아버지와 아들에게서 나오셨으니, 아버지와 아들과 더불어 경배와 영광을 받으시며, 선지자들을 통하여 말씀하셨나이다. 하나의 거룩하고 보편적인 사도적 교회를 믿사오며, 죄사함을 위한 하나의 세례를 고백하며, 죽은 자의 부활과 오는 세상의 생명을 바라옵나이다. 아멘.

니케아-콘스탄티노폴리스 신경은 서기 325년 로마제국의 콘스탄티누스 황제가 예수의 신성과 인성문제를 놓고 충돌한 아리우스와 알렉산드로스 간에 벌어진 당시의 신학논쟁을 종결시키기 위해 소집한 니케아 공의회(325년)에서 공포된 뒤 콘스탄티노플 공의회(381년)에서 개정된 것이다.

이에 반해 사도신경은 그 기원이 명확하지 않으며 다만 〈마태복음〉 16장 16절 "선생님은 살아 계신 하나님의 아들 그리스도십니다"를 근거로 초대교회의 신앙 규범과 세례 의식문에서 발전한 '고대 로마신조'로 보고 있다. 고대 로마신조는 학자에 따라 100년경부터 3세기 초반까지로 추정하고 있는데, 다음과 같이 교부 히폴리토스(Hippolytos, 170~235)가 만든 〈사도전승〉(Apostolic Tradition, 215)이 존재하는 것으로 볼 때 그 이전부터 사용되었을 것으로 추정하고 있다.

당신은 전능하신 성부 하나님을 믿습니까? 당신은 하나님의 아들 예수 그리스도, 성령으로 동정녀 마리아에게서 나시고, 본디오 빌라도 치하에서 십자가에 달리시고 죽으시고 묻히신 후, 사흘 만에 죽은 자들 가운데서 다시 사서서 하늘에 오르시고, 아버지 우편에 앉아 계시다가 산 자와 죽은 자를 심판하시기 위해 오실 그 분을 믿습니까? 당신은 성령과 거룩한 교회와 육신의 부활을 믿습니까?

이와 같이 사도신경은 여러 갈래로 내려오던 신조들이 제국적인 차원에서 니케아 신경이 확정되면서 그것을 표준으로 보완, 발전한 것으로 보고 있다. 사도신경은 여러 차례 가감을 거쳐 650년경에 '거룩한 가톨릭교회'(거룩한 공회)가, '성도의 교제'는 650년 이후에 삽입된 것으로 추정하고 있다. 750년경에는 '음부에 내려가'가 삽입되어 오늘날의 형태를 취하게 되었다.

사도신경은 프랑크왕국의 카알 대제(Karl der Grobe, 768~814)를 통해 게르만족 영역에서 뿌리내리기 시작했다. 여러 정복전쟁을 통해 서유럽을 제패한 카알 대제는 정치적·종교적으로 통일된 중앙집권 체제를 수립하기 위해 교회의 가르침은 통일성이 가져야 한다고 주장하면서 왕국 내 사제를 포함한 모든 기독교인은 주기도문과 사도신경을 암송해야 한다고 주장했다. 이후 프랑크왕국에서 갈라져 나와 독일지역에 기반을 둔 신성로마제국의 오토 대제(Otto der Grosse, 912~973)도 니케아-콘스탄티노플 신경 대신 사도신경을 채택해 사도신경은 점차 서방 기독교세계의 공식 신앙고백문으로 자리 잡게 되었다.

프랑크왕국과 신성로마제국과는 달리 로마교회에서는 10세기 말까지 니케아－콘스탄티노플 신경을 사용하다가 교황권이 강화되던 11세기 초부터 사도신경의 사용이 본격화되었다. 교황이 베드로의 후계자임을 강조하면서 사도적 권위를 등에 업고 교황의 수위권을 내세우기 위해서였다. 사도신경이 세례와 미사에 본격적으로 사용되면서 교회 내에서 사도들의 후계자임을 내세우는 성직자와 일반 신도간의 계급구별이 확연해졌다. 개신교에서는 종교개혁가들에 의해 니케아－콘스탄티노플 신경과 사도신경을 번갈아가면서 사용하다가 최종적으로 사도신경으로 통일되었다.

사도신경이 한반도에 들어온 것은 18세기로 추정되고 있다. 가톨릭 신부들이 가지고 들어온 교리서를 통해 전래되었고 본격적으로는 19세기 말 개신교 선교사들에 의해 소개되었다. 초기에는 각 교단별로 달리 번역된 것을 사용하다가 1908년에 장리교－감리교 연합공의회가 발행한 통일찬송가 내지에 실린 사도신경이 오늘날 한국에서 사용하는 사도신경으로 확정되었다. 이때 통일된 사도신경은 영어원문에 있는 '음부 강하'가 삭제되어 지금까지 논란이 되고 있다.

사도신경 확립의 의미

사도신경이 오랜 시간에 걸쳐 하나의 신조로 확립된 과정은 교회의 발전과정과 맥을 같이하고 있다. 영지주의를 비롯한 초대교회의 다양성은 교회의 제도화 과정과 함께 퇴색해졌다. 교회의 제도화는 다양한 교회들과 다양한 신앙의 존재를 인정하기보다는 단일한 질서와 신앙을 강요했다. 제도적 교회로서 종교적 권위를 갖고자 했던 교회 지도자들은 일종의 표준적인 신앙의 기준을 확립하기 위해 신조와 제2성서을 확정했고(서기 397년경), 가부장적이고 수직적인 교회 직제를 확립했다. 그 체제에 위협적인 요소가 되지 않는 한에서만 어느 정도 다양성이 허용됐다. 그러나 체제에 위협이 되는 요소는 배제하고 이단으로 정죄했다.

흔히 한국에서는 로마가톨릭과 개신교회를 교회의 유일한 전통으로 알고 있지만 개신교회 이전에 이미 다양한 교회들이 존재했다. 그리스를 기반으로 소아시아, 동유럽을 중심으로 발전한 동방정교회, 이집트와 중동에 근거한 콥틱교회와 아르메니안 교회, 중앙아시아에서 몽골, 중국까지 전해진 네스토리우스 교회(경교) 등이 있다. 또한 교황권에 저항했다는 이유로 적그리스도로 낙인찍혀 십자군에 의한 학살로 사멸한 카타리파(Cathri)나 알비파(Albigenses) 같은 종파들을 포함하면 더 많은 교회들이 존재했다고 할 수 있다.

신조의 형성은 다양한 종파들의 신학적 견해 차이를 정리하고 하나의 표준을 확립하려는 시도에서 비롯되었다. 결과적으로 기독교 신앙의 기반을 확립하는 성과를 거두었지만, 한편으로 신앙의 다양성을 배제하는 결과를 가져왔다. 더욱이 그 과정은 단순히 신앙의 표준 확립이라는 과제만을 의미하는 것은 아니었다. 그것은 국가의 공인된 종교로서 기독교의 위상과도 되어 있다.

니케아-콘스탄티노플 신경이나 사도신경이 확립되는 과정을 이해한다면, 우리는 어떤 신조를 맹목적으로 따라야 할 이유가 없다는 것을 알 수 있다. 실제 정통교단으로 인정받는 동방정교회나 침례교회, 오순절교회, 제자교회 같은 경우는 사도신경을 인정하지 않는다. 동방교회는 주로 로마교회에 대한 반발로, 침례교회는 국교화에 대한 저항과 개인의 신앙과 양심의 자유, 예배의 형식보다는 내용을 중시하는 전통 때문이다. 특히 거룩한 공회(catholic)나 '성도의 교통'(the communion of Saints)같은 가톨릭적 표현은 교회사에서 교황으로부터 대박해를 받은 침례교 입장에서는 부정적일 수밖에 없다.

그렇다고 사도신경을 무조건 폐기되어야 한다는 것은 아니다. 신조가 어떤 시대적 요구를 담고 있는지를 헤아리고 그 진실성을 참작하면 그만이다.

우리가 분명하게 헤아려야 할 것은 주기도문과 사도신경이 명백히 다른 맥락에 있다는 점이다. 성서에 나오는 것과 나오지 않는 것의 차이 정도가 아니다. 주기도가 국가 이전, 곧 신앙과 권력 간의 모종의 협력 상황 이전의 순수한 요구라면, 사도신경은 국가적 체제를 닮은 교회가 신도들에게 요구하는 표준 지침에 해당한다는 점이다. 그 안에 신앙의 핵이 완전히 제거된 것은 아니지만, 다른 외적 요구에 의해 윤색되어 있다는 사실을 헤아려야 할 것이다.

사도신경은 어쨌거나 신플라톤학파의 영향을 받은 영지주의나 마니교같이 강력한 세력을 도전을 받고 있었기 때문에 이에 대해 적극적으로 방어할 필요가 있었다. 사도신경의 첫 부분에서 전능하신 하나님 아버지에 대한 고백은 물질세계를 창조하신 하나님에 대한 고백이다. 영지주의는 물질세계를 창조한 신은 열등한 신이고, 실제 그 위에 더 높은 차원에서 우주를 통괄하는 우월한 신이 있다고 주장해왔다. 사도신경의 고백은 그런 이원적인 구별을 거부하고 오직 한 분의 하나님이 온 우주를 통치한다는 것을 분명히 하고 있다. 동시에 이것은 이 세상은 도피 대상이 아니라 하나님의 섭리 영역 안에 있다는 것을 보여주고 있다.

그리고 기독론에 해당하는 중간부분에서는 예수가 하나님의 아들로서 이 세계에 왔다는 것을 보여주고 있다. 예수가 '동정녀 마리아'를 통해 육체를 입고 이 세상에 왔으며 '빌라도'라는 역사적 인물에게 고난을 받았다는 것을 강조하고 있다. 그리고 '심판'하기 위해 재림할 것을 확인함으로써 영지주의가 주장하는 것처럼 예수가 영원한 일자에게 돌아가 종말 때에도 아무런 심판 없이 인간을 용서할 것이라는 주장을 배격했다.

마지막으로 '거룩한 교회'를 언급함으로써 사도신경이 형성된 배경과 동기를 확실하게 밝히고 있다. 다른 모든 분파들과 구별되는 보편적 교회로서 당대의 교회가 정통성을 지니고 있다는 것이다. 그것은 사도신경의 의도가 무엇인지를 확정적으로 보여주고 있다. 사도신경이 의도한 것은 교회의 진정한 권위에 있었다. 다른 모든 '이단사설'로부터 구별된 '정통교리'의 수호자로서 교회의 권위 말이다.

교리는 복음의 진실을 간명하게 표현한다는 데서 긍정적으로 역할을 한다. 그러나 교리는 위험성 또한 지니고 있다. 그 교리가 절대적 표준이 될 때 다양성은 억압된다. 실제로 사도신경은 국가로부터 공인된 기독교의 신앙 표준이었다. 교리는 교회법의 첫머리를 장식하였고, 교회법은 곧 국법으로 인정되었다. 따라서 공인된 교회의 신조는 하나의 길잡이 정도가 아니라 실정법으로서 위력을 지니고 있었다.

사도신경의 부정적 영향

사도신경이 교회의 표준으로 확정되자, 이와는 다른 모든 신앙은 이단으로 정죄되었다. 중세 이후 새로운 신앙운동 모두가 이단으로 정죄되어 온 역사를 기억해야 한다. 더불어 사도신경에는 예수 그리스도의 인성과 그 역사성을 강조하는 내용이 있지만 구체적 존재로서의 모습을 찾기란 쉽지 않다. 신성과 동시에 인성을 가진 존재라는 사실을 명시하는 것일 뿐 그 실제 삶을 기억할 만한 내용은 전혀 없다는 것이다.

한데 오늘날에는 우주의 통치자인 하나님의 아들로서 신적인 숭배대상으로서의 그리스도의 모습으로 각인되어 있다. 이처럼 예수의 인성보다 신성이 강조된 것은 정치·종교적 이유 때문이다. 신도들이 예수의 인성을 강조하면 예수는 단순히 예배대상이 아니라 삶의 모범으로서 스승이자 친구가 될 수 있고, 궁극적으로 자신의 노력여하에 따라 같은 경지에 오를 수도 있다는 것이다.

반대로 예수를 신으로 격상시키면 신앙의 대상, 예배의 대상이 되면서 인간은 아무리 노력해도 어떤 식으로든 자신의 운명을 바꿀 수 없는 무능한 존재가 된다. 결과적으로 일상에서는 황제(권력자)에게 머리를 조아릴 수밖에 없고, 종교적으로는 신의 대리자 역할을 자처하는 성직자들에게 의존하게 된다. 일반 신도들 역시 하늘 보좌에 오른 예수가 대신 십자가에서 죽었기 때문에 자신들은 용서받았고, 구원은 오직 믿음으로 얻는 것이기에 예수처럼 살 필요가 없다고 주장할 수 있다.

물론 예수를 신격화하면서 얻는 장점도 있다. 예수가 인류의 죄를 짊어지고 십자가에서 죽었다가 부활함으로써 원죄와 죽음의 불안으로부터 해방되고 부와 영생, 건강을 기원할 수 있는 존재가 될 수 있기 때문이다. 그러나 이같은 신앙은 로마의 다른 신이었던 미트라나 주피터를 통해서도 얻을 수 있는 것이기에 결국 정치·종교적 이유로 예수를 다른 신들과 맞바꾼 것이나 다름없다.

예수의 신성이 성서 속에서 강조되기 시작한 것은 서기 1세기 말에서 2세기 초에 작성된 요한계 문서(《요한복음》, 〈요한1서〉, 〈요한2서〉, 〈요한3서〉)를 참조한 것이다. 역사적 예수에 근접했던 공관복음서(《마가복음》, 《마태복음》, 〈누가복음〉)와 복음서 이전의 바울서신에서는 예수를 하나님과 동일 인격체로 묘사하지 않았다. 요한계 문서가 예수를 신으로 묘사한 것은 기독교가 지중해세계로 영역을 넓혀가면서 신으로 승격된 로마황제와 제국 내 다른 유력신들, 이미 예수를 신격화시켰던 영지주의와 경쟁해야 하는 상황이 벌어졌기 때문이다.

일반 신도들이 예수 앞에 머리를 조아리는 존재가 됨에 따라 예배도 사도들의 후계자로 여겨지는 사제의 권위를 인정하는 하나의 예식으로 전락하게 된다. 교황과 사제들은 미사 등 예전 시에 신자들에게 사도신경을 고백하게 하면서 무의식적으로 교회의 위계적 질서를 따르게 하였다. 이후 개신교에서도 사도신경이 공식화되면서 신자들에게 예배는 사제들의 권위를 인정하며, 예수의 생애와 죽음과 부활을 감상하는 일종의 퍼포먼스로 전락한 것이다.

아마도 고백하는 사람과 관련된 내용으로는 '성도의 교제'가 거의 유일할 것이다. 그러나 그것도 보편적 교회의 맥락 안에서 언급된다. 공인된 교회의 질서에 편입되어 있는 '성도의 교제'일 뿐이다. 이것 역시 애초 초대교회가 그렇게 부정하고자 했던 '선민의식'을 다시 재현하고 있는 것이다. 세계 자체가 하나님의 섭리 안에 있는 것으로 볼 수 있는 가능성을 교회 스스로 막아버렸다고 할 수 있다. 오늘날 사도신경은 배타성의 상징으로 교회로 하여금 근본주의적 신앙에 갇혀 종교 간의 대화와 협력을 막는 역할을 하고 있다.

사도신경 다시 쓰기

사람을 숭배해서는 하여서는 안 된다. 그 앞에 절을 할 분은 참되신 한아님(하나님)뿐이다. 종교는 사람 숭배하는 것이 아니다. 한아님을 바로 한아님으로 깨닫지 못하니까 사람더러 한아님 돼 달라는 게 사람을 숭배하는 이유다. 예수를 한아님 자리에 올려놓은 것도 이 때문이고 가톨릭이 마리아를 숭배하는 것도 이 까닭이다.

— 유영모, 《씨알의 메아리 다석어록》, 278쪽

그런데 예수만 '외아들'입니까? 하나님의 씨를 타고나(《요한1서》 3,9), 로고스 성령이 '나'라는 것을 깨닫고 아는 사람은 다 하느님의 독생자(獨生子)입니다. …… 내가 독생자, 로고스, 하느님의 씨라는 것을 알면, 그러니까 이것에 매달려 줄곧 위로 올라가면, 내가 하늘로 가는지 하늘이 나에게 오는지 모르겠습니다만 하늘나라가 가까워집니다. 영생을 얻는 것이 됩니다. 사람마다 이것을 깨달으면 이 세상은 영원히 멸망하지 않습니다. 영원을 영(靈)으로 보면 참 사랑이 있는 것을 느낄 수 있습니다.

— 유영모, 《다석일지》, 848~849쪽

정통기독교인들이 들으면 당장 이단이라고 비난할 이 글들은 다석(多夕) 유명모(1890~1981)가 남긴 것인데 기독론을 잘 이해할 수 있는 내용이라고 할 수 있다.

유영모의 '기독론'은 서방의 지극히 사변적인 예수 신성교리, 즉 예수가 신이자 인간이라는 양성교리를 받아들이지 않은 것이다. 국가나 전통교회들은 정치적 또는 교회의 통일을 위해 그를 신으로 모셨지만 다석은 예수를 신처럼 섬기는 것은 진정한 기독교 신앙에서 벗어난 것이라고 생각했다.

예수 그리스도에 대한 혁명적 해석을 시도한 유영모는 그의 제자 함석헌이나 유달영에 비해 대중적으로 잘 알려져 있지 않지만 서양철학의 식민지와 같은 한국 철학계에 우리말과 글로 철학을 할 수 있다는 것을 보여준 선각자 중에 한 사람이다. 유불선(儒佛仙)에 기반을 두고 서구 기독교사상을 독자적으로 해석한 그의 철학적 업적은 2008년 7월 말 서울대에서 열린 세계철학대회에서 주목을 받았고 한국철학회도 별도의 분과를 두고 연구하고 있다.

유영모는 특별한 역사적 예수연구나 특별한 신학공부도 하지 않았음에도 정통신학의 맹점을 간파하고 인간 예수처럼 누구나 자기의 천직에 매달려 살다 가면 그가 예수라고 말한다.

십자가에 못 박힌 예수 그리스도는 천직에 매달린 분입니다. 천직에 매달린 모범을 통해, 우리를 위한 대속을 보여주었습니다. 줄기로 천직을 다한 것을 우리에게 보여주셨습니다. 어떻게 보면 이 세상에서 어떤 사람이건 어딘가에 매달려 가야 하는 것 같습니다. 자기의 천직에 임무를 다하는 것이, 십자가에 매달린 예수와 같은 독생자가 되는 길임을 알 수 있습니다. 예수는 하나밖에 없는데 그렇게 될 리가 없다고 할지 모르겠습니다. 그러나 이 사람이 늘 말하듯이 그리스도교에서의 예수는 우리를 대표합니다. 천직에 순직한 자는 장소 여하를 불문하고 교리가 있건 없건 독생자로서 십자가를 진 사람입니다. 결코 편협한 예수 그리스도가 아닙니다.

— 다석학회, 《다석강의》, 732~733쪽

사실 사도신경에 나오는 인류의 죄를 뒤집어쓰고 대신 속죄하기 위해 예수가 죽임을 당했다는 것은 고대 집단인격사상의 영향을 받은 것이다. 아담의 원죄나 예수의 십자가 대속이 일종의 연좌제처럼 모든 인류에게 영향을 미친다는 주장은 자기 책임과 개인의 권리를 강조하는 오늘날에는 맞지 않는다. 예수처럼 살면 누구나 그리스도가 될 수 있다는 유영모의 기독론은 예수가 하나님의 영, 곧 성령을 받은 사람의 아들로 살았다는 것으로 해석할 수 있으며, 이는 하나님의 뜻을 실천한 예수가 하나님의 어여쁨을 받아 양자가 되었다는 아리우스의 기독론과 일면 비슷해 보이기도 한다.

유영모의 기독론은 곧 그의 신관과도 연결된다. 그는 모든 존재는 없이 계시는 하나님[1]에게서 비롯되고 그분에게로 돌아간다는 귀일신관(歸一神觀)을 강조했으며, 이는 오늘날 '신 중심 다원주의'와 맥을 같이한다고 할 수 있다. 유영모의 귀일신관은 세계화시대에 종교 간의 대화와 협력에도 큰 도움을 줄 수 있다.

이러한 유영모의 가르침은 이 시대에 맞는 새로운 사도신경이 필요하다는 것을 보여준다. 예수가 신적인 존재보다는 사람의 아들로서 그려질 때 사도신경은 살아있는 신조가 되고, 박제된 존재처럼 되어 있는 금관의 예수는 현대의 신앙인들에게 스승이면서 형제이자 친구로 다가올 수 있을 것이다.

⦿ 더 읽을거리

· 볼프하르트 판넨베르크, 정용섭 옮김, 《사도신경 해설》 (한들출판사, 2000)
· 알베르 자카르, 《신(神)? 우리 시대 과학의 눈으로 바라본 사도신경 그리고 신》, 정재곤 옮김, (궁리, 2004)
· 홍정수, 《사도신경 살아내기》 (한국기독교연구소, 2009)

---

1) 유영모는 하나님을 빔의 존재, 곧 무(無), 공(空), 허공(虛空)이라고 불렀는데, 이는 동방의 불교와 노장사상, 서방의 신비주의와 부정신학에서 흔히 쓰는 표현이다.

12장 영과 육

웰빙 시대의 '구원불평등'을 읽는 키워드

유승태 제3시대그리스도교연구소 연구원

영 – 육이원론에 대한 주류 신학과 현실의 괴리

주류 신학계는, 영과 육을 본질적으로 다른 것으로 규정하고 '육'을 죄, 유한성, (영에 대한) 보조적인 것, 비본질적인 것과 동일시하는 시각을 배척하고 있다. 주류 신학은 이 시각을 '이원론'이라 명명하고, 성서에서 말하는 것과는 거리가 멀다고 비판한다. 많은 설교자와 신학자가 헬라적 이원론과 성서의 인간론은 다르다고 가르치기 때문에 일반 신자들도 이원론이라고 불리는 입장들에 대해 거부감을 드러내는 경우가 많다. 공적 담론에서의 위상만 놓고 보면, 영 – 육 이원론은 기독교 신앙 안에서 이미 극복된 '낡은 입장'인 것만 같다.

그렇지만 대다수의 기독교인들은 인간을 설명하는 용어로 영과 육의 '이분설' 또는 영·혼·육의 '삼분설'을 들어본 적이 있고, 별 거부감 없이 이런 용어들을 사용하고 있다. 주류 신학계의 가르침과 달리, 교회에서나 일상생활 속에서 드러나는 신자들의 인간 이해 속에는 영과 육이 전혀 다른 본질을 갖는다는 이원론이 갈등 없이 자리 잡고 있다. 영과 육의 관계에 대해 주류 신학과 일반 신자들의 신앙 사이에는 이처럼 괴리가 존재한다.

일반 신자들은 영과 육의 관계를 신학적, 철학적 논리를 따라 사유하기보다는 자신들에게 익숙한 해석의 체계 안에서 사유하고 전유하는 경향이 강하다. 때문에 이런 현상이 벌어지는 것은 어찌 보면 당연한 것인지도 모른다. 그렇다면 우리가 '영과 육'이라는 주제를 비판적으로 성찰하기 위해 해야 할 일은 신학적·철학적 당위를 논하기보다, 공식적 신학 담론과 신자들의 신앙의 괴리 사이에서 어떻게 '문제'를 포착할 것인지 고민하는 일일 것이다.

이 글에서는 이를 위해 교회에서 흔히 사용되는 영과 육의 관계에 대한 두 가지 은유-'육신의 장막'과 '성전된 몸'-를 분석하고 거기에 담긴 신자들의 심상과 해석의 체계는 무엇인지 먼저 살펴보고자 한다. 그리고 이러한 은유가 소비되는 교회의 담론구조와 그 효과는 무엇인지 함께 살펴볼 것이다.

'육신의 장막'과 몸의 일시성

"사람이 죽음으로 끝이 아닌 이유는 영혼이 있기 때문입니다. 육체와 영혼이 분리되는 것을 죽음이라 부릅니다. 김OO의 육신 장막은 이 땅에 남겨 놓으시고, 이 세상에 사는 동안 하나님을 아버지로 믿었기 때문에 김OO의 본질인 영혼은 아버지의 나라인 천국에 가셨습니다. 언젠가는 우리의 육체와 영혼이 분리됩니다. 육체는 이 땅에 남아서 '흙에서 왔으니 흙으로 돌아가'는 것이고, 영혼은 하나님께로부터 왔기 때문에 하나님께로 돌아가는 것입니다."

얼마 전 한 장례식장에서 듣게 된 설교의 일부분이다. 이 뒤에는 육체와 죄, 심판에 대한 내용이 이어졌는데, 이는 불신자 가족을 회심시키기 위한 것이었다. 어머니가 남긴 신앙의 유산을 따라 회개하고 복음을 받아들여 영생의 길로 들어서라는 설득이 주요한 내용이었다. 결혼이나 노동을 위해 이주한 조선족 가족과 문상객들을 대상으로 선포된 이 설교에서는 '육'을 '죽음'에, '영'을 '생명'에 해당하는 것으로 구분하고 있다.

영-육 이원론이 '낡은 입장' 취급을 받고 있다 하더라도, 이 입장이 우리말에 서툰 이주민을 대상으로 하는 교회만이 아니라 한국인 교회에서도 일반 신자들에게 폭넓게 받아들여지고 있다는 사실을 부정하기는 어렵다. 그런데 그동안 신자들이 받아들인 영-육 이원론은 현세의 무용함을 강조하는 '말세론'이나, 이성을 경시하고 성령의 '직통계시'만 중요하다고 주장하는 '반지성주의'를 뒷받침하는 논리로 쉽게 둔갑해 소비돼 왔다. 신자들이 영-육 이원론을 받아들인 것은 논리적 엄밀성을 갖는 신학적 입장으로서가 아니라, 이원론을 통해 표현된 정서적 공감대였기에 이런 현상이 벌어질 수 있었을 것이다.

사실, 신자들이 사용하는 말의 형식은 영-육 이원론이지만 그것의 초점은 영과 육에 대한 존재론적 구분에 있는 것이 아니라 육체의 '유한성'과 '일시성'에서 벗어나고픈 소망에 있다. 위의 설교에 나오는 '육신의 장막(천막)'이라는 표현은 〈베드로후서〉 1장 13~14절에서 언급된 것으로, 베드로는 자신의 이생에서의 삶을 가리키기 위해 이 표현을 사용했다. 문맥상 11절의 '영원한 나라'에 대비된다. 즉, 이 표현은 유한하고 일시적인 육신을 벗어버리고 예수 그리스도의 영원한 나라에 들어갈 것에 대한 소망을 드러내고 있다. 천막이 임시 주거지인 것처럼 이 세상, 육신의 삶도 그렇다는 말이다. 〈고린도후서〉 5장 1절에도 '장막 집'이라는 표현이 나오는데 이것도 동일한 맥락에서 사용되고 있다.

영과 육의 관계에 대한 이러한 이해는 제1성서에 담긴 인간론과도 일맥상통한다. 제1성서에서 영과 육을 가리키는 용어는 각각 루아흐(רוח)와 바사르(בשר)로 대표된다. 이 두 용어가 잘 대비되고 있는 곳은 〈이사야〉 40장이다. 6절에서 육을 가리키는 바사르는 "모든 육체(바사르)는 풀이요, 그의 모든 아름다움은 들의 꽃과 같을 뿐이다"라고 말하는 것과 같이, 제1성서에서 이 용어는 인생의 덧없음과 연약함, 일시성 등을 드러내는 문맥에서 주로 사용된다. 그리고 7절에서 영을 가리키는 루아흐는 "주님께서 그 위에 입김(루아흐)을 부시면, 풀은 마르고 꽃은 시든다"라는 표현에서와 같이 바람이나 호흡으로 번역되기도 한다. 이때 영은 생명의 근원이 되는 기운이나 힘을 의미한다.

흥미로운 것은 루아흐가 인간과 관련돼 사용될 때 인간은 하느님의 역동성이나 기운을 받아 육체의 유한성과 일시성을 넘어서는 것으로 그리고 있다는 점이다. 하느님과의 관계성 속에 있을 때 인간이 한낱 스러져버리는 풀과 같지 않음을 보이기 위해 루아흐가 사용되고 있는 것이다. 때문에 제1성서에서의 루아흐는 연약하고 일시적인 바사르의 반대편에 놓여 있으면서 동시에 바사르를 하느님의 힘에 연결되게 함으로써 인간이 생명체(《창세기》 2,7의 네페쉬, 개역성서는 '생령'으로 번역)가 되게 한다.

한편, 제1성서는 인간을 애초부터 이원론적으로 이해하지 않는다. 하여 바사르의 유한함과 연약함 그리고 일시성은 인간의 본질적 속성이 아니라 하느님의 시선을 통해 본 인간의 상태를 가리킨다. 이러한 시선이 존재함으로써 인간의 몸의 상태가 신학적 함의를 갖는 바사르로 포착되는 것이다. '육신의 장막'이라는 은유도 이와 마찬가지이다. 현세에 대한 절망을 포착하는 신학적 시선을 통해 인간의 몸은 '육신의 장막'으로 그려지게 된다.

그런데 이처럼 육체를 유한한 것으로 보고, 그것을 곧 걷어버릴 천막이나 벗어버릴 옷처럼 생각하는 방식은 어떤 상황에서 사람들에게 공감을 불러일으키는 것일까?

한 방송사의 코미디 프로그램을 보면, 실제 옷을 입은 것이 아니라 옷처럼 바디페인팅을 하고 나와 어이없는 상황을 펼치며 웃음을 주는 코너가 있다. 상의를 벗고 살갗에 경찰복 그림을 그리고 나온 사람에게 훈장을 달아주겠다며 핀을 꽂겠다고 달려드는 식이다. 이 코너를 보며 사람들이 웃는 이유는 그의 옷이 살갗과 하나임을 알기 때문이다.

유한한 몸, 유한한 세계를 벗어나 영원한 나라를 소망하는 사유방식이 주는 느낌도 어쩌면 이와 같을 것이다. 고통스러운 몸은 천막이나 옷처럼 쉽게 털어버릴 수 없으며, 그토록 하찮게 여기는 현세가 실은 내가 처한 현실과 하나라는 사실에 대한 절망이 이 은유의 밑바닥에 흐르고 있다. 그 깊은 절망 때문에 이 세상 밖으로부터 오는 구원과 나아가 이 세상의 끝에 대한 갈망은 더 두드러지게 된다.

요컨대, '육신의 장막'이라는 은유에서 육은 탈출해야 할 장소를, 영은 지향하는 장소를 의미한다. 보통 이원론적 언어로 생각되는 이 은유는 고통스러운 삶의 상태를 포착하고 표현하기 위한 신앙적 전략의 산물인 것이다. 때문에 이러한 은유가 작동할 수 있는 교회공간에서는, 비록 그들이 하위주체화돼 존재한다 하더라도, 우리 사회의 무능력자들이 자신의 지분을 유지할 수 있었다. 그가 처한 사회적 현실이 비참할수록 그의 탈현세적 구원 열망은 커질 수 있고, 또 그 열망이 신앙적 자원으로 환원되기도 쉽기 때문이다. 1960~70년대 순복음교회의 급속한 성장, 기도원의 폭발적 증가, 전국 각지에서 열린 부흥회는 탈현세적 구원 열망을 신앙적 자원으로 전환하는 데 성공한 사례들이라고 할 수 있다.

성전이라는 '안전한 집'

교회에서 몸과 관련돼 가장 흔히 들을 수 있는 또 하나의 은유는 바로 '성전'이라는 표현이다. 기독교인들은, 사람의 몸은 하느님께로부터 받은 것이며 '성령의 전'(《고린도전서》 6,19)이기 때문에 건강하고 성결하게 몸을 지켜야 한다고 생각한다. 이러한 인식 속에서 인간의 몸은 하느님이 거하시는 집으로 자리매김한다. 앞서 살펴본 '육신의 장막'이 몸의 일시성과 종말론적 소망을 가리키는 것이었다면, '성령의 전'이라는 은유는 이와 반대로 우리의 몸을 영원성을 담보하는 현세적 공간으로 그려내고 있다.

자신의 몸이 성령의 전이라는 것은 자신의 삶의 방식을 하느님의 영광을 위해 사는 삶, 즉 합목적적 삶을 산다는 것을 의미한다. 자신은 하느님이 거하시는 전이지 자기 몸과 삶의 주인이 아니라는 것이다. 그런데 성전은 인간을 구원하는 주체인 하느님이 거하시는 곳, 즉 구원을 담보하는 공간이다. 때문에 '성전된 몸'이라는 은유는 자신의 몸을 구원의 공간으로 재구성하기 위해 삶의 방식을 재조직하는 일종의 신앙적 주체화 담론이다.

그렇다면 이러한 신앙적 주체화를 가능하게 하는 내적 동인은 무엇일까? 막스 베버(Max Weber, 1864~1920)는 청교도 윤리와 경제적 근면성의 연관관계를 밝히고자 했는데, 그가 밝힌 심리적 기제의 핵심은 다름 아닌 '구원에 대한 불안감'이었다. 칼뱅주의의 예정론 속에서는 그 어떠한 행위도 하느님의 은총을 얻는 수단이 아니라 정해져 있는 운명의 길에 불과했다. 이제 가톨릭교회에서 행해지던 고해성사나 속죄행위는 죄책감을 줄이고 구원의 기쁨을 높여주는 효과를 상실하게 됐다. 때문에 사람들은 죽음 후에 대한 불안으로 자신의 구원 여부를 끊임없이 자문하게 됐다. 그 결과 자신이 선택된 자로서의 운명의 길을 제대로 가고 있는지 확인하기 위해 자신의 삶의 전 과정을 하느님의 영광을 위해 사는 합목적적 삶으로 구성하게 됐다는 것이다.

베버의 이해를 따른다면, 청교도들의 합목적적 삶은 죄책감을 해소할 수 있는 방법을 상실한 이들이 자신들의 구원에 대한 불안감을 종교적 윤리로 승화시킨 결과이다. 이런 측면에서 볼 때, '성전된 몸'은 신앙적 주체화를 통해 구원에 대한 불안감을 해소하는 일종의 안보담론이기도 한 것이다.

한편, 안과 밖을 나누는 경계선이 있어야 집과 집이 아닌 공간이 구분되듯이 우리의 몸도 하느님의 공간으로 인식되기 위해서는 성결한 것과 그렇지 않은 것을 나누는 마음의 경계선이 존재해야만 한다. 그런데 교회 조직이 기업윤리를 따라 운영되고 있으며, 다수의 교인들이 우리 사회의 보수적 윤리관을 견지하고 있다는 세간의 평은 다수의 신자들이 받아들이고 있는 성결의 경계선이 우리 사회에서 일반적으로 받아들여지는 보수적 윤리기준과 유사하게 형성됐을 가능성을 보여준다. 기독교인들이 취하는 성결의 기준 - 예를 들어, 술과 담배를 죄악시하고, 성적 순결을 강조하며, 정상가족을 옹호하고, 동성애를 혐오하는 등 - 은 우리 사회의 보수적 가치와 공명하는 현상을 보이고 있다.

이 현상의 기원은 한국 교회사 초기에 형성된 신앙적 주체화 방식에서 찾을 수 있다. 예를 들어, 기독교인들은 술과 담배를 '거룩한 삶'의 장애물로 받아들이는 경향이 강하다. 술과 담배는 성전된 몸을 더럽히고,

성결한 삶을 사는 데 도움이 되지 않는다는 것이다. 이처럼 한국 기독교가 술과 담배를 죄악시한 역사는 한국 교회사 초기로까지 거슬러 올라간다.

조선에 복음을 전한 선교사들은 자신들의 청교도적 가치관을 근거로 술과 담배를 죄악시했다. 이들은 조선의 음주와 흡연을 중국의 아편에 대응되는 것으로 인식했다. 교회에서는 계주론(戒酒論)이 유포됐고, 심지어 술을 마시려는 마음을 갖는 것조차 죄악이며 "술을 먹다가 죽으면 그 영혼은 하느님께 갈 수 없다"는 극단적 주장이 등장하기도 했다. 술과 담배뿐만 아니라 도박, 축첩, 사치 등을 신자로서 배격해야 할 대상으로 규정하고 경건과 절제를 통한 성결한 삶을 신앙적 과제로 삼았다.

그 결과, 신자들은 금주, 금연과 같은 청교도적 금욕 행위를 회심의 중요한 증거로 받아들였다. 사경회나 부흥회에서는 공개적으로 음주와 흡연을 죄로 고백했으며, 세례교인이 되기 위해서는 금주, 금연을 철저하게 지켜야 했다. 교회의 직무를 맡은 이가 음주와 흡연을 하는 것이 발각되면 그는 교회의 치리를 받았다.

물론, 성전된 몸을 잘 관리해야 한다는 생각은 육체의 행위를 통해 영혼이 구원에 이른다는 것을 의미하지는 않는다. 그보다는 삶의 전 과정이 하느님과의 관계성이라는 장력을 통해 유인되고 구성돼야 한다는 것을 뜻한다. 즉, 우리의 육신이 죄를 짓지 않도록 '영의 원리'를 따라 육신을 훈육해야 한다는 신앙적 주체화의 논리와 선교사들의 청교도적 윤리관이 서로 밀착된 형태로 한국 교회사 초기에 도입됐다는 것이다. 이를 달리 표현하면 청교도적 윤리를 통한 신앙적 주체화의 시작이라 부를 수 있을 듯하다.

이처럼 '성전된 몸'이라는 은유는 조선 말기에 도입돼 1920~30년대에 '절제운동'이라는 사회운동의 차원으로까지 확대되기도 했고, 지금까지 유지되고 있는 신앙적 주체화 방식을 가리키고 있다. 그것은 선교사들에게는 훈육의 논리였고, 신자들에게는 자기규율의 근거였다. 이때 육은 순화되고 훈육돼야 하는 현장이고, 영은 육을 순화·훈육하기 위한 원리를 의미하게 된다. 때문에 자신의 몸을 '성전'으로 거룩하게 지키고자 하면 할수록 영적 원리에 따른 자기규율의 부담은 그만큼 증가하게 된다.

웰빙을 추구하는 '영–육'과 구원불평등

초기에 사용된 '성전된 몸'의 은유와 지금의 그것에 차이가 있다면, 구원의 불안감을 해소하기 위한 '영적 원리'의 맥락과 의미가 달라졌다는 점이다. 물론 언뜻 보기에는 그때나 지금이나 육을 규율하는 영적 원리의 내용은 보수적 윤리관을 가리키고 있다. 그러나 과거에는 이 보수적 윤리관이 미국을 모델로 한 '근대화'와 '계몽'의 욕망 속에서 의미를 획득했다면, 지금은 그와 달리 '웰빙' 담론과 연결돼 의미를 갖게 된다.

'육신의 장막'과 달리 '성전된 몸'의 은유는 몸을 적극적으로 긍정하고 소비할 것을 부추기는 현대문화와 더 친화성을 갖는다. '육신의 장막'이 육체의 일시성을 강조함으로써 몸을 위한 '윤리'가 들어설 자리를 비좁게 만든 것에 비해, '성전된 몸'은 구원의 증거를 발견하는 장소로서 자신의 몸을 재구성할 것을 요구하는 '몸의 윤리'를 지향하기 때문이다.

제2성서에서 영과 육을 가리키는 대표적인 용어인 프뉴마(πνεῦμα)와 사르크스(σάρξ)이다. 〈로마서〉 8장 5~14절과 〈고린도전서〉 3장 1~3절에서 나타나고 있는 프뉴마(영)와 사르크스(육)의 대비는 주류 신학계의 '영-육 이원론 비판'의 맥락에서 자주 사용되고 있다.

프뉴마와 사르크스는 인간을 구성하는 본질을 일컫는 것이 아니라, '성령을 따라 사는 사람'과 '육신을 따라 사는 사람'을 가리킨다는 것이다. 즉, 영과 육의 대비는 삶의 방식(modus vivendi)의 차이를 의미한다. 영과 육의 관계를 존재론적 측면에서 조명한다면, '육신의 장막'이라는 은유는 유한한 육체를 넘어서는 영원하고 본질적인 영을 전제하고 있다는 점에서 상하를 구분하는 수직적 이원론을 바탕에 두고 있다. 그리고 '성전된 몸'이라는 은유는 성결한 것의 안과 밖을 구분하는 수평적 이원론을 전제하고 있다. 성령을 따라 사는 삶과 육신을 따라 사는 삶의 구별은 '성전된 몸'의 은유에 담긴 성결한 삶과 그렇지 않은 삶의 구분과 일치한다. 이렇게 본다면 사실 주류신학이 말하는 영-육 이원론 극복이란 수직적 이원론을 거부하고 수평적 이원론을 긍정하는 것으로 전환된 것이나 다를 바 없다.

앞서 논의한 바와 같이, 성결한 삶과 그렇지 않은 삶, 영적 원리를 따르는 삶과 그렇지 않은 삶, 성령을 따라 사는 것과 육신을 따라 사는 것을 구분하는 윤리적 기준은 한국 사회의 보수적 윤리관및 웰빙 문화와 공명하는 경향을 보이고 있다. 그런데 이러한 수평적 이원론의 구도에서 구원의 문제는 어떤 양상으로 전개되는 것일까?

2006년 한겨레신문은 '건강형평성학회'와 함께 연중기획으로 '건강불평등' 문제를 의제화하고 그 성과물을 2007년에 《추적, 한국 건강불평등》이라는 책으로 펴낸 바 있다. 그 함의를 요약하면, 건강은 개인이 관리하기 나름이거나 타고나는 것이라고 보는 시각이 일반적인데, 현대 사회에서는 건강을 소득, 교육, 빈곤 등의 항목과 아울러 사회적 불평등의 문제로 보아야 한다는 것이다. 모두가 건강하고 안정적으로 살고 싶은 '웰빙(wellbeing)' 추구의 시대에 개인의 능력으로는 뛰어넘을 수 없는 불평등의 순환구조가 있음을 의미한다.

과거에 비해 소득수준은 높아지고 의료서비스의 질도 향상됐다. 그러나 이것은 평균수준이 향상됐다는 것이지, 사회적 분포도 고르게 됐다는 것을 의미하지는 않는다. 전세계의 부가 증가하고 의료기술이 진보했어도 아프리카에서는 여전히(또는 더욱) 빈곤하고 질병이 창궐하고 있는 것과 마찬가지다. 우리 사회에서도 질 좋은 의료서비스에 접근할 수 있는 능력은 지역, 학력, 소득 등에 따라 평등하지 않게 분포돼 있다. '웰빙' 하려면 으레 식습관을 바꾸고 주기적인 운동을 할 수 있어야 하는데 노동시간이 규칙적이지도 않고 노동의 강도도 균질하지 않는 일용직 노동자, 프리랜서 노동자들에게 삶의 방식을 바꾼다는 것은 먼 이야기일 뿐이다. 그리고 값은 싸지만 안정성이 떨어지는 식품이 대량 수입되면 그걸 먹는 것은 주로 빈곤층일 것이며, 건강에 대한 부정적 영향도 빈곤층에 집중될 것이다.

바꿔 말하면, 과거에는 불평등의 문제가 소득이나 교육에 집중돼 있는 단순한 구조였다면, 웰빙 시대에는 안녕과 행복을 추구하는 삶의 방식에서 불평등의 문제가 발현되는 복잡한 상황이 벌어지고 있다. 이런 상황에서 교회가 긍정하거나 지지하고 있는 삶의 방식은 어떤 것인지 되돌아보는 것이 필요하다.

가령, 기독교가 술과 담배를 죄악시하는 태도는 고강도 노동과 스트레스에 시달리는 사람들의 삶의 조건, 그리고 그들이 그러한 죄의 시선으로부터 자유로워지기 위해 치러야 하는 비용을 은폐하는 기능을 하고 있는 것은 아닐까? 이러한 단순한 예만이 아니더라도 한국의 교회가 긍정하는 삶의 양식이 '중산층 신사화(gentrification)'의 논리와 공명하고 있는 것은 아닌지, 자본주의 사회의 원활한 작동을 돕는 영적 보조장치로 기능하고 있는 것은 아닌지 성찰해야 한다.

◉ 더 읽을거리

· C. A. 반 퍼슨, 손봉호 외 옮김, 《몸·영혼·정신》 (서광사, 1989)
· 막스 베버, 박성수 옮김, 《프로테스탄티즘의 윤리와 자본주의 정신》 (문예출판사, 2006)
· 김진호 외, 《무례한 자들의 크리스마스》 (평사리, 2007)

13장 결혼과 가정

평등한 창조를 부정하는 순종론을 깨라

백소영 이화여대 기독교학과와 미국 보스턴 대학교 신과대학에서 기독교사회윤리학으로 박사학위를 받았다. 현재는 이화여대 탈경계인문학연구단 HK연구교수로 재직하고 있다. 주요 저작으로 《우리의 사랑이 의롭기 위하여》《엄마되기, 아프거나 미치거나》《인터뷰 on 예수》 등이 있다. sybaik@ewha.ac.kr

청교도적 여성 이해, 기독교 역사의 혁명적 전환?

사랑하는 여인을 흠모하는 남자의 마음은 밤에는 그녀를 꿈꾸고, 깨어 있을 때에는 그녀의 모습이 눈과 뇌리에서 떠나지 않으며, 밥을 먹을 때에도 곰곰이 생각하며, 함께 여행한다. …… 그녀가 그의 가슴에 안기면, 그의 가슴은 그녀의 사랑을 확신한다. 그러면 마치 거대한 물줄기처럼 넘실거리며 거침없이 달려가는 사랑의 강물 때문에 모든 것을 고백하지 않을 수 없다.[1]

만약 점잖은 목사가 주일 강단에서 이런 문구를 낭독한다면 아직까지도 민망할 일이긴 하다. 그렇다고 그 목사의 신앙적 자질이나 윤리의식을 의심할 정도는 없을 것이다. 적어도 청교도적 가정 윤리가 확립된 이후의 개신교 전통에서 아내의 성적 매력에 대한 찬양은 신앙에 위배되는 행위가 아니기 때문이다. 관능적 아름다움은 그것이 '아내'의 것인 한에서는 신의 축복이라 찬양되었다. 아내를 "내 눈의 소원"이라 부르는 것은 더 이상 육정에 눈이 먼 불신앙의 징표가 아니었다.

중세적 여성 이해에 비한다면 '혁명적' 전환인 것이 분명하다. 종교 개혁 이전의 기독교 전통은 다분히 성적 욕망을 악이나 불신앙과 연결시켜왔기 때문이다. 저 유명한 교부 테르툴리아누스(Tertullianus, 155~230년경)는 철저하게 신앙적이기 위해 독신의 삶을 산 것은 물론 스스로 거세까지 하였다지 않는가? 그는 여자들을 향하여 '하나님의 거룩한 형상으로 지음받은 남자를 타락하게 만든 주범임으로 살면서 비난 받으라'고 저주를 퍼부은 교부로 유명하다.

아우구스티누스(Augustinus, 354~430)가 보였던 '여성성' 비난 역시 널리 알려진 바이다. '도대체 하나님이 여성을 만든 이유를 모르겠다'고 의심하던 그는 오직 '어머니됨'이라는 공동체 보전의 사명만을 수동적으로 인정할 뿐 여성성을 몸성·육성과 동일한 언어로 취급하면서 거룩한 신자들이 거부해야 하는 사악하고 열등한 것으로 설교했다.

그러던 기독교 전통에서 종교개혁을 계기로 일대 전환기가 도래했다. "수녀에서 아내로" 신앙적 삶을 변혁하라는 마틴 루터의 주장은 이후 '성스러운 소명으로서의 결혼'이라는 개신교적 가정 윤리의 초석을 놓았다. 16세기 초 가톨릭 인사였던 토머스 모어(Thomas More, 1478~1535)와 '성직자의 결혼'에 대해 신랄한 논쟁을 벌였던 청교도 지도자 윌리엄 틴데일(William Tyndale, 1494~1536)도 〈디모데전서〉 3장 2절을 인용하며 바울역시 목회자들의 결혼을 강조했다고 주장하였다.

분명 육욕을 죄악시하면서 순결한 독신생활을 이상적인 기독교적 인간상으로 그려온 중세적 이해와는 상반된다. 이 새로운 여성 이해가 하나의 청교도 윤리로 정착되던 17~18세기에 개신교 교회에서는 독신 상태보다 결혼이 더 우수하고 하나님의 창조질서를 따르는 귀한 상태로 선포된다.

'도대체 여자와 고귀한 대화가 가능하기는 한가' 회의했던 고대나 중세적 이해와 비교할 때 청교도 설교가들의 여성 이해는 놀라우리만치 발전적이었다. 단순히 섹슈얼리티(sexuality)의 찬양을 넘어 여성 특히 사랑하는 아내를 '우정'이나 '영성'을 동등하게 나눌 수 있는 존재로 그렸기 때문이다. 청교도 설교가나 종교지도자들의 묘사에서는 더 이상 '여자에게도 영혼이 있는지' '만약 있다면 나비의 영혼과 비교하여 어느 것이 더 고매한지' 따위를 묻는 폭력적 여성 해석을 발견할 수 없다.

미국으로 건너간 청교도 집단의 대표적 지도자가 되었던 존 윈스롭 (John Winthrop, 1587/8~1649)은 결혼 후 아내에게 보내는 편지에서 "구원의 소망 다음으로 가장 소중한 위로"라는 이름으로 아내를 불렀다. 살아있는 청교도의 전형이라 평가되는 리처드 백스터(Richard Baxter, 1615~1691) 역시 아내는 "당신만을 사랑하는 신실한 친구"이며 "당신 안에 하나님의 은혜를 솟아나게 해줄 그런 친구"라는 말로 아내를 평등하게 묘사했다. '생육하고 번성하기' 위한 소명이나, '성적 범죄를 예방하기 위함'이라는 결혼의 구실은 청교도 윤리 이전에도 등장했었지만, 삶의 제도 전반에 영향을 비치는 광범위한 윤리적 규율로서 '부부의 파트너십' '평생을 함께 하는 동반자'라는 개념은 청교도들에게서 비롯되었음을 인정해야 한다.

이제 결혼은 '선'을 실천하고 하나님의 '신적 소명'을 실천하는 통로로서 축복되고, 아내는 평등한 파트너로서 찬양된다. 여성을 동등한 이성과 신앙을 지닌 파트너로 이해하고 있었기에 청교도들은 이렇게 설교할 수 있었다.

"여성들이 남자들과 다를 바 없이 이성적인 존재이고, 선악 간에 유연한 재치를 지녔음은 굳이 부인할 필요가 없는 사실이다."

"여자를 무시하거나 모욕하는 사람, 여자를 필요악이라 부르는 사람은 신성 모독자이다. 왜냐하면 여자는 필요선이기 때문이다."

이렇듯 "남편과 아내는 가정에 그리스도의 영광스러운 나라를 힘 있게 세우는 책임을 맡은 사람들"로 이해되었고, 기독교 가정을 하나님 나라의 최소 단위인 '지상낙원'으로 만들기 위해 헌신하는 남편과 아내의 종교적 동기, 관계적 실천이 크게 강조되었다.

"하나님의 뜻대로 개인적인 삶을 살며, 하나님의 뜻에 합당한 (가정과) 교회와 사회를 세우자"는 청교도들의 이상은 1640년대 이후 영국 땅에서 사회개혁의 이념으로 실험되었고 이어 미국의 뉴잉글랜드를 중심으로 개인의 내면적 영성과 경건한 그리스도인 가정을 이루는 생활격률로 굳어졌다. 그 과정 가운데 가장을 목회자로 삼고 가족의 영성을 책임지우는 가정종교로의 확산 운동이 함께 진행되었다.

청교도들에게 결혼은 다른 의미의 '순결'이었다. 혼전의 남녀가 생물학적 순결을 지켜야 한다면, 결혼한 남녀는 배우자를 향한 '혼약의 순결'을 지켜야 한다고 주장한다. 막스 베버(Max Weber)가 개념화한 '현세내적 금욕주의'(this worldly asceticism)의 개신교적 원칙이 여기에도 적용된다. 신적 기원을 갖는 언약관계에 들어가는 동등한 신앙적 파트너로서 남편과 아내는 이 세계에서 구체적이고 모범적인 그리스도적 가정을 만들어 나가기 위하여 개인의 이기적 욕망을 절제하며 성실하여야 한다. 벤자민 워즈워스(Benjamin Wadsworth)가 강조했듯이 "모든 그리스도인은 하나님의 영광을 드러내기 위하여, 그리고 그 주변에 있는 사람들의 행복을 증진하기 위하여 최선을 다해야 한다. 이렇게 볼 때 질서가 선 가정들이 이런 일을 하기에 좋을 것 같다."

'머리'인 남편과 '교회'를 닮은 아내의 순종

지금까지도 교회에서 듣던 바요 얼른 들으면 참으로 아름답고 이상적인 여성상, 아내상이라고 말할 수 있겠다. 이러한 가르침 뒤에 무언가 숨겨져 있을 리 만무하고, 숨겨져 있는들 그리 위험하거나 사악할 리 없다고 생각할 일이다. 그러나 문제는 청교도 지도자들이 '신앙'도 '영성'도 '지혜'도 남성과 동등하게 나눌 수 있는 능력의 여성을 예찬하면서, 정작 그녀가 '아내'로서는 '그리스도'로 비유되는 남편의 권위에 절대 복종해야 함을 강조했다는 데 있다. 그들이 '신적 질서', '창조 질서'라 고백하는 그리스도인의 결혼제도 안에서 남편과 아내는 '위계적 평등성'을 가져야 한단다. 그게 하나님의 원리란다.

"우리가 말하는 위계는 노예제를 말함이 아니요, 동등하면서도 충실한 그 무엇을 말함이다."

"남편이 머리라면 아내는 머리 다음으로 신체에서 중요한 기관인 심장에 해당한다. 심장은 머리의 지배를 받는 다른 어떤 기관보다 탁월하다. 그리고 여러 면에서 머리와 거의 동등하고 머리만큼이나 소중하다."

윌리엄 구지(William Gouge, 1575~1653)는 가정을 "국가의 참모습"이라고 표현하면서 가정은 "다스림과 복종의 제일 원리와 근본을 학습하는 곳"이라고 설교하였다. 따라서 사회와 국가의 구성원이 될 아이들에게 보다 큰 집단과 공동체의 질서를 훈육하기 위해서는 부부의 바른 관계성, 즉 위계적 평등성이 정립되어야 한다고 강조하였다.

이들의 가정 이해는 한마디로 '온건한 가부장제'이다. 어떤 여성학자들은 '신(新)가부장제'라고도 부른다. 남편, 아버지의 머리됨에 신적 권위를 부여하나 다만 전통사회의 전제적 군주 이미지를 제거한 형태이다.

칼뱅(John Calvin)도 분명히 말했다. "남편은 아내의 머리가 됨으로써 이끌어야 한다. 아내는 남편의 결정에 정숙하게 따라야 한다."

루터도 이 부분에 있어서는 이견이 없었다. "아내는 실로 남편의 지도에 따라 살아야 한다. 남편의 말과 결정을 행해야 한다."

루터와 칼뱅 시절의 이야기일 뿐이라고 웃어 넘기기 힘든 일이다.

21세기에도 교회 강단에서는 같은 '신적 질서'가 선포되고 있기 때문이다. 2009년 5월 한 신도시 대형교회의 가정주간에 배포된 〈가족사랑 실천노트〉에는 아내의 역할을 "남편의 말에 무조건 순종하기. '당신 말이 다 맞아요'라고 맞장구치기"를 신실한 기독교 여성의 가족사랑 실천 행위로 가르친다. "제사보다 순종이 낫다"는 성구와 함께 기록하면서 말이다.[2] 이 교회의 2011년 11월 27일 대예배 설교 역시 〈에베소서〉 6장을 근거로 한 "순종과 공경의 회복"이었다. 현재 대한민국에서 하나의 커다란 사회적 문제가 되고 있는 가정의 붕괴와 가장권의 상실을 개탄하며 창조 질서에 따라 순종과 공경을 회복해야 한다고 역설하는 설교에 많은 교인들이 감동과 눈물로 '아멘'하였다.

하나님의 창조 질서 안에서 '남편과 아내'는 '그리스도와 교회'의 관계와 같단다. 신실한 개신교 설교가들은 이렇게 말한다.

"남편이 머리라면, 아내는 몸이다."

"아내의 주된 의무는 복종이고, 남편의 주된 의무는 사랑이다."

"좋은 남편은 자상하고 순탄하게 아내를 이끌고, 두려움의 대상이 되기보다 사랑하고 싶은 존재가 되려고 노력한다."

"좋은 남편은 아내가 남편의 지도를 즐겁게 따르고, 그것을 노예가 된 기분이 아니라 자유와 특권으로 느끼도록 이끄는 사람이다."

우리나라 성리학의 오륜(五倫) 중 '부부유별'의 윤리를 떠올리게 되는 구절들이다. 어쩌면 그 이유에서 이 두 윤리는 '친화력'을 가지고 오늘날까지도 바른 부부관계의 이상으로 한국 개신교인들의 마음을 지배하고 있는지도 모르겠다. 유교적 이상인 '군자' 역시 아내를 존중하고 귀히 여겼다. 폭언이나 폭행으로 아내에게 군림하는 것이 아니라 덕으로 감싸고 자발적인 순종을 이끌어내는 도덕적 가장의 모습이었다. 이들에게 남녀'유별'은 '리(理)'로서 불변하는 하늘의 이치였다.

이와 흡사하게 청교도들도 아내의 순종은 신적 질서로서 불변의 원칙이라 믿는다. 하나님께서는 여자가 남편에게 복종하라고 명령하셨다는 것이다. 로버트 클리버(Robert Cleaver)의 분열적 선언 즉, "남편과 아내는 영원한 생명이라는 면에서 동등하나 가정을 다스리고 친교한다는 점에서는 동등하지 않다"는 말은 청교도적 이상의 문제점을 여실히 보여준다.

청교도들이 열렬히 찬양하는 '아름답고 신실한 아내'는 '돕는 조력자'일 뿐이다. 그것이 여성 창조의 이유요 존재의 목적이다. 하여 한국 교회의 멘토격인 강남의 한 대형교회 목회자도 기독교적 아내의 이상을 여전히 이렇게 설교한다.

> 여성은 아내로서 책임이 있습니다. 여성은 성경 말씀을 비유로 들자면, 교회와 같은 것입니다. 그리스도를 향한 순종과 예배가 있는 곳이지요. 따라서 아내들도 교회로서 순결과 아름다움을 갖추고 있어야 하며 교회로서 예배가 양육의 사역이 요청되는 것처럼 집안에서 자녀들을 돌보고 위해서 중보하는 사역을 잘 감당해야 합니다. 그리고 남편을 '상응하는 돕는 자'로서 남편을 있는 그대로 받아들이고 인정하고 존경하며, 남편에게 맞추어 나간다면, 그런 아내는 '완전한 남자'를 만드는 '완전한 여자'가 될 것입니다.[3]

매주 이런 말씀을 강단에서 들으면서 신실하게 내면화해온 평신도 여성들의 '복제된' 신앙고백이 어떠하겠는가?《백마 탄 왕자님 만나기》의 저자이며 기독교 예비부부학교를 운영하는 스타강사인 팔로마나 윌슨은 그녀의 동료 여신도들에게 순종의 위계를 역설하는 성경구절을 선택적으로 인용하며 하나님, 목회자, 국가, 고용주, 남편에게 순종하라 권한다.

복종이라는 말은 남편에게 순종하며 사는 것을 뜻합니다. 제 말에 귀를 기울여 주십시오. 결혼 서약 중에서 이 부분을 따라 말할 때는, 이제부터 남편이 당신의 인생에 대한 최종 결정권을 가질 것이라고 하나님께 약속드리는 것이나 같습니다. …… 내 남편은 강연과 저작 활동을 많이 도와줍니다. 남편 덕분에 결혼 이후 많이 성장했다는 생각이 듭니다. 하지만 내가 어떤 일을 하고 싶어 할 때 남편이 반대하는 경우가 있습니다. 그럴 때면 하나님 말씀에 따라 남편에게 복종하고 그동안 세운 계획을 없었던 것으로 여깁니다. 종종 보면 남편의 의사와는 전혀 다르게 하나님께서 자신들에게 특별한 소명을 주셨다고 말하는 부인들이 있습니다. 그것은 잘못된 것입니다. 하나님은 결코 그 분의 법칙을 바꾸지 않습니다.[4]

대학원과 가정 사이에서 삶의 분열을 겪다 성경적 해결을 보았다는 한 여신도 역시 결국 하나님이 기뻐하시는 여성은 가정을 삶의 우선순위로 두는 여성임을 확신하고 자신의 학업을 포기한 뒤 가정은 '지상낙원'이 되었다고 자신의 저서에서 열렬히 간증한다.

남편이 신자든 불신자든, 하나님께 순종하든 순종하지 않든, 우리가 남편에게 복종할 때, 그 복종이 우리 입으로 하는 천 마디 말보다 더 능력 있는 설교가 된다. 매일 아침 이렇게 여쭤보라. "하나님, 오늘 남편을 돕고, 그를 기운 나게 해주며, 자신이 특별한 존재라고 느끼게 해주고, 그의 짐을 가볍게 해줄 제가 할 수 있는 일이 무엇일까요?" 대답 속에는 떨어진 단추 달아주기, 심부름해주기, 낡은 양말을 새 양말로 갈아주기 등이 포함될 수 있다. 하나님의 인도하심을 받도록 하라.[5]

그녀는 또한 "아이를 낳지 못하는 여인조차도 한 집에서 떳떳하게 살게 하시며, 많은 아이들을 거느리고 즐거워하는 어머니가 되게 하신다"라는 〈시편〉 113편 9절을 매일 묵상하며 "자신을 잊어버리고 가족을 사랑하게 만드는 모성애"를 습관화한다고 고백한다.[6]

하지만 정말 궁금하다. 지성이나 영성이 남편에 뒤지는 것도 아니며 평등하게 창조되었는데, 신적 질서에 의해 '돕는 조력자'로서의 삶을 사는 아내와 어머니라니! 완전이요 절대요 전능이라 고백하는 우리의 하나님께서 설마 그런 역설적 존재로 여성을 지어 내셨을까? 분열적 여성 이해가 요청되는 현대사회였기에 생겨난, 시대적 한계를 가지는 신앙 담론은 아니었을까 반문해보게 되는 지점이다.

'전업주부', 현대사회를 지탱하는 전근대적 존재

요즘 젊은이들이 '결혼은 미친 짓이다'라고 외치는 데에는 이유가 있다. 그들이 특별이 도덕적으로 타락해서도 아니고, 인격적 결함이 있어서도 아니며, 신앙을 상실해서가 아니다. 그들이 살아가는 외적 환경에 근본적 원인이 있다.

현대의 남편과 아내 역할은 사실 근대적 '분업화'의 결과였다. 문제는 '남편의 영역'으로 대변되는 공적 세계의 원리와 '아내의 영역'으로 대변되는 사적 세계인 가정의 원리가 현저히 다르다는 데 있다.

전자는 합리적 현대성이 작동하는 공간으로 경력과 실적으로 평가받는 전문인을 양성한다. 그곳에는 성별 구별이 없다. 오직 탈성적(de-sexual) 전문가 개인의 업무수행능력으로 평가받는 공간이다.

그러나 후자는 비합리적 전근대성이 작동하는 공간이다. 그 공간에서 수행되는 모든 노동은 공적 평가로부터 빗겨나 있으며 임금으로 환산되지 않는다. 사랑과 희생, 인내와 기다림이라는 신실하고 고귀한 도덕적 가치가 요구되는 공간이다. 그리고 그런 가치들을 수행하는 '전담자'는 주로 아내요 엄마이다.

논리적으로 '탈성적 전문가 개인'이면서 동시에 '아내요 엄마'이기 힘든 구조가 오늘날의 현대사회이다. '아버지학교'를 다녀온 뒤 신실하고 사랑 많은 아버지의 역할을 수행하고 싶은 아빠나 남편이라 해도 그 역시 무한경쟁과 구조조정이 일상화되어 있는 21세기 신자유주의적 공적 영역을 살아가고 있는 자라면 동시에 두 역할을 다 감당하기는 힘든 일이다. 공간의 분열도 문제이지만 작동원리의 상반성이 더 큰 문제이다. 가족공동체가 유지되기 위하여 아내나 남편, 엄마나 아빠가 쏟아부어야 할 시간과 에너지는 공적 평가를 받지 못하고 직업경력을 업데이트하는 데 불리하게 작용하기 때문이다.

이런 21세기적 삶의 조건에서 여전히 '행복한 가정 세미나' '하나님이

기뻐하시는 부부 학교' 등을 통해 청교도적 가정 윤리의 회복을 가르치는 현대교회는 문제의 본질을 간과하고 있는 것이다. 물론 '위계적 평등성'에 근거하여 낭만적 사랑과 신앙적 신실성으로 이루는 아름다운 핵가족의 이상은 17~18세기 근현대 사회로의 변동 과정 가운데 자신들의 삶을 합리화한 청교도들에게는 필요한 담론이었다.

사실 기계제 대량생산이 가능해지면서 상당수의 중산층 부인들이 더 이상 생산노동에 메일 필요가 없었던 근대사회에서는 새롭게 여성들의 생산적 역할을 의식화할 담론이 필요했다. 그녀들이 귀족여성들의 비생산적, 향락적 삶을 동일시하려 하는 동향이 목격되었기 때문이다.[7] 즉 노동으로부터 자유로워진 중산층 부르주아 여성들이 비생산적이고 기생적인 귀족여성의 삶을 모방하는 것은 사회의 큰 문젯거리였다. 루소의 《에밀》(1762)을 비롯하여 18세기 중반 도덕적 소명으로서의 아내와 어머니 역할을 강조하는 담론이 무수히 등장하게 된 배경이 여기에 있다.

한 통계조사에 따르면 1780년대까지도 파리 시의 대부분의 아이들은 엄마 젖을 먹고 자라지 못했다. 2만 천 명의 영아 중 오직 천 명만이 모유를 먹었고, 집으로 불러들인 유모의 젖을 먹은 아이들이 약 천 명 정도였을 뿐, 나머지 1만 9천 명은 집을 떠나 유모의 집으로 보내졌다 한다.[8] 유모를 벗어나면 가정교사, 그리고 기숙학교로 이어지는 '어머니와 어린이의 분리'는 18세기 후반까지도 하나의 '문화적 관습'이었다는 말이다.

아내됨과 어머니됨에 도덕적·신앙적 가치를 부여하는 담론은 막 발생한 개신교 전통에서 앞서 생겨나고 있었으나 그것이 사회적으로 확산된 데에는 사회변동에 따른 필요성과 맞물렸기 때문이다. 엘리자베스 바댕테르(Elisabeth Badinter)에 따르면 18세기 후반에 와서야 비로소 오늘날까지 영향력을 미치고 있는 모성 신화 즉 "어머니들은 모두 자기 자식에 대한 모성본능, 혹은 자연발생적 애정을 지니고 있다는 신화"가 탄생하였다.[9] 근대국가의 탄생은 국민으로서의 인구 증식을 필요로 했고 공·사 이분적 핵가족 체제로의 이동은 사적 영역인 가정에 남아 비임금 노동을 감당해야 하는 인력을 요청했기 때문이다.

이미 계몽사상의 영향으로 전통적 여성 이해가 설득력을 잃은 상황이었기에 여성 비하는 불가능했다. 시대적 가치로 부상한 '평등' 이념은 남녀관에서도 적용되어야 한다는 기대가 있었다. '친구' '우정' 등의 평등한 관계성 속에서 부부관계를 이상화하게 된 까닭이다. 근대 계몽사상가들과 개신교적 지도자들이 손잡고 이상화한 '새로운 어머니'는 무지한 어머니가 아니다. 현대과학적 지식과 신앙, 도덕적 가치로 무장된, 오로지 '내 아이들만을 위해 준비된' 계몽적 도구이다.

하여 루소가 이상적인 여성상으로 그려낸 에밀의 아내 '소피'는 "신학자나 논증가로 키워서는 안 되지만 집안 일을 잘 처리하기 위한 수단으로서의 읽기와 쓰기를 배우고 가사를 운영하기 위한 실제적 지능을 가진 인물"로 그려진다.[10] 에밀에게 어울리는 인생의 동반자 소피는 남성의 조력자요 눈의 즐거움이요 아이들의 지혜로운 어머니여야 했다. 추상적, 사변적 진실을 탐구하고 자신의 일을 추구하는 독립된 인격이면 곤란했다. 루소는 차라리 솔직했다.

"명석한 정신을 소유한 여자는 그 남편, 그 아이들, 그 하인들, 즉 모든 사람의 재앙이다. 자신의 타고난 재능이 고양될 경우 여자는 여성으로서의 의무를 모두 무시한다."[11]

집안에서 가지는 아내와 어머니의 권위를 높이 인정한 루소의 주장은 '동등하나 구별된다'는 청교도 설교가들의 부부 역할과도 상통한다. 《에밀》의 가장 충실한 독자였던 나폴레옹은 에쿠앙 학교의 교장에게 이렇게 부탁했다.

"소녀들을 논증가가 아니라 여신도로 키워 주십시오. 여성들의 약한 두뇌, 사회 질서 속에서 여성들이 지니고 있는 운명, 영구적으로 그리고 지속적으로 체념해야 할 필요가 있다는 것, 그리고 일종의 관대한 자비심의 필요성, 이 모든 것들은 종교, 즉 자비롭고 온유한 종교에 의해서만 가능한 것입니다."[12]

특히나 노예나 가정하인을 풍족하게 공급받지 못했던 미국적 상황에서는 더더욱 아이들의 소중한 유아기를 "가장 무지하고 사악한 이들(흑인노예)의 손에 맡기는 것"에 대한 경고가 강화되었다.[13] 청교도적 노동윤리로 무장한 미국 북동부가 남북전쟁에서 승리한 뒤 중세 귀족풍의 여흥은 더 이상 고귀한 취미로 대접받지 못했다. 신앙적, 도덕적 옷을 입은 가정 담론이 낭만화된 형태로 19세기를 가득 채운 이유가 여기에 있다.

20세기 중반에야 나타난 노동분업적 현대 가정(아빠는 일하고 엄마는 가사를 돌보는)은 결국 현대 여성들에게 "안락한 포로수용소"가 되었다.

"일단 여성이 가정 외의 관심사를 포기하자, 주부의 일이 모든 시간을 채우도록 확장되었다. 여성은 가사의 의무에 그 의무가 정말로 필요로 하는 것보다(아니 아이들에게 필요한 것보다) 더 많은 관심을 과도하게 쓰게 되었다. 시장에서 남성이 행하는 노동과 유사하게, 이러한 의무는 여성을 그저 분주하게 하는 것 이외에는 다른 어떤 목적도 없어 보였다."[14]

이렇게 근현대 가부장제적 담론으로 형성된 '여성' 이해와 맞물린 개신교였기에, 그 형태나 내용이 하나의 '패키지'로 한국 땅에 전해진 것은 어찌 보면 당연한 귀결이다. 이화학당의 제2대 당장이었던 로드와일러 (Louise C. Rothweiler)는 여성교육의 내용과 목표를 강조하며 "참된 가정을 만들고 유지하는 데 있어 조력자가 되고, 우리 학교의 교사가 되며, 기숙학교의 조수가 되고, 의료사업에 있어 간호사나 조수가 되게 하려는 데 있다"고 강조했다. 때문에 "음식 만들기, 옷을 재단 재봉 수선하는 것, 그리고 자신과 집안을 청결하고 말끔하게 정돈하는 법을 배우도록 해야 한다"고 역설했다.[15]

1899년 〈대한그리스도인회보〉는 "여성이 학문이 없으면 자식을 낳아 기를 때 자식이 아파서 울거나 주려 울거나 잘 모르고, 위생이 무엇인지도 모르고 사람됨이 무엇인지도 모르고, 덮어놓고 젖이나 밥 먹이고 귀하답시고 등에 매고 달고 다니면 되는 줄 안다"며 한국 여성을 근대적 가정을 꾸릴 적격자로 길러내야 한다는 주장을 싣고 있다.[16] 신앙의 여성은 지혜롭고 지성적이며 실용적 지식을 많이 알고 있어야 한다. 단 아내와 어머니로서의 역할 수행에 적합한 정도로만 말이다.

서로를 건설하는 사람들, 부부와 가족의 새 이름

정말 그럴까? 하나님은 이 땅에 당신의 형상으로 사람을 지어 내시면서 인류의 반을 오직 보조자요 돕는 조력자로서 살아가도록 그리 정하셨을까? 언젠가 밀턴이 '인류의 일부를 나기 전부터 멸망할 자들로 미리 예정하신 것이 정녕 하나님이라면 난 그 하나님을 안 믿고 지옥불에 떨어지겠다'고 외쳤다지만, 나도 그리 외치고 싶은 심정이다. 진정 하나님께서 인류의 반을 오직 '돕는 조력자'로서만 살아가도록 만든 장본인이라면 나 역시 그런 하나님은 믿지 못하겠다고 말이다.

밀턴이 부정한 것은 신이 아니라 칼뱅의 예정설이었듯이, 나의 부정역시 하나님에게로 향해 있지 않다. '위계적 평등성'이라는 허울 좋은 내용으로 여성성을 예찬한 듯하지만, 정작 이 땅의 신실한 여성들로 하여금 '하나님의 형상'으로 창조된 그 진정한 본 모습을 성취하는 길을 가로막는 개신교적 여성 이해는 '신앙'의 이름으로 정당화되어서는 안 된다.

어찌 하나님이 그리 했겠나? 어느 여성신학자는 '성서에서 여성해방적 메시지를 찾으려 노력하는 것은 마치 흑인이 KKK단 안에 들어가서 백인과 흑인의 평등을 외치려는 것과 같다'며 기독교를 떠나갔지만, 난 그래도 믿는다. 아무리 가부장적 편견으로 가득 찬 성서의 이야기라 해도 살아계신 하나님의 뜻이 담긴 정전인데 숨기려 해도, 가리려 해도 살아 고동치며 드러나는 하나님의 해방적 메시지가 분명 있을 것이라고 말이다.

하여 눈을 부릅뜨고 기도하는 마음으로 읽다 찾은 해방적 단어가 이것이었다. 오이코도메인! '건설하다'는 의미를 가진 동사다. 교회의 관계성을 묘사하며 유난히 '서로가 함께'라는 표현을 즐겼던 사도 바울이 교회 구성원들은 '서로를 건설해야 한다'(〈데살로니가전서〉 5,11)고 역설하였다. 교회가 무엇인가? 그리스도의 이름으로 두세 사람 이상이 모인 공동체이다. 그리스도인 가정은 그 최소단위일 수 있다.

가정이 '작은 교회'라는 인식은 현대교회의 가정윤리를 정립한 청교도들 역시 주장하던 바였다. 이미 존재하는 가정에서의 가부장적 위계질서를 극복하지 못했던 남성 신학자들도, 예수에 의해 선포되고 새로이 도래하는 공동체인 '교회'의 질서를 묘사하면서 '서로가 함께 건설해가는' 것이 하나님의 뜻이라 그리 말했던 것이다.

만약 그렇다면, 즉 한 성이 다른 성의 사회적 건설을 위하여 철저히 보조자적 삶을 살아가는 것이 어찌 교회의 원리고 하나님의 뜻이 되겠나? 어찌 여성의 존재이유가 남자들을 기쁘게 하고 남자들에게 편리한 삶을 제공하기 위한 서비스에 국한되겠는가?

신분제가 '당연'하던 시절 쓰인 성서에서 노예제를 정당화하는 구절이 보인다 하여 '노예제가 하나님의 뜻'인 것은 아니듯이, 가부장제 속에서 쓰인 성서에서 남녀의 위계적 표현을 찾았다 하여 이를 '하나님의 창조 질서'로 영구화할 수는 없는 일이다. 성서에서 문화적 편견과 한계를 걸어내고 불변하는 하나님의 뜻을 찾아내는 것, 그것이 '하나님의 나라를 이 땅에 오게' 하는 일에 동참하는 그리스도인의 자세이다.

이를 위한 첫 걸음으로 무엇보다 강단의 메시지가 전면적으로 바뀌어야 한다. 이 땅의 질서와 다른 '하나님 나라의 질서'를 선포하는 그리스도의 교회라면 성서에 분명히 나와 있는 교회 공동체의 질서를 남녀관계나 가정윤리의 새로운 근거로 삼아야 한다. 누군가는 반문할 것이다. 그럼 당장 가정이 와해될 텐데? 현대사회는 사적 영역에서 사랑의 이름으로 무임금 가사육아노동을 감당하는 돕는 자, 조력자가 필요한 삶의 조건인데, 그걸 부정하고 '서로를 건설하는' '서로를 자라게 하는' 방식으로 가정의 관계구조를 재정립하자 하면 현대 분업적 형태의 가정 질서는 깨지는데?

그러나 그것이 두려운 자는 불신앙의 사람이다. 예수를 따르지 않는 자다. 언제 예수가 기존 질서를 유지하고자 왔던가? 특정 집단의 이익만을 위해 지어진 제도라면 '돌 위에 돌 하나도 남지 않도록' 철저히 부수러 온 자였다. 온 생명이 하나님의 질서 안에서 '서로를 건설할 수 있는' 새로운 관계방식을 시작하러 온 분이었다. 노동인력의 확보를 위하여 노예제를 정당화할 수 없듯이, 현대사회의 공적 영역이 존속하기 위하여 이상화된 여성성을 기반으로 가정을 낭만화하고 이를 '여성의 전적(全的) 소명'의 장(場)으로 주장할 수는 없는 일이다.

'반(反)하나님적'이라면 그것의 붕괴를 기뻐해야 하는 것이 신앙인이다. 하여 철저하게, 피 터지게 고민할 일이다. 어찌하면 우리의 이 외적 조건 가운데 '서로를 건설하는 방식'으로 남자와 여자, 남편과 아내의 관계를 재정립해 가야 하는지. 어찌하면 하나님 닮은 창조성을 개인의 삶 가운데서 실천하면서도, 서로를 건설하는 관계적 사랑으로 돌봄을 실현하는 통전적 삶을 건설할 수 있는지. 그 '대안'이 강단에서 선포되고 기독교 가정과 교회 안에서 실험될 때 우리는 청교도가 이룬 혁명 이상으로, 하나님 나라의 질서에 보다 가까운 또 하나의 혁명을 이루어 낼 수 있을 것이다.

⊙ 더 읽을거리

· 강남순, 《페미니즘과 기독교》 (대한기독교서회, 1998)
· 김영미, 《오해박은 여자들의 노래》 (브리지, 2010)
· 백소영, 《엄마되기, 아프거나 미치거나》 (대한기독교서회, 2005)

* 이 글은 2007년도 정부재원(교육과학기술부 학술연구조성사업비)으로 학술연구재단의 지원을 받아 연구되었음(NRF-2007-361-AL-0015).

1) 리랜드 라이큰 지음. 김성웅 옮김 《청교도-이 세상의 성자들》 (생명의 말씀사, 2003), 100쪽. 라이큰은 청교도 가정윤리를 묘사한 책들인 The Application of Redemption, A Comment Upon Christ's Last Prayer에서 청교도 설교가들의 인용구를 뽑았다. 1과 2에서 직접 인용한 청교도 설교가들의 글은 모두 라이큰의 책에서 재인용하였다. 가독성을 위해 각각의 페이지는 밝히지 않는다.

2) 백소영, 《엄마되기, 아프거나 미치거나》 (대한기독교서회, 2005), 230~231쪽

3) 백소영, 233쪽

4) 팔로미나 버니 윌슨, 《백마탄 신랑감 만나기》 (나침반, 1997), 218~219쪽

5) 엘리자베스 조지, 《하나님이 기뻐하시는 여성》 안보헌 옮김 (생명의 말씀사, 2001), 71, 85쪽

6) 엘리자베스 조지, 123~124쪽

7) 크리스토퍼 래쉬 지음, 엘리자베스 래쉬 퀸 엮음, 오정화 옮김, 《여성과 일상생활, 사랑 결혼 그리고 페미니즘》 (현대의 지성, 2004), 102쪽

8) 엘리자베스 바댕테르, 심성은 옮김, 《만들어진 모성》 (동녘, 2009), 66쪽

9) 엘리자베스 바댕테르, 146쪽

10) 엘리자베스 바댕테르, 240~241쪽

11) 엘리자베스 바댕테르, 242쪽에서 재인용

12) 엘리자베스 바댕테르, 245쪽

13) 엘리자베스 래쉬, 119쪽

14) 베티 프리단의 1963년 저작 《여성의 신비》의 논지이다. 래쉬, 145쪽에서 재인용

15) Louise C. Rothweiler, "What Shall We Teach in Our Girls' School?" The Korean Repository (March 1892), vol. 1. 이숙진 《한국기독교와 여성정체성》 (한들출판사, 2006), 84쪽에서 재인용

16) 이숙진, 86쪽

14장 교회와 여성

원죄라는 편견이 만든 부정不淨의 여성관

이충범 연세대학교와 감리교 신학대학교를 거쳐 드류 대학교 신학부에서 신학석사 (M. Div)를, 대학원에서 중세신비주의 연구로 철학박사(Ph. D)를 받았다. 현재 협성 대학교 신학부의 역사신학교수로 재직 중이다. 주요 저작으로 《노래로 듣는 설교》《중세 신비주의와 여성 - 주체, 억압, 저항 그리고 전복》 등이 있다. melongdrew@empal. com

원죄의 진범이자 타락의 책임을 뒤집어쓴 여성

모든 남자들이 다 그렇지는 않지만 거의 대부분의 남자들은 여자들에 대하여 관심이 많다. 그러나 대부분의 여자들도 남자들에 대하여 관심이 많은지는 내가 여자가 아니라서 잘 모르겠다. 대부분의 남자들은 여자에 대하여 잘 알고 있다고 치부한다. 그래서 말끝마다 "여자는 어쩌구……"를 말한다. 그러나 최근에 공식적으로 매일 44건씩 발생하고 있는 성범죄를 보면 남성은 여성의 언어를 전혀 이해하지 못하고 있는 것이 분명하다.

그리스도교 교회는 지난 2천여 년 간 여성에 대하여 가르쳐 왔다. 아니 지난 세월 동안 그리스도교 교회가 가르친 여성에 관한 지식이 여성들을 생산해 왔다고 말하는 것이 더 정확할지 모른다. 따라서 본 글에서는 그리스도교 교회가 가르쳐온 여성을 해부해 보기로 한다. 그리고 이러한 여성에 대한 정보가 얼마나 우리의 사고를 지배해 왔고, 이러한 사고의 지배가 현재 교회와 삶에 적합한지를 모색해보기로 한다.

서기 2세기에 활동했던 교부 테르툴리아누스(Tertulianus)에게 있어서 여성은 두려움의 존재들이다. 그가 보기에 그녀들이 다리를 벌릴 때마다 선한 남자들은 타락의 나락으로 떨어져 갔다. 그래서 그는 인류의 반인 이브들에게 이렇게 소리친다.

"그대들은 마귀의 문이다. …… 그대들은 하나님의 법을 최초로 버린 자다. 그대들은 마귀가 공격하기에 힘에 겨웠던 남자를 설득한 자다. 그대들은 하나님의 형상인 남자를 그렇게도 쉽게 멸망시켰다. 그대들의 죄 때문에 하나님의 아들도 죽으셔야만 했다."

여성이 원죄를 저지른 진범임을 확신하는 이러한 태도는 시대가 흘러도 여전했다. 그리스도교 4대 교부 중 한 사람으로 추앙받는 암브로시우스(Sanctus Ambrosius, 340~397) 역시 《낙원론》에서 원죄의 책임에 대한 공방을 하고 있다. 과연 누가 원죄를 저지른 진범이며 따라서 누가 진정 원죄에 대한 책임이 있는지 묻고 있는 것이다. 그리고 "아담이 속은 것이 아니고 여자가 속아 죄에 빠졌다"고 언급한 〈디모데전서〉 2장 14절을 인용하여 결론 내리고 있다. 다시 말하면 원죄를 저지른 진범이자 영원한 타락의 책임은 여성에게 있으며 남성은 여성에게 속아 저지른 사기에 의한 과실범일 뿐이다.

여성에 대한 이러한 이해는 곧바로 여성의 영혼에 대한 궁금증으로 확산되었다. 이미 테르툴리아누스의 언급에서 볼 수 있듯이 남성들은 '하나님의 형상'이다. 다시 말하면 창조 당시 순수선(善)인 영혼을 가지고 피조되었다.

그렇다면 범죄를 저지른 여성의 영혼은 어떠한가? 초대 그리스도교 교회는 "남자는 하나님의 형상이요 여자는 남자의 영광"(〈고린도전서〉 11,7)을 들어 남성만이 하나님의 형상을 받았다고 생각했다. 바꿔 말하면 여성은 하나님의 형상을 받아 창조된 것이 아니다.

이러한 초대교회의 여성 이해는 여성이 원죄의 진범임을 잘 설명할 수 있었다. 다시 말하면 하나님의 선한 형상을 갖지 못한 여성의 영혼은 본질적으로 흠집(stain)을 가진 것으로 여겨졌고, 반면 남성들의 영혼은 유혹에 의해 일시적으로 속았기 때문에 악에 대하여 비본질적이라는 것이다. 단적으로 여성의 영혼은 본성상 남성과 다르다는 것이다. 여성에 대한 이러한 사고는 아주 쉽게 여성혐오증으로 발전한다.

불결하고 부정한 여성의 몸

의학은 그 탄생부터 여성의 몸과 정신의 병적 상태를 자궁과 연결 지어 생각해 왔다. 플라톤은 여성의 병의 원인을 다음과 같이 진단한다.

"이른바 아기 굴, 즉 여성의 자궁을 생각해 보자. 여성 속에 있는 그 동물은 아이를 간절히 원하는데 적절한 시점이 지나도록 아무 소득이 없으면 점차 불만을 느끼고 화를 낸다. 그리고 몸 전체를 마구 쑤시고 다니기 시작한다. 위로 올라와서 숨 쉬는 길을 막아 호흡을 방해하고, 여성을 다급한 상황으로 몰고, 각종 질병을 일으킨다. 마침내 남녀의 욕구와 사랑이 결실을 맺을 때까지 말이다."

따라서 의학은 애초부터 자궁을 갖고 태어난 여성의 몸은 끊임없이 '문제를 일으키는 몸'으로 규정해왔다.

여성의 몸은 문제를 일으키는 몸에서 또 다른 편견을 뒤집어쓰는데 그것은 '불결하고 부정한 몸'이었다. 〈레위기〉(20,18)는 월경에 대한 부정법을 수없이 강조하고 있으며 생리기간 중의 성교를 저주하고 있다.

사실 생리혈이 여독하다는 개념은 그리스도교 뿐 아니라 시대와 장소를 막론하고 인류 인식에 배어 있었다. 그리고 이러한 편견은 지금도 유효하다. 베인 손가락에서 나오는 피는 무의식적으로 입으로 가져가면서도 생리혈을 먹는다는 생각은 추호도 할 수 없다. 그러나 현대과학은 생리혈이 여타의 혈액보다 더 불결하다는 아무런 증거를 찾지 못하고 있다.

여하튼 이러한 여성의 불결한 몸에 대한 인식은 중세 수도사의 눈을 통해 극단적으로 묘사되고 있다. 클루니 수도원의 제2대 원장이었던 오도(Ordo of Cluny, 878-942)는 "남자들이 살가죽 밑에 있는 것을 본다면 여자를 보기만 해도 속이 뒤집힐 것이다. 손끝으로 가래나 똥도 만지지 못하는 우리가 어떻게 그 오물자루를 포옹하기를 원할 수 있겠는가?" 반문하면서 여성의 불결한 몸에 대하여 극단적인 혐오를 드러내었다.

본성부터 열악한 존재, 원죄를 저지른 진범, 그래서 죄악에 빠지기 쉬운 존재인 여성들을 교회는 회개시키고, 억누르고, 감시해야만 했다. 이렇게 탄생한 것이 '감금된 몸'이었다. 초대 그리스도교에서 여성들의 감금은 빈번하게 일어났는데 여러 문서들은 이를 매우 자랑스럽게 묘사하고 있다. 중세에 들어와서도 가부장적 교회권력은 여성성을 강력하게 억누르고 감시하기 위하여 여성들을 가내 공간의 가장 폐쇄적인 장소인 규방이나 여자 수도원 안에 가둠으로써 이를 해소하고자 했다.

이러한 이유 때문에 무엇보다도 그리스도교 교회가 가장 오랫동안 일관적으로 찬양했던 여성의 몸은 '순결한 몸'이었다. 재미있는 것은 순결한 몸과 독신의 몸은 비단 여성 뿐 아니라 남성에게도 적용되는 몸이었다. 그러나 이 두 몸의 효과는 전혀 달랐다. 순결한 남성, 독신인 남성이 교회의 지도권을 갖기 시작한 것은 기독교 공인 이후부터 강화되기 시작한다. 다시 말하면 결혼한 남성보다 결혼하지 않은 남성이 교권에 있어서 우위에 놓이게 되는 것이다. 이러한 현상은 그리스도교 교회의 역사에 있어서 순결이 여성에겐 단순한 덕목으로 간주되었지만 남성에겐 권력을 획득하는 도구 및 남성 권력을 떠받치는 버팀목이 되었던 것을 말해주고 있다.

여성의 섹슈얼리티

2세기 말 그리스도교 공동체를 관찰한 의사 가레노스(Claudius Galenus, 129~199)는 이제까지 자신이 보아왔던 주변사회와 전혀 다른 특징을 가지고 있었던 그리스도 공동체를 매우 신기한 눈으로 바라보고 있었다. 여러 가지 이유 중에도 그 무엇보다 가레노스를 놀라게 한 것은 초기 그리스도인들이 결혼 후조차 성적인 금욕을 실천하고 있었다는 사실이었다. 이는 평범한 로마인의 눈에는 매우 이례적인 것으로 비쳐졌던 것이며, 교회는 성욕의 절제를 그리스도인과 이교도를 구분하는 상징으로 여겼던 것이다. 또한 이러한 사실은 그리스도교가 초기부터 성에 대하여 매우 큰 혐오와 두려움을 드러내고 있는 것을 시사한다. 이러한 그리스도교가 바라본 여성의 성은 당연하게도 긍정적이지 못했다.

우선 교회는 여성을 성적 욕망이 강렬한 관능적 존재로 이해하고 있다. 자신의 성적 욕망을 충족시키기 위하여 남자들을 유혹하고 타락시키는 존재라는 것이다. 이러한 초기 그리스도교의 여성관은 아담의 첫 부인 릴리트(Lilith) 민담을 만들어낸 유대교와 "모든 동물은 성교 후에 슬프다. 단지 여성과 수평아리만 제외하고 ……"(아리스토텔레스)라고 믿었던 헬라전통을 계승, 확대, 발전시킨 것이다.

이 때문에 악마들은 질펀한 음욕을 품은 여성의 모습으로 나타나 하나님께 순결한 몸을 맹세하고 수행하는 수도자들을 유혹한다. 피골이 상접한 성 안토니(Anthony)나 성 힐라리온(Hilarion) 앞에 나타나서 그들을 유혹했던 악마들은 모두 음탕한 여체의 모습으로 나타났다.

극단적 주장을 자주 했던 테르툴리아누스는 이 때문에 여자들은 공공장소에 나타나서는 안 된다고 강변한다. 그는 여자들의 화려한 의복은 야심의 표현이며 화려한 장식은 매음이라고 매도하면서 여자들이 화려하게 공공장소에 나타나는 이유는 음탕한 거래를 하거나 허영을 부풀게 하기 위해서라고 비난하고 있다.

참고로 나는 이러한 교회의 여성관이 남성들의 두려움과 자기 불안증의 산물처럼 보인다. 사실 원고는 지속적으로 피고를 못살게 굴며 제발, 제발 한 번만을 애걸하는데 여기서 원고는 남성, 피고는 여성이다. 왜냐하면 만족스러운 성생활을 거부한 책임은 늘 여성에게 있기 때문이다. 무슨 말인가 하면 여성을 유혹자로 바라보는 시선으로 남성들은 유혹에 견디기 어려운 자기 욕망과 불쌍한 자기 불안증을 표현하고 있는 것이다.

실은 교부들도 이를 잘 알고 있었다. 아타나시우스(Athanasius, 293~373)는 영적혼인이라도 남녀가 함께 사는 것을 반대했는데, 남녀가 매일 보게 되면 반드시 서로 간에 욕망이 일어나고 이 때문에 남녀 간의 성적 역할이 역전되기 때문이라고 생각했다. 다시 말하면 남자가 욕정에 사로 잡혀서 여자에게 애걸하게 되고 이 때문에 여성에게 종속된다는 것이다.

한편 교회는 성적 욕망이 강렬한 여성관과 완벽하게 대치점에 서 있는 여성관도 함께 가르쳐왔다. 다시 말하면 여성은 성욕 자체가 없는 존재라는 것이다. 앞서 언급하였듯이 플라톤이 여성의 병은 자궁 때문에 발생하는 병으로 믿었다는 사실은 히스테리와 같이 여성들에게만 발병하는 정신질환이 자궁의 존재 때문임을 시사한다.

중세의 병리학자들도 히스테리가 여성의 자궁과 성적 욕망과 직접적인 관련을 갖고 있다고 믿었다. 즉 정상적인 여성은 성욕이 없으며 성행위에도 수동적인 반면, 자궁의 이상이 생긴 여성은 성욕이 생기고 능동적으로 성욕을 표현하게 되는데, 이러한 표현이 억압되었을 경우에 히스테리가 발생한다고 믿었다. 즉 히스테리는 이상 성욕의 과잉으로 이해되었다.

결론적으로 여성의 몸과 섹슈얼리티는 단순히 여성의 존재나 경험의 차원을 넘어서서 그 시대와 그리스도교적 이데올로기가 펼쳐지는 방식이라는 것을 의미한다. 따라서 여성의 몸과 섹슈얼리티는 지배적 이데올로기가 새겨지는 장소이자 동시에 문화 텍스트이며, 나아가 사회적 제어의 직접적인 공간(locus of control)이었다는 것을 말해주고 있다.

초기 그리스도교 교부들은 하와가 아담보다 먼저 선악과를 먹은 이유가 자신의 머리(남편) 위에 머리가 되고, 자신이 명령을 받았던 사람에게 명령을 내리고 싶어 했던 권력욕 때문이었다고 설명하고 있다. 즉 "그녀는 인성에서는 아담보다 후배지만 신성에서는 아담보다 선배"가 되고 싶어 했던 것이다.

이 때문에 요하네스 크리소스토무스(Johannes Chrysostomus, 349~407)는 남자는 하나님의 형상이지만 여성은 그렇지 않다고 주장한다. 그리고 형상은 권위를 상징한다고 했다. 따라서 남자는 그 어느 누구에게도 종속되지 않기 때문에 하나님의 형상을 가지고 있다. 이는 마치 하나님이 그 어느 누구에게도 종속되지 않는 분인 것과 같다. 그러나 여자는 남자에게 복종하기 때문에 형상을 가지고 있지 않다는 것이다.

아우구스티누스(Augustinus)는 남녀 모두 하나님의 형상을 가지고 창조된 것은 인정하면서도 여성의 나약함 때문에 남성의 지도를 받아 구원에 이를 수 있다고 본다. 그는 이 때문에 바울이 〈고린도전서〉 11장에서 남자만을 하나님의 형상으로 인정했다고 주장했다.

교회 안에서 여성들의 지위는 이때부터 확고하게 결정되었다. 그리고 이러한 여성들의 지위는 교회 역사 속에서 정도 차이는 있을지언정 지금까지 바뀌지 않고 있다. 아직도 우리 주변에서 여성 리더십을 쉽게 찾아볼 수 없는 이유, 역사적으로 여성 신학자나 철학자를 찾기 어려운 이유를 우리는 쉽게 이해할 수 있다.

교회 역사 속에서 여성들이 부여 받은 유일한 지위는 '부인'이라는 지위였고 가장 중요한 기능은 '출산'이었다. 성에 대하여 그렇게 부정적이던 교부들조차 출산에 대해서는 한 목소리로 그 중요성을 강조하였다. 독신과 순결을 부르짖던 아우구스티누스가 마니교도들의 피임법을 공격하는 것은 매우 아이러니하다. 그는 결혼의 가장 큰 유익은 자녀생산이며 성은 자녀를 갖기 위한 목적으로만 사용하여야 하며 쾌락을 위한 성은 소죄에 해당한다고 주장한다.

이처럼 성에 대하여서는 거의 모든 교부들이 부정적이었으나 결혼과 출산에 대해서는 찬반양론으로 나뉘는 가장 큰 이유는 아마도 인구의 문제일 것이다. 40%가 넘는 유아 사망률로 인하여 로마제국이나 서유럽은 오랫동안 인구가 정체되어 있었기 때문이다.

교회가 간과해온 '가짜 여성'들

1310년 7월 1일 파리 한복판에서 오류와 이단사설로 가득 찬 책을 쓰고 가짜 여자로 불리던 한 여성이 장작더미 위에서 불태워졌다. 그녀의 확신에 찬 행동은 이 장면을 바라보던 많은 사람들을 감동시키며 눈물을 흘리게 했다. 그녀의 이름은 마그리트 포레테(Maguerite Porete)였고, 그녀가 쓴 책은 《순일한 영혼의 거울》이었다.

비록 그녀의 책에는 신학자의 이름이나 성경주해에 대한 인용이 억제되어 있지만 그녀의 매우 높은 교육정도를 보여주고 있다. 특히 그녀가 그녀의 저작을 통하여 시에리의 윌리엄(William of St. Thierry)의 〈몽뜨-데이 형제들에게 보낸 편지〉(l'Epistola ad fratres de Monte Dei)의 아이디어를 차용하고, 베르나르(St. Bernard of Clairvaux)의 〈하나님의 사랑에 관하여〉(De diligendo Deo)의 이미지들을 가져오는 것을 보아서도 그 시대에 드물게 라틴어에 능통했던 여성 지식인임은 매우 명백해 보인다.

당시 베스트셀러였던 《순일한 영혼의 거울》의 내용을 분석해보면 신성(Godhead), 영혼의 가난, 비어 있음(emptiness), 신적 어두움(dovine darkness), 영혼의 무화(annihilated soul) 같은 사변적이고 지적인 개념들을 동원하고 있다. 즉 신플라톤주의적이고 사변적인 아포패티즘(apophatism)을 구사하고 있는 것이다.

이처럼 포레테는 남성들의 전유물이었던 사변적 부정신학자였다. 따라서 그녀는 이 책을 통해 남녀의 경계를 넘어서 버린 것이다. 다시 한번 재론하지만 그녀의 죄목은 '가짜 여성'(psuedo-woman)이었다. 그러나 교회는 이 여성을 잘 알지 못하고 있다.

그리스도교 역사 속에서 우리는 이런 가짜 여성들을 쉽게 찾아볼 수 있다. 초대 그리스도교에 나타났던 몬타누스주의는 여성 예언자들이 이끌었던 운동이었으며, 여성 사제들의 활동이 대단히 돋보였다. 남성 사제였던 몬타누스 자신은 일찌감치 뒤로 물러나 있었고, 막시밀라(Maximilla)와 프리스길라(Priscailla)라는 두 여성에게 사로잡혀 있었다. 그리고 막시밀라와 프리스길라가 예언의 성취로서 이 운동의 리더들이었다.

몬타누스주의까지 갈 것 없이 제2성서 내에도 수많은 여성 지도자들의 흔적을 볼 수 있다. 당시 여성들은 예언자(고린도교회)로 가정교회 사제(《로마서》 16,3~5; 《고린도전서》 1,11; 《골로새서》 4,15)로, 바울과 동역 선교사(《로마서》 16,3)로, 대형교회의 부사제(《로마서》 16,1~2)로 왕성하게 활동하였던 근거가 있다. 그러나 교회의 강단은 이 여성들의 활동에 대하여 침묵해 왔다.

교회 뿐 아니라 금욕공동체나 수도원에서 활동한 여성 지도자들의 모습 역시 쉽게 찾아 볼 수 있다. 초대 그리스도교 문서 중에 하나인 〈앙카라의 성 데오도투스와 일곱 처녀의 순교〉라는 문서는 여성 금욕공동체의 모습을 묘사하고 있다. 이 문서 속에서 일곱 여자는 순결한 처녀(parthenoi)로 불리는데 이 명칭은 그들 공동체의 공식적인 직함이었던 것으로 보인다. 또한 순결한 처녀들의 지도자격이었던 테코우사(Tekousa)는 테오도투스를 아들이라고 불렀다. 이러한 사실은 이들이 테코우사란 여성을 수장으로 하나의 공동체를 이루었다는 것을 말해주고 있다.

매우 중요하고 흥미로운 사실은 테코우사를 장로라고 통칭하는 점이다. 더욱이 테코우사란 이름의 의미는 어머니이다. 따라서 그녀의 정식 이름은 '장로 동정녀 어머니'(elder virgin Mother)가 된다. 즉, 그녀는 사제이자 장상이었던 것이다.

테코우사는 데오도두스에게 육체적 훈련(아스케시스, ασκεσις), 자기절제 (유크라테이아, ευκρατια), 인내(카르테루아, καρτερυα)를 가르쳤는데, 이것 모두 금욕주의의 대표적인 덕목들이다. 이러한 내용을 볼 때 그녀의 직함은 단지 공동체에서의 역할을 지칭하는 것이 아니라 공동체의 대표성을 상징한다고 볼 수 있다.

중세가 무르익을 무렵 힐데가르트(Hildegard of Bingen, 1098~1179)는 여성 수도원의 장상으로서 그녀의 시대에 상상할 수 없는 권위를 갖고 있었다. 그녀는 남성 수도원장이나 주교와의 정쟁을 통해 독립적인 여성 수도원을 설립하였고 십자군 참전 독려 선동도 주도하였다. 그녀는 그리스도교 교리에 대한 언급을 할 수 있는 권위를 갖고 있었고, 그 언급이 교권에 의해 받아들여진 유일한 여성이었다.

또한 교황에 의하여 자신의 체험을 저술할 수 있도록 허가를 받은 유일한 여성, 공개적으로 사제들, 심지어 주교에게도 설교를 할 수 있었던 유일한 여성, 당시 최고의 권력자인 베르나르에게 저작을 인정받은 여성, 그녀의 저작에 감격한 교황에 의하여 트리어 공의회에서 저작이 공개적으로 읽혀지는 영광을 얻는 유일한 여성이었다. 그리고 이 사건은 '교회 안에서 잠잠해야만 하는' 천여 년을 지켜온 사도의 명령의 말씀이 힐데가르트에 의하여 공식적으로 깨지는 순간이었다(《디모데전서》 2,9~15). 그러나 교회는 오랫동안 이 순간을 간과하고 있었다.

교회의 역사 속에서 위에 언급한 가짜 여성들은 수많이 등장한다. 이들이 가짜인 것은 규정된 모습대로 살지 않고 그것을 범람하였기 때문이었다. 그러나 교회는 이러한 여성들에 대하여 처벌의 도구를 사용하거나 침묵하여 왔다. 최근 가짜 여성이 더 많이 등장하는 것은 아무래도 고무적인 일이 아닐 수 없다. 그럼에도 불구하고 여전히 교회가 가르쳐준 지식을 통해 태어나서 자라는 여성들이 수없이 많다.

이제 시대는 성을 고정화하지 않는다. 이미 '천 개의 성'들이 거리를 활보하고 있고 생물학적 성은 무의미한 시대가 되었다. 게다가 셀 수 없는 아바타들이 가상공간을 통해서 다양한 성의 역할을 하며 활동하는 시대가 되었다. 이러한 시대에 교회가 갖고 있는 고정적인 여성관은 설 자리를 자꾸만 잃어가고 있다. 작은 파도를 타고 이리저리 흐르는 것은 시류에 편승하는 얄팍한 짓이다. 그러나 거대한 물결의 흐름을 역류하거나 타지 못하는 것은 지혜롭지 못한 것이며 스스로를 무화시키는 길이다.

◉ 더 읽을거리

· 엘토 드렌스, 김명남 옮김, 《버자이너 문화사, 교양과 문화로 읽는 여성 성기의 모든 것》 (동아시아, 2007)
· 이충범, 《중세신비주의와 여성》 (동연, 2011)
· 필립 아리에스, 조르주 뒤비 외, 주명철 전수연 옮김, 《사생활의 역사 1》 (새물결, 2003)

1) 테르툴리아누스 외, 서원모 외 옮김, 《여성과 초대기독교》 (서울: 크리스챤다이제스트, 2002), 173쪽

2) 위의 책, 85~86쪽

3) Plato, Timaeus, Edith Cameron and Huntington Cairns, eds. Collected Dialogues, Venjamin Jowett, tr. (Princeton: Princeton University Press, 1978), 1210쪽

4) 장 베르동, 최애리 옮김, 《중세는 살아있다》 (도서출판 길, 2008) 220~222쪽

5) 이에 관해서는 이충범, 《중세신비주의와 여성》 (동연, 2011) 3장 〈골방에 갇힌 여인들과 그들을 가둔 사람들〉과 4장 〈책 속에 갇힌 여인들과 그들을 가둔 작가들〉 참조

6) Jocelyn Wogan-Browne, "Chaste Bodies-Frames and Experience" Sarah Kay and Miri Rubin, eds. Framing Medieval Bodies, (Manchester and New York: Manchester University Press, 1994), 23쪽

7) 앵거스 맥래런, 정기도 옮김, 《피임의 역사》 (책세상, 1998), 138쪽

8) 필립 아리에스, 조르주 뒤비 외, 주명철 전수연 옮김, 《사생활의 역사 1》 (새물결, 2003) 386쪽

9) 아담의 첫 부인인 릴리트는 아담의 단순한 성생활을 참지 못하고 그를 떠나 사막으로 나가 악마들과 매일 질펀한 성에 탐닉하였다가 아담에게 복수한다는 이야기로 중세 때 떠돌던 유대인들의 민담이다. 이에 관해서, 제인 빌링허스트, 석기용 옮김, 《요부, 그 이미지의 역사》 (이마고, 2005) 참조

10) 엘토 드렌스, 김명남 옮김, 《버자이너 문화사, 교양과 문화로 읽는 여성 성기의 모든 것》 (동아시아, 2007) 257쪽에서 인용

11) 테르툴리아누스, 앞의 책, 177쪽

12) 엘토 드렌스, 《버자이너 문화사》 249쪽

13) David Brakke, Athanasius and Asceticism, (Baltimore: The Johns Hopkins University Press, 1995), 307~308쪽의 번역에 따름

14) Cristina Mazzoni, Saint Hysteria: Neurosis, Mystics, and Gender in European Culture, (IthacaL Cornell University Press, 1996) 31~32쪽

15) Susan Bordo, "The Body and the Reproduction of Feminity: A Feminist Appropriation of Foucault" Gender, Body, Knowledge: Feminist Reconstructions of Being and Knowing, Susan Bordo, ed. (New Brunswick: Rutgers University Press, 1989) 13~14쪽

16) 에프렘, 〈창세기주석〉, 《여성과 초대기독교》 83쪽

17) 아우구스티누스 〈창세기의 문자적 주석〉, 같은 책, 92쪽

18) 아우구스티누스, 〈파우스투스를 반박함〉, 앵거스 맥래런, 《피임의 역사》 133쪽에서 인용.

19) 아우구스티누스, 〈결혼의 유의에 관하여〉, 《여성과 초대기독교》 134쪽

20) Michael Carroll, The Cult of the Virgin Mary, (Princeton: Princeton University Press, 1986), 45쪽

21) Susanna Elm, Virgin of God: The Making of Asceticism in Late Antiquity, (Oxford: Clarendon Press, 1996) 52~53쪽

22) Barbara Newman, "Sybyl of the Rhine: Hildegard's Life and Times" Barbara Newman, ed. Voice of the Living Light: Hildegard of Bingen and Her World, (Berkeley/Los Angeles/London: University of California Press, 1998) 1쪽

15장 타종교와 이웃

교회의 길이 아닌 그리스도의 길에 서라

박영식 서울신학대학교와 연세대학교 대학원에서 신학을 공부했고, 독일 빌레펠트 베텔에서 다종교 상황 속에서의 기독교 신앙의 정체성 모색과 방향정위를 주제로 한 논문으로 학위(Dr. theol.)를 했다. 서울신학대학교와 계명대학교에서 강의하며, 경산 좋은교회를 담임하고 있다. 주요 논문으로 〈기독교 종교신학의 이해〉〈기독교 신학과 자연과학의 창조적 만남을 위하여〉〈칸트의 신정론과 신학〉 등이 있다. youngsik70@ empal.com

"예수 천당 불신 지옥"이란 무시무시한 구호

'타종교'와 '이웃'이라는 두 단어의 만남은 오늘날 그리 낯설지 않다. 엄밀하게 말하면, 타종교는 더 이상 낯선 타자의 종교가 아니라 우리 이웃들의 종교가 되었다. 우리나라의 경우, 유교와 불교는 우리 부모님의 종교일 뿐 아니라 이웃과 친척, 친구의 종교이다. 뿐만 아니라 이슬람이라는 먼 나라의 종교도 더 이상 낯선 사람들의 종교만은 아니다. 예전엔 멀게만 생각되었던 다양한 종교문화에 속해 있던 사람들이 이제는 하나의 지역공동체 안에 함께 살며 대화하고 협력해야 하는 시대에 살고 있다. 따라서 타종교는 이웃하는 종교요, 이웃들의 종교임이 틀림없다.

그러나 종교들 간의 지리적, 물리적 거리감은 사라졌다 하더라도 이웃의 종교, 이웃하는 종교 사이에 여전히 심리적, 문화적, 종교적 거리감이 남아 있는 듯하다. 과연 기독교인은 이웃 종교 또는 이웃 종교인에 대해 어떻게 생각해야 할까? 기독교인과 이웃 종교인은 서로의 일을 걱정해주고 서로를 돌봐주는 이웃과 친구가 될 수 있을까? 더 나아가 이웃 종교인들이 서로의 신앙에 대해 이야기하고 배우는 것이 가능할까? 기독교 신앙은 이에 대해 어떻게 생각하고 말할 수 있을까?

기독교는 이웃 종교들에 대해 배타적이라는 이야기를 자주 듣는다. 기독교 신앙의 핵심이 하나님 사랑과 이웃 사랑에 있다고 하지만, 기독교인들은 종종 이웃 종교인들에 대해 사랑이 아닌 무례한 폭력을 행할 때가 있다. 그런데 더욱 큰 문제는 이웃 종교인들에 대한 자신들의 공격적 배타성이 신앙적으로는 정당하다고 주장하는 데 있다. 이들은 기독교 신앙 자체가 배타적이며 이러한 배타성은 자연적으로 공격적일 수밖에 없다고 말한다. 이웃 종교와 이웃 종교인들은 기독교 신앙의 가르침에 귀를 기울여야 하며, 그렇지 않을 경우 그들은 진리와 구원에서 멀리 동떨어진 삶을 살 수밖에 없다고 말한다. 한국에서는 이러한 논리가 종종 "예수 천당 불신 지옥"이라는 무시무시한 구호로 재현되고 있다.

사실 기독교 신앙의 배타적 성격은 성서나 교리전통 속에서도 찾아볼 수 있다. 이와 관련해서 "교회 밖에는 구원이 없다"는 카르타고의 키프리아누스(Cyprianus of Carthago, 200~258)의 말을 언급할 수 있으며, 성서 속에서도 대표적으로 〈사도행전〉 4장 12절("이 예수 밖에는, 다른 아무에게도 구원은 없습니다. 사람들에게 주신 이름 가운데 우리가 의지하여 구원을 얻어야 할 이름은, 하늘 아래에 이 이름 밖에 다른 이름이 없습니다.")과 〈요한복음〉 14장 6절("나는 길이요, 진리요, 생명이다. 나를 거치지 않고서는, 아무도 아버지께로 갈 사람이 없다.")을 들 수 있다.

또한 기독교 신학이 태동할 때부터 기독교는 여타의 종교와 철학에 대해 자신을 한 분 하나님께 이르는 참된 종교와 참된 철학으로 간주했다. 뿐만 아니라 기독교를 신적 계시에 근거한 계시종교이며, 절대종교라고 규정했던 것도 사실이다. 기독교는 참된 한 분 하나님을 신앙하는 참된 유일한 종교이며, 이 종교는 하나님 자신에 의해 계시된 가르침에 근거하고 있기에 다른 여타의 종교와 철학과는 질적으로 다르다고 보았다.

다른 한편, 기독교 신앙은 하나님을 창조주로 고백하기에 하나님의 뜻이 보편적으로 자연 속에 계시되어 있다고 보았다. 이런 점에서 기독교 외의 다른 종교와 철학은 소위 자연계시 또는 일반계시에 근거하여 어렴풋하게나마 진리와 구원의 길을 감지할 수 있다고 보기도 했다. 물론 이때도 기독교 신앙은 일반계시와는 구별되는 특별계시에 근거해 있기 때문에 다른 종교들보다 탁월하며 우월한 진리와 구원의 길을 알고 있으며 가르친다고 보았다. 이처럼 기독교는 진리와 구원에 대한 유일한 또는 독보적인 가르침을 담고 있기 때문에, 다른 종교들의 가르침에 대해 비교불가능한 배타성을 지니거나 우월성을 지닌다는 것이다.

신앙 고백의 배타성과 개방성

기독교를 참된 종교, 절대종교라고 할 때, 도대체 어떤 기독교를 의미하는 것일까? 예수의 가르침을 따르며 빵을 떼던 가정공동체의 원시 기독교를 의미하는가? 아니면 면죄부를 판매하던 중세교회를 의미하는가? 아니면 나치 히틀러에 동조하며 유태인 학살을 지지하고 방조했던 독일 교회를 의미하는가? 참된 종교, 절대종교라는 표현은 현실 속의 특정한 기독교의 형태와 동일시될 것이 아니라, 모든 기독교회가 구현해야 하는 기독교 신앙의 고유한 진리를 지시하는 것이 아닌가?

그렇다면 기독교 신앙의 고유한 진리는 무엇인가? 기독교 신앙의 진리는 그 본질에 있어서, 기독교라는 제도적 형태의 종교가 다른 종교에 대해 우월하고 절대적이라고 주장하는가? 아니면, 결코 포기할 줄 모르는 사랑 안에서 온 인류를 위해 자기 자신을 희생하신 그리스도의 사랑을 통해 구현되어야 하는 것인가? 다른 종교에 대한 기독교의 배타성을 뜻하는 것으로 통상적으로 해석된 성서 구절이나 교리들은 진정 무엇을 의미하는가?

이를 올바르게 이해하기 위해서는 언어에는 다양한 차원이 있다는 점을 먼저 전제해야 한다. 마음을 담고 있는 고백의 언어가 있는가 하면 합리성과 논리성을 담지한 논증의 언어가 있고, 아직 오지 않은 미래를 향한 희망의 언어가 있는가 하면 이미 일어난 일들에 대한 사실의 언어가 있다. 은유와 상징의 언어가 있는가 하면 설명과 서술의 언어가 있다. 대부분의 종교적 언어는 계시적 사건을 지시하는 신화와 상징의 언어이며, 거기에 참여하는 자의 실존적 고백과 희망의 차원을 담고 있다.

앞서 인용한 성서의 구절은 일차적으로는 객관적 사실에 대한 논증이나 설명이 아니라, 계시적 사건에 참여하는 자의 실존적 고백과 희망을 담고 있다. 성서의 고백적 언어는 수학적 진리처럼 무시간적 진리의 표현이 아니라, 특수한 내적·외적 상황과 결부된 신앙의 자기이해의 표현이라는 사실도 기억할 필요가 있다.

예컨대 '당신만을 사랑해'라는 표현이 두 사람 사이의 불가분의 사랑의 사건을 축으로 하고 있듯이, 신앙의 언어는 신앙하는 자와 신앙의 대상 사이의 불가분의 관계를 중심축으로 한다. 사랑 없는 사랑의 고백이 공허하듯이, 불가분의 신앙적 관계를 도외시한 신앙고백에 대한 해석은 진정성을 잃게 된다.

또한 '당신만을 사랑해'라는 고백은 '당신 외엔 모두를 미워해'라는 의미가 될 필요가 없듯이, 신앙의 고백은 안과 밖의 차단, 단절, 대립을 의미하기보다는 하나의 중심에서 점점 퍼져나가는 동심원처럼 신앙의 고유한 사건을 축으로 하여 모두를 향해 개방된 사랑의 초청이다. 신앙 고백의 배타성은 그 고백이 정초하고 있는 사랑의 진정성을 표현한 것이며, 흔히 생각하는 밖을 향한 배타성과 공격성과는 무관하다.

이런 관점에서 보면 이웃 종교의 독특한 진리주장에 대해서도 열린 마음으로 이해할 수 있다. 기독교와 마찬가지로, 거대한 종교전통들은 자신들의 근원적 경험을 여타의 사건들을 상대화시켜버리는 특별한 사건으로 이해한다. 즉 종교들은 자신들의 근원적 경험을 일반적인 어느 한 사건이 아닌 모든 것의 중심이 되는 사건(기독교적 용어로 표현하자면 궁극적 계시)으로 여긴다.

그렇다면 이웃 종교들의 관점에서는 그동안 기독교 신학이 특별(궁극)과 일반(보편)으로 구분했던 계시의 범주가 뒤바뀔 수밖에 없다. 즉, 이웃 종교가 근거하고 있는 근원적 경험의 입장에서 보면 기독교 신앙의 중심사건은 일반적이고 보편적인 사건의 하나로 평가되어 버린다. 기독교의 입장에서는 예수 그리스도의 나타남이 궁극적 계시라고 할 수 있지만, 이슬람은 예수를 예언자의 하나로 일반화시켜 버린다. 유대교에서는 유대인의 형제요 랍비의 하나로, 힌두교에서는 여러 아바타르(신이 인간의 모습으로 환생한 존재) 중의 하나로 일반화시켜 언급한다. 이로 인해 실존적 고백의 언어가 설명과 주장의 차원에서는 다른 종교들과 갈등과 긴장의 관계에 놓일 수밖에 없는 상황이 전개된다.

그러나 종교의 진리 주장은 실존적 고백과 분리되어 해석될 때, 그 진정성을 상실하게 된다. 마치 '당신만을 사랑해'라는 사랑의 고백이 사랑의 관계와 사건을 떠나서는 진정성을 가질 수 없는 것과 같다. 다시 말해, 종교 간의 갈등을 불러일으키는 진리주장들은 우선적으로 신앙고백의 깊이에 놓여 있는 근원적인 경험과 연관해서 이해되고 해석되어야 한다.

하나님 신앙과 그리스도 신앙의 배타성과 개방성

기독교 신앙의 배타성은 크게 보면 두 가지 내용을 함축하고 있다. (1) 하나님은 오직 한 분이시다. (2)그리스도만이 유일한 구원자이시다.

힌두교와 같은 다신론적 종교와는 달리, 기독교 신앙은 유일신론의 전통에 속해 있다. 즉, 기독교 신앙에 따르면 하나님은 이 세상의 유한한 그 무엇으로 대체될 수 없다. 제2성서에서도 '하나님은 영이시다'와 '하나님은 사랑이시다'는 표현 외에 하나님에 대한 어떠한 정의도 내리지 않는다. 하나님은 인간이 만든 어떤 형상으로도 완전하게 포착할 수 없다. 인간의 언어와 사유도 그 분을 온전히 표현하기에는 역부족이다. 따라서 하나님은 누구에 의해 독점될 수 없으며, 그 무엇에 의해서도 갇혀 있을 수 없다.

이런 배타성에 근거하여 기독교 신앙은 하나님 외에 인간적이고 자연적인 것을 신적 존재의 위상에 올려놓으려는 모든 사회적, 정치적, 종교적 시도들에 대해 우상숭배라고 비판한다. 제1성서에서는 이를 형상금지 명령, 즉 "너를 위해 우상을 만들지 말라"는 명령으로 구체화한다. 인간은 하나님과의 만남 속에서 끊임없이 그 분의 형상을 만들어 낼 수밖에 없다. 왜냐하면, 하나님의 살아있음은 다양한 인간과의 만남 속에서 다양한 방식으로 자신의 형상화를 허용할 수밖에 없기 때문이다.

하지만 이렇게 형상화된 하나님의 형상과 하나님 자신을 동일시하는 것은 하나님의 살아계심을 부정하는 행위이다. 형상금지 명령은 하나님을 형상화하는 모든 인간적 시도를 초월하시는 하나님의 살아계심과 자유로움을 지시한다. 따라서 기독교의 하나님 신앙에 함축된 배타성은 기독교가 하나님 이해를 독점할 수 있다는 것과는 전혀 무관하다. 오히려 그 역으로 어떤 종교도 자신의 종교적 형상으로 살아계신 하나님을 독점하거나 박제화할 수는 없다는 사실을 주장한다. 즉, 하나님 신앙의 이런 배타성은 다양한 하나님의 형상화에 대한 개방성과 더불어 이를 독점하고 박제화하려는 시도에 대한 철저한 부정과 비판을 담고 있다.

또한 전통적으로 기독교 신앙은 오직 예수 그리스도가 유일한 구원자라고 고백한다. 유일한 구원자로서의 예수 그리스도에 대한 고백은 우리 스스로가 우리를 구원할 수 없으며, 오직 구원은 우리 밖에서 올 수밖에 없음을 의미한다. 따라서 구원자 예수 그리스도에 대한 신앙고백에는 인간적 교만과 자랑, 자기사랑, 자기주장에 대한 철저한 회의와 비판이 함축되어 있다. 바울의 고백에 따르면, 심지어 "내가 산 것이 아니요, 오직 내 안에 그리스도께서 사신 것이다."(〈갈라디아서〉 2,20).

그렇다면 이처럼 예수 그리스도 안에서 경험한 자기죽음에 대한 실존적 고백이 과연 다른 종교인들에 대한 배타적 공격성으로 돌변해서야 되겠는가? 자기죽음의 사건을 동반하지 않는 그리스도 신앙은 그 본래적인 진정성을 상실하고 본래적 의미를 전도시킨 배타적 자기주장에 불과하다고 해야 할 것이다. 구원자 예수 그리스도에 대한 신앙의 고백은 모든 종교적 의미와 정당성에 대한 철저한 부정을 동반하고 있다는 사실을 염두에 두어야 한다. 사랑이 강요되거나 명령될 때 사랑의 본질이 왜곡되듯이 예수 그리스도의 구원의 유일성을 고백하는 기독교 신앙이 이를 토대로 자기 종교의 우월성과 절대성을 주장할 때, 그 본래적인 진정성은 왜곡될 것이다.

기독교 신앙과 이웃 종교(인)의 관계

그렇다면 과연 기독교 신앙의 이러한 배타성과 개방성은 이웃 종교와 이웃 종교인에 대해 구체적으로 무엇을 의미하는가? 전통적으로 기독교 신앙은 오직 하나님 한 분만을 구원의 수여자로 여기며, 예수 그리스도를 유일한 구원의 길로 믿어왔다. 이러한 신앙의 배타성은 종종 이웃 종교와 이웃 종교인을 구원의 가능성에서 배제해 버리는 논리적 장치로 오해되어 왔다. 여기서는 앞에서 언급된 기독교 신앙의 특징을 좀 더 확장하면서 이웃 종교와의 관계성에 대해 언급하고자 한다.

기독교 신앙에 따르면 하나님은 인간이 만든 형상이나 이념, 제도 속에 갇혀 있는 분이 아니라, 언제나 이를 넘어서는 분이시다. 성소와 성전은 하나님과 만나는 장소이지만, 하나님은 누구도 독점할 수 없는 하늘을 자신의 거처로 삼으며, 궁극적으로는 사람들과 함께 거주한다. 따라서 하늘의 하나님은 구체적으로 인간과 만나며, 이러한 만남은 다양한 종교적 상징들로 표현된다.

그러나 하나님은 그러한 상징들에 갇혀 있는 분이 아니라, 앞으로 일어날 새로운 사건을 통해 또한 자신을 드러낸다. 이것이 성서가 증언하는 하나님의 계시와 구원의 역사라고 한다면 누구도 하나님을 소유하거나 장악할 수 없다. 하나님은 우리와 가까이 있지만, 우리가 알고 있고 예상하고 있는 형상이 아닌 전적으로 낯선 자의 모습으로 우리와 만난다.

기독교 신앙은 이와 관련해서 "보이지 않는 하나님의 형상"(〈골로새서〉1,15)이 예수 그리스도에게서 나타났다고 고백한다. 더구나 십자가에 힘

없이 달린 예수의 얼굴 속에서 인류의 고통에 동참하시는 하나님에 대한 고백(《마가복음》 15,39)은 기독교 신앙의 포기할 수 없는 핵심에 속한다. 따라서 하나님의 계시와 구원이 자신의 종교적, 철학적 기대 너머에서는 결코 일어날 수 없다는 배타적인 주장은 그리스도의 십자가 안에서 자신의 얼굴을 드러낸 하나님에 대한 기독교 신앙에 의해 파괴된다. 왜냐하면 바울이 간파했듯이 기독교 신앙은 유대인에게는 거리끼는 것이요, 헬라인에게는 미련한 것으로 단정된 그리스도의 십자가를 선포하기 때문이다(《고린도전서》 1,18~25).

따라서 하나님과의 만남을 자신의 종교적, 철학적 영역 속에 배타적으로 독점하려는 시도나 하나님과의 만남이 이웃 종교와 이웃 종교인에겐 절대로 일어날 수 없다는 배타적인 주장은 하나님의 자유를 제한하는 불경한 처사일 뿐 아니라, 성서가 증언하는 하나님의 계시와 구원의 역사와도 모순된다. 아브라함과 이삭과 야곱의 하나님은 아무런 족보도 없는 멜기세덱의 하나님이며, 이방 여인 룻의 하나님이며, 요나가 거부했던 니느웨 백성의 하나님이며, 이방의 통치자 고레스의 하나님이며, 고넬료의 하나님도 된다. 그이는 기독교인의 하나님일 뿐 아니라, 온 인류의 하나님이다. 예수 그리스도 안에서 하나님을 만나는 기독교인은 인간에 의해 제약될 수 없는 하나님의 자유를 부정해서는 안 된다.

또한 예수 그리스도를 통한 구원은 '교회 밖에는 구원이 없다'는 교설에 대한 문자적 이해를 넘어선다. 교회가 있는 곳에 그리스도가 있는 것이 아니라, 그리스도가 있는 곳에 교회가 있기 때문이다. 교회가 그리스도의 토대가 아니라, 그리스도가 교회의 토대이다. 교회가 구원을 베푸는 것이 아니라, 오직 그리스도가 구원의 중재자이다. 교회 밖에는 구원이 없다는 교설을 문자적으로 이해할 때, 교회는 구원의 방주로, 교회 밖에는 홍수로 인한 심판이 있을 뿐이라고 이해한다.

그러나 교회는 본질적인 의미에서는 자기우상화와 세상 욕망으로부터 탈출하여 그리스도와 사귐을 갖는 영의 공동체이지만, 현실 교회는 그리스도와 온전한 사귐 안에 있는 순수한 영의 공동체만은 아니다. 현실 교회는 여전히 자기우상화와 세상 욕망의 노예로 살아가는 죄인으로서의 공동체이다. 그럼에도 그리스도는 하나님의 무한한 자비와 사랑 안에서 죄인된 우리를 용서하며 구원의 품에 안는다.

기독교회가 믿고 고백하는 신앙은 우리의 부정과 불의에도 불구하고 하나님의 사랑은 그리스도 안에서 우리를 불쌍히 여기며 용서하고 용납한다는 것이다. 교회는 하나님의 자비함을 경험하고 이를 세상에 전하는 공동체이다. 그렇다면 교회가 이웃 종교와 이웃 종교인에 대해 공격적인 배타성을 행사하여 하나님의 자비를 부정하는 꼴이 되어서야 되겠는가? 용서받은 죄인의 공동체인 교회의 선교는 그리스도를 통해 나타난 하나님의 무한한 자비를 닮은 사랑의 초청이어야 한다.

성서는 그리스도의 구원이 교회의 경계를 넘어선다는 사실을 암시해 주고 있다. 〈마태복음〉 7장 21절("나더러 '주님, 주님' 하는 사람이라고 해서, 다 하늘나라에 들어가는 것이 아니다. 하늘에 계신 내 아버지의 뜻을 행하는 사람이라야 들어간다.")은 구원이 '주여 주여' 하는 교회공동체의 소속 여부에 달려 있다는 생각을 거부한다. 구원은 오히려 하나님의 뜻에 합당한 삶에 달려 있다. 〈마태복음〉 8장 5절 이하의 구절은 "이 나라의 시민들"이 아닌 "동과 서에서 온 많은 사람"이 구원을 경험할 것임을 증언한다. 무엇보다도 〈마태복음〉 25장 31절 이하의 양과 염소의 비유는 교회 안과 밖의 구분을 오히려 역전시켜 놓는 듯하다. 그리스도는 "모든 민족을 그 앞에" 모으며, 그리스도를 알고 있다는 그들 자신의 증언에 따라서가 아니라, 그리스도의 가르침에 상응하는 삶을 기준으로 삼아 이들을 판단한다.

성서의 이런 구절들은 현실 교회에 소속 되는 것이 곧 구원의 길이 아니라, 그리스도가 가르치고 그 자신이 살았던 그리스도의 길이 곧 구원의 길임을 말해준다. 그리스도를 뒤따르고자 하는 교회공동체는 구원에 있어서의 그리스도의 유일성을 증언하지만, 그렇기에 교회가 그리스도의 구원을 독점할 수 없다는 사실도 인지해야 한다. 구원에 이르는 그리스도의 길은 현실 교회의 길과는 다를 수 있으며, 오히려 언제나 교회를 비판하는 잣대가 된다.

뿐만 아니라, 복음서의 예수는 비유를 통해 타종교인을 구원받을 자의 표본으로 제시하기도 한다. 〈누가복음〉 10장 25절 이하에 등장하는 사마리아 사람은 영생을 묻고 있는 율법교사에겐 타종교인이며, 결코 이웃이 될 수 없는 사람이다. 그런데 예수는 율법교사에게 이웃이 될 수 없는 타종교인을 영생의 길을 걷고 있는 모범적 이웃으로 제시한다. "가서 너도 이와 같이 하라." 여기서 주목할 점은 우리가 지금 언급한 구절들은 모두 그리스도의 길을 걸어가고자 하는 신앙인의 자기이해에 속하는 것이지, 제3자의 입장에서 서술된 것이 아니라는 점이다.

그리스도는 새로운 종교가 아닌 새로운 삶의 창시자

이처럼 그리스도 신앙의 유일성은 그 깊이에서 언제나 자기 반성적이며 자기비판적 계기를 함축하며, 자기 종교의 경계를 넘어서는 그리스도의 길을 긍정한다. 복음서의 예수는 빈부의 차이, 남녀의 차이, 종교의 차이를 결코 구원에 있어서 걸림돌로 보지 않았다.

그런 점에서 본 회퍼가 말한 것처럼 "그리스도는 새로운 종교의 창시자가 아니라, 새로운 삶의 수여자"이다. 그리스도의 가르침에서 볼 때, 교회는 폐쇄적인 구원의 방주가 아니라 모두를 위해 개방된 그리스도의 삶의 초대에 응답하여 그이의 삶에 상응하는 삶을 추구하는 공동체이다. 그러므로 구원은 우리가 독점하여 배분하거나 자기 자랑의 근거로 삼을 수 있는 소유물이 아니라 전적으로 "하나님의 선물"(《에베소서》 2,8)이며, 항상 두렵고 떨림으로 이루어가야 하는 삶의 여정(《빌립보서》 2,12)이다. 그리스도를 믿는다는 것은 그리스도의 길이 곧 구원의 길임을 믿는다는 것을 의미한다. 이때, 구원의 길인 그리스도의 길은 결코 교리체계나 제도로서의 기독교 종교 안에 갇혀 있을 수 없으며, 오히려 교회의 길이 그리스도의 길 안에 있어야 할 것이다.

여기서 한 걸음 더 나아가 이처럼 기독교 신앙의 깊이에 들어갈 때, 기독교와 이웃 종교는 선험적으로(a priori) 선과 악, 빛과 어둠처럼 대립하는 것으로 생각될 것이 아니라, 오히려 경험적으로(a posteriori) 하나님의 진리와 구원 역사를 함께 기대하며 공유할 수 있는 참된 이웃으로 만날 수도 있을 것이다. 왜냐하면, 이웃 종교와 이웃 종교인에게서 드러난 선함과 진리는 기독교 신앙의 관점에서는 모든 빛들의 아버지인 하나님으로부터 온 것이기 때문이다(《야고보서》 1,16).

그러나 기독교와 기독교인에게서와 마찬가지로 이웃 종교와 이웃 종교인에게서 드러나는 비(非)인간적이고 반(反)생명적인 행위에 대해서 무조건 긍정할 수만은 없다. 신앙의 관점에서는 모든 종교에 대한 무비판적이고 무차별적인 허용이나 정의 없는 사랑은 용인될 수 없기 때문이다. 기독교인은 그리스도의 길 위에서 이웃 종교인과 더불어 사랑하며 협력할 뿐 아니라 비판적인 대화를 수행할 수도 있어야 한다.

정리하자면 하나님 신앙과 그리스도 신앙은 현실 종교로서의 기독교의 자기비판적 잣대이며, 동시에 종교로서의 기독교의 틀을 넘어서는 개방성으로 긍정되어야 한다. 하나님 신앙과 그리스도 신앙은 기독교를 이웃 종교들 위에 군림하게 하지 않으며, 오히려 이웃 종교와 마찬가지로 진리와 구원을 갈망하는 종교로, 구체적으로는 그리스도의 길을 따라 이를 추구하는 종교로 상대화시킨다. 이웃 종교들과 마찬가지로 하나의 종교로서의 기독교는 하나님의 궁극적인 구원과 심판 아래 놓여 있을 뿐이다. 이처럼 기독교 신앙은 진리와 구원을 그 어떤 종교도 독점할 수 없으며, 오직 하나님 자신만이 진리와 구원의 유일한 근원임을 고백한다.

앞에서 전개한 기독교와 이웃 종교의 관계는 소위 중립적이고 객관적인 방식으로 서술한 것이 아니라 기독교 신앙의 관점에서 서술한 것이다. 우리가 믿기로는 기독교와 이웃 종교의 관계를 중립적인 관점에서 서술하는 길은 없다. 왜냐하면 누구도 자신의 눈을 빼놓고 세상을 볼 수는 없기 때문이며, 신앙의 겉모양이 아니라 신앙의 깊이로 들어가는 것이 우리에겐 중요하기 때문이다. 신앙의 외적 요소들을 상호 비교하여 종교 간의 유사성과 공통성을 도출하고 이를 통해 종교 간의 평화와 공존을 말하려는 시도들은 개별 신앙이 가지고 있는 독특성과 고유성이 빚어내는 서로 간의 차이성을 간과할 뿐 아니라, 마치 제3의 새로운 통합종교를 사변적으로 구현해내는 듯한 인상을 줄 뿐이다.

따라서 우리는 오직 자신의 신앙의 관점에서 출발하여, 서로 간의 차이를 존중하며 이러한 차이를 대화의 소재로 삼아 서로가 비판적으로 교학상장(敎學相長)하는 길을 모색해야 할 것이다. 더구나 오직 생동하는 신앙으로만 자기 종교의 편협한 시각을 안에서부터 극복하고 타자를 있는 그대로 사랑할 수 있는 길이 열린다는 사실을 우리는 알고 있다.

  앞에서 우리는 기독교 신앙의 관점에서 기독교 신앙의 정체성을 포기하거나 숨기지 않으면서 이웃 종교와 이웃 종교인을 향한 공격적인 배타주의를 극복하고, 이들과 소통하고 공존할 수 있는 길을 제시하고자 하였다. 신앙의 표피만을 가지고 자신을 방어하고 주장하는데 급급할 경우, 이웃 종교인들과의 대결과 갈등은 한없이 겉돌기만 할 것이다. 그러나 진정 신앙의 깊이에 들어가서 예수 그리스도께서 보여준 사랑과 자비를 자신의 삶으로 구현하고자 하는 신앙인은 신앙의 고유성을 상실하지 않으면서도 이웃 종교인들과 진정성 있는 대화를 나누게 될 것이다. 이러한 대화의 여정 속에서 자신이 가진 편협한 지식과 경험을 깨뜨리며 예기치 못한 새로운 지평을 경험하게 된다면, 우리는 하나님과 그리스도 신앙에 더 깊이 뿌리내리게 될 것이다.

◉ 더 읽을거리

· 데니스 L. 옥콜름, 티모디 R. 필립스 엮고 지음, 이승구 옮김, 《다원주의 논쟁》 (서울: 기독교문서선교회, 2001)
· 길희성, 《보살예수》 (서울: 현암사, 2004)
· 최인식, 《다원주의시대의 교회와 신학》 (천안: 한국신학연구소, 1996)

16장 성전(聖戰)

거룩한 전쟁, 성서는 이를 옹호하는가?

최형묵 연세대학교 신학과와 한신대 신학대학원을 졸업했다. 한국신학연구소에서 연구원 및 계간 《신학사상》 편집장으로 일했고, 현재 천안살림교회 담임목사, 제3시대그리스도교연구소 운영위원, 계간 《진보평론》 편집위원 등을 맡고 있다. 주요 저작으로 《한국 기독교와 권력의 길》《반전의 희망, 욥 - 고통 가운데서 파멸하지 않는 삶》《보이지 않는 손이 보이지 않는 것은 그 손이 없기 때문이다》《뒤집어보는 성서 인물》 등이 있다. chm1893@chol.com

어리석은 물음

성서는 전쟁을 어떻게 볼까? 사실 이 물음은 곧바로 난관에 봉착한다. 성서 본문을 보자.

> 주님께서 민족들 사이의 분쟁을 판결하시고, 뭇 백성 사이의 갈등을 해결하실 것이니, 그들이 칼을 쳐서 보습을 만들고 창을 쳐서 낫을 만들 것이며, 나라와 나라가 칼을 들고 서로를 치지 않을 것이며, 다시는 군사훈련도 하지 않을 것이다.
>
> ─ 〈이사야서〉 2,4

> 전쟁을 준비하여라! 용사들을 무장시켜라. 군인들을 모두 소집하여 진군을 개시하여라! 보습을 쳐서 칼을 만들고, 낫을 쳐서 창을 만들어라. 병약한 사람도 용사라고 외치고 나서라.
>
> ─ 〈요엘서〉 3,9~10

정면으로 배치되는 이 모순에서 확인할 수 있듯이, 일반적 의미에서 성서는 전쟁에 관한 일관된 견해를 제시하지 않는다. 성서의 전쟁관은 성서해석 과정에서 확립되는 것이지, 본문 자체로 제시되는 것은 아니다. 해석의 문제로 들어가면 더더욱 복잡해진다. 어떤 기독교인은 '절대 평화론'의 근거를 성서에서 찾고, 또 다른 기독교인은 '거룩한 전쟁론'의 근거를 성서에서 찾는다. 또는 '전쟁 불가피론'의 근거를 성서에서 찾는 입장도 있다.

물론, 전쟁에 관한 이야기가 많이 나오는 제1성서와는 달리 제2성서를 어떤 입장의 근거로 삼고자 한다면 문제는 조금 간단해진다. 제2성서 특히 예수에게는 전쟁을 옹호한다고 볼 만한 내용이 거의 없다. 원수까지 사랑하라는 절대 사랑을 가르친 예수가 털끝만큼이라도 전쟁을 옹호할 만한 어떤 태도를 보였을까 생각하면 물음에 대한 답이 매우 자명한 것처럼 보인다.

그러나 꼭 그렇게 간단한 것만도 아니다. 예컨대 "평화를 주러 온 것이 아니라 칼을 주러 왔다"(《마태복음》 10,34)는 발언은 달리 생각할 만한 실마리가 되기도 한다. 그 발언이 결코 전쟁과 관련된 것이 아님에도 불구하고, 어떤 폭력적 상황의 불가피성을 시사하는 것으로 볼 수도 있기 때문이다. 제2성서에서 거룩한 전쟁론의 근거를 마련하는 것까지는 어렵다 하더라도, 이처럼 폭력의 불가피성을 인정하는 근거를 찾자면 찾을 수 있다. 결국 이러한 상황은 제2성서를 근거로 한다고 하더라도 성서의 전쟁관을 찾는다는 게 간단한 문제가 아니라는 것을 시사한다.

물음을 그와 같이 던지는 것 자체가 어리석다. 성서 본문에 관한 해석학의 문제를 이 자리에서 새삼 장황하게 이야기할 필요는 없을 것 같다. 사실 어떤 사안에 관해서든 문자적 의미에서 성서적 근거를 들이대는 것은 항상 동일한 문제를 야기한다. 성서적 근거를 찾는다는 것은 어떤 사안에 대해 구체적이고 직접적으로 성서가 뭐라고 말하고 있는가를 찾는 것이 아니다. 그것은 해석의 문제이다. 곧 본문을 통한 깨달음의 문제요, 적용의 문제다. 이 점에서 "성서가 말하는 것만 말하고 성서가 말하지 않는 것에 대해서는 침묵한다"는 태도는 어떤 입장을 표명하든 위험하다. 그것은 진실에 접근하는 태도가 아니라 도그마에 대한 신봉에 지나지 않기 때문이다.

　성서와 관련하여 전쟁에 대해 말하고자 할 때 아마도 가장 먼저 이야기해야 할 것은 소위 '거룩한 전쟁론'일 것이다. 또 다시 어리석은 물음을 던져 볼까? 성서는 과연 거룩한 전쟁을 옹호할까? '그렇다'고 답할 수도, '아니다'고 답할 수도 있다. 그러므로 무모한 논쟁으로 미궁에 빠지기보다는 물음을 달리해야 할 것이다. 문자적인 의미에서 성서가 옹호하니까 지지하고 성서가 옹호하지 않으니까 거부한다는 답을 내리려는 물음이 아니라, 거룩한 전쟁으로 일컬어지는 사태의 의미를 물어야 할 것이다. 그것이 옹호될 수 있다면 어떤 점에서인가, 그것이 거부되어야 한다면 어떤 점에서인가를 따져야 할 일이다. 그리고 그것이 어떤 면에서 성서의 정신과 부합하는지 어떤 면에서 성서의 정신과 괴리되는지를 새겨야 할 것이다.

거룩한 전쟁

　오늘날 '거룩한 전쟁'의 개념은 흔히 이슬람교와 관련하여 자주 논란이 된다. '성전(聖戰)', 곧 '지하드'는 사실 이슬람 세계 안에서도 중요한 논란거리이다. 이교도에 대한 정복전쟁을 성전이라 부른가 하면, 처음부터 그 위험성을 우려한 이슬람 신학자들은 그 의미를 방어적 전쟁에 국한해 사용할 것을 역설하며 그것이 정당성을 갖는 기준을 수립하려는 시도를 해왔다.

　또한 현대 이슬람 신학에서는 그 의미를 군사적 행위로서보다는 진리를 향한 투쟁 또는 노력이라는 의미로 해석하기도 한다. 법률적인 추론과 해석을 뜻하는 '이즈티하드'(ijtihād)가 '지하드'(jihad)와 동일한 어원에서 비롯된 개념이라는 것은 이 점에서 시사하는 바가 크다. 현재 이슬람 세계에서 많은 저항세력이 성전을 표방하고 있지만, 이슬람 세계 안에서 모든 전쟁이 성전으로 옹호되는 것은 아니다.

아마도 현대의 기독교 세계에서 '거룩한 전쟁', '성전'을 공개적으로 외치는 경우는 흔치 않은 것 같다. 9.11 테러 이후 당시 미국 대통령 조지 부시가 외쳤다가 거센 비판에 부딪힌 경우는 있다. 그만큼 전쟁을 거룩하다고 부르는 것 자체를 거부하는 경향이 뚜렷해지고 있다.

그러나 이슬람 세계 못지않게 기독교 세계 안에서도 '거룩한 전쟁'에 관한 논란은 지속되어 왔다. 또한 오늘날 이슬람의 경우처럼 수세적이기보다는 공격적인 성전을 옹호해 온 역사를 지니고 있다.

지배적인 기독교 세력은 거룩한 전쟁을 당연한 소명으로 여겨 왔다. 기독교와 로마제국의 결합은 전쟁을 하느님의 일로 성화해야 할 필연성을 배태하였고, 그 이후 역사는 그것을 사실로 입증했다. 역사상 가장 극명한 사례는 십자군 전쟁이다. 그것은 명백히 서방 세력이 이슬람 세계를 포함한 동방 세계를 지배하기 위한 침략전쟁이었다. 그러나 그 전쟁은 그 이름이 증명하듯 거룩한 전쟁으로 불리웠다. 군사적으로 패퇴하였으나 문명적 전환의 기회를 누린 서방 기독교 세력은 근대 이후 더더욱 광범위하게 전 세계로 퍼져 나갔고, 그때에도 정복전쟁은 성전으로 미화되었다.

십자군 전쟁 당시 시토회 수도원인 클레르보의 대수도원장인 베르나르(St. Bernard, 1090~1153)는 이렇게 설교했다.

"그리스도의 전사로서 이교도들과 싸우는 것은 주님을 위해서이다.

그러므로 안심하고 싸우기를 바란다. 적을 살해하였다고 죄책감을 갖거나 혹은 자신이 살해당할 것이라고 걱정할 필요는 조금도 없다. 죽이든지 죽임을 당하든지 어떤 죽음도 주님을 위한 것이기 때문이다."

오늘날 서구 사회에서 국가와 교회가 제도상 분리되었다고는 하지만, 사실상 결코 분리될 수 없었던 상황에서 식민지 침략전쟁을 바라보는 기독교의 시각도 이와 다를 바 없었을 것이다.

전쟁을 정당화기 시작할 때 파급될 수 있는 우려 때문에 기독교 안에서도 옹호될 수 있는 전쟁의 조건에 관하여 심각하게 검토하기도 하였다. 아우구스티누스는 '불의한 전쟁'과 '의로운 전쟁'을 나누어 그 기준을 분명히 했다. 불의한 전쟁이란 이웃나라를 정복하여 지배하려는 전쟁으로, 의로운 전쟁은 훼손된 권리를 회복하기 위하여 정당한 목적과 방법을 사용하여 수행하는 전쟁으로 정의하였다.

그러나 그렇게 진지하게 숙고했던 아우구스티누스의 시도도 그 의도대로 적용되지는 않았던 것 같다. 이단자들과 저항세력을 진압하는 데 그 '의로운 전쟁'이 적용되었기 때문이다. 훗날 루터가 입에 담기 어려운 끔찍한 언어로 농민 반란군을 진압할 것을 역설했을 때에도 그의 뇌리 가운데는 그와 같은 정당화가 자리 잡고 있지 않았을까?

야훼의 전쟁

이와 같은 지배적 기독교의 전쟁관은 나름대로 확고한 성서적 근거를 갖고 있다. 소위 '야훼(여호와)의 전쟁' 개념이다. 예언서들에서 이 개념은 점차 종말론적 성격을 띠게 되었지만, 성서에서는 특정한 하나의 원형을 갖고 있다. 바로 여호수아의 가나안 정복 전쟁이다.

이스라엘 민족의 가나안 정착 과정에 관한 최근 제1성서 분야의 연구 결과는 매우 다양한 가설을 제시하고 있지만, 성서의 표면 줄거리는 분명히 야훼 하느님을 모르는 이방민족에 대한 정복전쟁의 성격을 부각시키고 있다. 그 줄거리를 따라 보면 수적으로나 다른 무엇으로 보나 열세에 있던 이스라엘은 수많은 이방민족들을 물리친다. 그들이 군사력에서 월등히 앞선 이방세력을 물리친 것은 전적으로 야훼 하느님 덕분이라고 믿은 데서 야훼의 전쟁 개념이 형성된다. 군대와 무기의 힘으로써가 아니라 하느님의 힘으로 이방군대를 물리쳤다는 신앙이다.

그렇게 이방 족속을 물리친 이스라엘은 독특한 의식을 갖고 있었다. '헤렘'(חרם)이라 불리는 이 독특한 의식은 사람을 남김없이 살육하는 것을 정당화하고 전리품마저 깡그리 소멸시키도록 한다. 하느님을 모르는 이방족속에게 유혹받을 수 있는 요소를 철저하게 단절한다는 뜻을 지닌 의식이었다. 거룩한 전쟁은 바로 그와 같은 야훼의 전쟁을 원형으로 하고 있다.

여기서 우리는 처음에 제기했던 문제의 상황을 만난다. 성서적 근거를 찾는다고 할 때 이와 같은 성서의 전승을 어떻게 이해할 것인가?

서구의 지배적인 기독교의 전통은 그 전승을 그대로 사실로 믿고 그것을 동시에 하나의 표준으로 받아들였다. 그리고 성서의 문자가 전하는 상황을 다른 상황에서도 직접적으로 대비해 적용했다.

오늘 한국의 기독교도 그 점에서 별로 다르지 않다. '여호와의 증인' 종파의 양심적 병역거부 문제가 제기되고 병역대체 입법안이 논의되었을 때, 한국기독교총연합회(한기총) 등 보수적 기독교 단체는 즉각적으로 입장을 표명하였다. 병역대체 입법안이, 사실상 '여호와의 증인'에 한정되는 특정 종교에게 특례가 될 소지가 있어 형평성의 문제가 생길 수 있다는 견해였다.

거기까지는 소위 '정통' 교회가 '이단'으로 간주하는 '여호와의 증인'에 대한 불편한 심기를 드러낸 것이라 할만 했다. 그러나 의견개진은 거기에 머무르지 않았다. 한국의 주류 기독교는 전쟁을 반대하지 않는다며 신성한 국방의 의무를 이행해야 한다고 촉구했다. 그것을 거부하는 것은 신앙적으로도 옳지 않다고 했다. 이것은 성서에 대한 문자주의적 신앙과 결합된, 기독교인들 사이에서 가장 일반적인 하나의 태도이다.

그러나 사실상 마찬가지로 성서에 대한 문자주의적 신앙의 경향이 농후한 '여호와의 증인'은 전혀 다른 성서적 근거로 전쟁에 반대한다. "살인하지 말라"는 계명이 그 근거이다. 그래서 그들은 살상무기인 총을 들지 않는다. 국가의 명령에 대한 거부도 아니고, 처음부터 국가의 폭력장치인 군대에 대한 거부도 아니다. 살인 무기에 대한 거부이다. 다 아는 이야기이지만, 이런 상황을 놓고 보면 기독교인으로서 마음이 착잡해진다.

아예 '여호와의 증인'이 국가권력의 폭력적 성격, 군대의 폭력적 성격에 이의제기를 하고 그 폭력집단에 가담할 수 없다고 한다면 더 좋을 법하다. 하지만 현재 '여호와의 증인' 신도들은 그렇게까지 나가지는 않는다. 그러나 어쨌든 생명존중을 가장 분명하게 일깨우는 "살인하지 말라"는 계명을 그 나름의 방식대로 철저하게 지키려는 뜻은 마땅히 존중되어야 한다. 하느님의 이름으로 살인이 정당화되는 전쟁의 상황과 그 계명의 모순을 '여호와의 증인' 신도들은 어떻게 해결하는지는 모른다.

아마도 살인하지 말라는 계명이 그 상황보다 우선한다고 보면 해결 못할 바도 없다.

정반대로 기독교가 전쟁을 반대하지 않는다는 입장에 선 기독교인들은 그 모순을 어떻게 해결할까? 종군 목사나 신부가 전투행위에 참가할수 없다는 원칙은 들어봤어도 기독교인 병사가 총을 쏘아서는 안 된다는 원칙은 들어본 적이 없다. 이 모순을 해결하는 데도 모종의 해석 장치가 작동할 것이다.

진정한 삶의 평화를 이루는 길

결국 성서적 근거를 모색하는 것은 해석의 문제가 된다. 그렇다면 서로 모순되는 본문을 들이대며 갑론을박하기보다는 성서가 전하는 전쟁 상황 자체를 진지하게 재해석하려는 적극적인 태도가 필요하다.

기독교가 전쟁을 반대하지 않는다는 입장에서 보면 펄쩍 뛸 일이겠지만, 전쟁을 반대하는 논거를 성서에서 구하고자 하는 입장에서는 아예그러한 내용을 특수한 역사적 상황으로 돌려버리는 방식도 가능하다.고대적 유습에 지나지 않는다거나, 그것은 하느님에 대한 인식이 부족적신관의 한계 안에 머물러 있던 시절의 흔적일 뿐이라고 일축해버릴 수도 있다.

실제로 오늘날 기독교인들은 성서에 나오는 많은 유습들을 그대로 따르지 않는다. 일점일획도 잘못이 있을 수 없다고 믿는 사람들이라 하더라도 성서에 나오는 고대 유대인의 풍습을 그대로 따르고 있지는 않다.사실 이러한 해석은 어떤 입장에서든 이미 많은 부분 수용되고 있다.

그렇게 해석을 적극적으로 할 수 있다면 성서가 전하는 야훼의 전쟁에 대해서 얼마든지 달리 이해할 수 있다. 성서가 증언하는 해방의 사건 맥락에서 그 전쟁을 이해하는 것이다.

이스라엘의 가나안 정착에 관한 여러 가설 중 하나는 사회혁명설이다. 단순한 군사적 정복이라기보다는 '히브리'로 불리는 하층민의 반란과 혁명이 중요 동인이라고 보는 입장이다. 이렇게 보면 표면의 지배적 진술과는 달리 이스라엘이 벌인 전투는 종족 간의 전쟁이라기보다는 지배층과 피지배층의 계급투쟁적 성격을 지닌다. 그것은 히브리인의 입장에서 보면 해방전쟁이 된다. '군사력'과 '하느님의 이름'으로 대비되는 전투 상황 묘사는 그와 같은 해방전쟁의 성격을 말한다.

따라서 이 전쟁은 군사적, 물리적 지배력에 맞서 민중의 생존을 지키기 위한 정당성의 대결을 함축한다. 모든 것을 철저하게 진멸하는 '헤렘'의 관습도 잉여재산의 사적 점유를 방지하는 방책이 된다. 그것은 평등한 공동체를 위협에 빠트리는 요인을 근원적으로 허락하지 않으려는 성격을 지니고 있다.

모든 재물을 진멸할 뿐 아니라, 사람마저 진멸하는 그 잔인함은 오늘의 관점에서 도저히 용인되기 어렵다. 성서에 나온다는 사실만으로 그것을 따라야 할 이유는 전혀 없다. 다만 잔인한 그 '헤렘'의 법칙에서 어떤 의미를 발견한다면 평등한 공동체를 보존하기 위한 의도, 바로 그 점일 뿐이다.

물론 이렇게 야훼의 전쟁을 공세적인 정복전쟁이 아닌 지배의 폭력에 대항한 해방전쟁으로 본다고 해도 문제가 없는 것은 아니다. 해방전쟁이라 하지만 그것 역시 폭력에 의존한다는 것이다.

여기서 이야기를 잠깐 우회하여 이토 히로부미(伊藤博文)를 저격한 안중근 의사의 경우를 생각해볼 수 있을 것이다. 일본 제국주의 입장에서는 그저 한 테러리스트의 폭거로 봤고, 안중근 자신과 독립을 염원하는 한국인의 입장에서는 독립전쟁으로 여겼다. 지배의 폭력에 대항하는 해방전쟁은 이렇게 정당성을 인정받는다. 말 그대로 전쟁이 거룩하다고 인정될 수 있는 한계는 이와 같은 상황에서이다.

그러나 거룩한 전쟁이 말 그대로 정당성을 인정받을 수 있는 상황보다는, 오용되거나 남용된 상황이 두드러지는 것이 문제다. 전쟁이라는 폭력적 상황에 거룩함이라는 절대적 가치를 부여한 데서 오는 필연적 귀결일까? 해방전쟁이라 해도 유사하다. 인민해방군이 어느 새 인민을 억압하는 군대로 전락하는 사례들을 우리는 알고 있다.

그래서 한편에서는 모든 시도가 무모하니 내 안의 폭력부터 뿌리를 뽑아야 한다고도 한다. 지배의 폭력이든 저항의 폭력이든, 그것은 폭력의 악순환을 불러일으킬 뿐 인간의 내면에 자리 잡은 폭력성부터 제거해야 한다는 주장이다. 인간 내면에 자리 잡고 있는 폭력성을 근원적으로 성찰하고 제거하는 과제는 포기되어서는 안 되는 것이지만, 그 노력이 현실로 존재하는 지배의 폭력에 대한 방어책은 또한 되지 못한다.

결국 전쟁에 상황에 대한 지지와 거부를 결정하는 것은 단순한 도그마로 해결될 수 없다. 누구인들 평화를 원하지 않을까? 그러나 엄연히 갈등이 존재하고 또한 극한의 전쟁의 상황이 끊이지 않는 현실이 문제다. 그 현실에서 전쟁의 상황에 대해 입장을 결정하는 것은 어떠한 선택이 해방적일 수 있는지를 따지는 것에서 시작되어야 할 것이다.

구체적 행위에서 완벽한 선택이 가능하다면 우리가 고민해야 할 이유도 없다. 우리는 현실적으로 가능한 여러 가지 행위들 가운데서 최선의 것으로 여기는 것을 순간순간 선택할 수 있을 뿐이다. 다만, 우리가 기독교인의 입장에서 선택한다면 우리는 우리가 경험할 수 있는 그 어떤 것도 절대화하기를 거부하는 신앙의 전망을 늘 유념해야 한다. 나아가 진정한 삶의 평화를 이루고자 하는 근본 뜻을 언제나 유념하지 않으면 안 된다.

◉ 더 읽을거리

· 김동문, 《기독교와 이슬람 그 만남이 빚어낸 공존과 갈등》 (세창출판사, 2011)
· 김두식, 《칼을 쳐서 보습을》 (뉴스앤조이, 2002)
· 로레타 나폴레오니, 《모던 지하드 – 테러 그 보이지 않는 경제》 (시대의창, 2004)